新媒体视角下高校
思想政治教育改革创新研究

杨丽丽　黄月婷　李　鑫　著

山西出版传媒集团
山西经济出版社

图书在版编目（CIP） 数据

新媒体视角下高校思想政治教育改革创新研究 / 杨丽丽, 黄月婷, 李鑫著. -- 太原 : 山西经济出版社, 2023.12

ISBN 978-7-5577-1198-6

Ⅰ.①新… Ⅱ.①杨… ②黄… ③李… Ⅲ.①高等学校—思想政治教育—教学改革—研究—中国 Ⅳ. ①G641

中国国家版本馆CIP数据核字(2023)第206268号

新媒体视角下高校思想政治教育改革创新研究

著　　者: 杨丽丽 黄月婷 李鑫
责任编辑: 李慧平
装帧设计: 万典文化

出 版 者: 山西出版传媒集团·山西经济出版社
地　　址: 太原市建设南路 21 号
邮　　编: 030012

E – mail: scb@ sxjjcb. com（市场部）
　　　　　　zbs@ sxjjcb. com（总编室）
网　　址: www. sxjjcb. com
经 销 者: 山西经济出版社有限责任公司
承 印 者: 山西新华印业有限公司

开　　本: 787mm × 1092mm 1/16
印　　张: 13.5
字　　数: 303 千字
版　　次: 2023 年 12 月第 1 版
印　　次: 2024 年 4 月第 1 次印刷
书　　号: ISBN 978-7-5577-1198-6
定　　价: 86.00 元

前　言

高校思想政治工作，就是要有效运用马克思主义理论武装青年学生的头脑，帮助他们认清历史发展规律和自身的历史使命，树立正确的世界观、人生观和价值观，为改革开放和社会主义现代化建设培养高素质的创新人才。这就要求我们坚持以马克思列宁主义，毛泽东思想、邓小平理论和习近平新时代中国特色社会主义思想为指导，深入贯彻党的二十大精神，解放思想、实事求是、与时俱进，帮助大学生树立正确的世界观、人生观、价值观，深入开展马克思主义立场、观点、方法教育，宣传党的基本理论，基本路线，基本纲领和基本经验，不断增强高等学校思想政治理论课教育教学的针对性、实效性、说服力、感染力。高等学校思想政治理论课教育教学的方式和方法，要贴近实际、贴近生活、贴近学生。坚持开拓创新，不断改进教育教学的内容、形式和方法，进一步提高大学生的马克思主义理论素养和道德品质水平。

本书是高校思想政治教育方面的书籍，主要研究新媒体视角下高校思想政治教育改革创新，本书从高校思想政治教育介绍入手，分析和阐述了高校思想政治教育在教育工作中的现实意义。针对高校思想政治教育的内容、新媒体时代高校思想政治教育实践进行了分析研究；另外对新媒体传播与高校思想政治教育创新做了一定的介绍；还对新媒体时代高校思想政治工作创新、新媒体环境下高校思想政治教育的资源整合等方面做了详细论述。本书各章节环环相扣，内容丰富，字里行间体现出了新媒体视角下高校思政工作教育改革的路径和方向，能为广大思政教育工作者带来帮助。

本书由广州工商学院杨丽丽、泉州信息工程学院黄月婷、重庆人文科技学院李鑫著。具体撰写分工如下：杨丽丽负责第四章至第六章的撰写工作（共计9.9万字），黄月婷负责第一章至第三章的撰写工作（共计12.9万字），李鑫负责第七章和第八章的撰写工作（共计7.5万字）。杨丽丽负责全书的统稿和修改。

本书在写作过程中，参考了大量书籍与文献，由于时间不足，书中可能会存在疏漏与不足，恳请广大读者批评指正。

目 录

第一章　高校思想政治教育概述 1
　第一节 思想政治教育的内涵与特征 1
　第二节 思想政治教育的目的与任务 19
　第三节 思想政治教育的功能与对象 27

第二章　高校思想政治教育的内容 38
　第一节 思想政治教育的基本遵循 38
　第二节 思想政治教育的工作机制 46
　第三节 思想政治教育的拓展内容 53

第三章　新媒体时代高校思想政治教育实践 64
　第一节 新媒体与高校思想政治教育 64
　第二节 新媒体环境下高校思想政治教育优势 73
　第三节 新媒体环境下加强高校思想政治教育的对策 77

第四章　新媒体传播与高校思想政治教育创新 88
　第一节 新媒体传播下思想政治教育队伍建设 88
　第二节 新媒体传播下思想政治教育模式 96

第五章　新媒体时代高校思想政治工作创新 104
　第一节 高校思想政治工作的内容结构优化依据和要求 104
　第二节 高校思想政治教育内容结构优化设计 112
　第三节 高校思想政治教育主客体媒体素养的培养 119

第六章　新媒体环境下高校思想政治教育的资源整合 131
　第一节 新媒体环境下高校思想政治教育资源整合的基本依据 131
　第二节 新媒体环境下高校思想政治教育资源整合的理论支撑 137

第三节　新媒体环境下高校思想政治教育资源整合的路径选择 142

第七章　基于网络背景与 VR 技术下的高校思想政治课程 153

第一节　基于慕课的高校思想政治教育课程 153

第二节　基于翻转课堂的高校思想政治教育课程 160

第三节　VR 技术在思政课教学上的应用 166

第八章　智能手机媒体在高校思想政治教育中的应用 176

第一节　智能手机媒体与思想政治教育载体的概念 177

第二节　智能手机媒体作为思想政治教育载体的必要性及可行性 185

第三节　加强高校思想政治教育智能手机载体建设的对策 191

参考文献 203

第一章 高校思想政治教育概述

第一节 思想政治教育的内涵与特征

大学生思想政治教育是指一定的社会用一定的思想观念、政治观点、社会规范，对大学生施加有目的、有计划、有组织的教育影响，使他们形成符合该社会所要求的思想政治品德的社会实践活动。在我国，大学生思想政治教育是指教育者按照我国社会发展要求对大学生进行教育，使他们形成符合我国社会所要求的思想政治品德的社会实践活动。

一、大学生思想政治教育的理论指导及其依据

（一）坚持马克思主义科学体系

马克思主义是一个由一系列的基本理论、基本观点和基本方法构成的完整而科学的体系。它可以分为两大部分：一是马克思主义的基本原理，二是中国化的马克思主义。坚持马克思主义对大学生思想政治教育的指导，是坚持用完整、准确和发展的马克思主义来指导。只有完整、准确地把握好马克思主义，用发展的观点来把握好马克思主义，才是科学地把握马克思主义。只有科学地把握好马克思主义，才能使马克思主义对大学生思想政治教育的指导落到实处。

1. 马克思主义基本原理

马克思主义基本原理主要由马克思主义哲学、政治经济学和科学社会主义三个部分组成。大学生思想政治教育以马克思主义基本原理为指导，主要是这三部分的指导。

（1）马克思主义哲学的指导

马克思主义哲学，即辩证唯物主义和历史唯物主义。它是研究自然、社会和人类思维一般规律的科学，为我们提供了科学的世界观和科学的方法论，是马克思主义全部学

说的基础，是一切学科研究的根本指导思想，也是思想政治教育和思想政治教育学研究的根本指导思想。坚持以马克思主义哲学为指导，就是要运用马克思主义唯物的观点、辩证的观点、实践的观点、群众的观点、阶级的观点、社会矛盾的观点，以及科学的方法为指导，来分析和解决大学生思想政治教育中的问题，来构建大学生思想政治教育的科学理论体系。

（2）马克思主义政治经济学的指导

马克思主义政治经济学揭示了资本主义的基本矛盾，论述了生产力和生产关系辩证统一的理论，阐明了经济关系和物质利益的原理，科学地解释了人们从事社会实践活动的物质动因。马克思主义的物质利益观要求大学生思想政治教育要与大学生的利益相结合而不是相分离。这就为大学生思想政治教育解决大学生的实际问题提供了理论依据。

（3）科学社会主义的指导

科学社会主义理论分析了资本主义生产关系，发现了剩余价值，从而彻底地揭示了资本主义的剥削实质及其产生、发展和灭亡的规律，科学地论证了社会主义代替资本主义的历史必然性，这就为大学生思想政治教育规定了根本的目的和任务。大学生思想政治教育要以科学社会主义理论为指导，引导大学生树立社会主义思想意识，坚持社会主义方向，牢固确立建设中国特色社会主义的共同理想和实现共产主义的坚定信念。这是大学生思想政治教育坚持科学社会主义理论指导的根本原因所在。

2. 当代马克思主义中国化

当代马克思主义中国化，即毛泽东思想、邓小平理论、"三个代表"重要思想、科学发展观和习近平新时代中国特色社会主义思想。中国化马克思主义，是马克思主义基本理论和中国革命与建设实际相结合的理论成果，是中国共产党人领导中国人民创造的精神财富，是在中华民族传统文化基础上发展起来的先进文化，是我国获得独立与解放、建设与振兴的理论指南，是与时俱进的马克思主义。

要建设中国特色社会主义，开展大学生思想政治教育，不仅要用马克思主义基本原理指导，而且还应当用"具体的马克思主义"来指导。中国化的马克思主义对大学生思想政治教育的指导是系统而全面的指导，不仅包括对大学生思想政治教育的方向、目的、地位、任务、内容、范畴、功能、原则、对象、方法、创新的指导，也包括对如何加强大学生思想政治教育队伍的管理与建设、加强大学生思想政治教育的环境建设、加强和改善大学生思想政治教育领导的指导等等，这种指导的内容十分丰富。

（二）大学生思想政治教育的理论依据

在完整、准确地学习、把握马克思主义科学体系的基础上，需要进一步把握与大学生思想政治教育密切相关的马克思主义的基本理论原理，这些基本理论原理主要有以下几个方面：

1. 社会历史发展总趋势理论

马克思主义从社会存在与社会意识的辩证关系出发，深刻地揭示了生产力和生产关系、经济基础和上层建筑矛盾运动等一系列规律，指出社会形态的发展是由经济基础和上层建筑的矛盾直接推动的，而经济基础和上层建筑的矛盾又是受生产力和生产关系的矛盾制约的，社会生产力的发展是社会形态更替的根本动力和根本原因。这为人们正确认识资本主义社会和社会主义社会、为人们从根本上认识大学生思想政治教育的目的提供了科学指导。

马克思主义关于社会历史发展总趋势的理论，从总体上决定了大学生思想政治教育的地位、作用、目的、任务、内容和效果。大学生思想政治教育是中国特色社会主义事业的重要组成部分，是为实现中国特色社会主义历史使命服务的，具有十分重要的战略地位。大学生思想政治教育的根本目的就在于帮助大学生树立中国特色社会主义的共同理想，坚定对社会主义的信念，培育一代又一代中国特色社会主义的建设者和接班人，保证中国特色社会主义的性质和方向。大学生思想政治教育的正确与否，都要以是否符合社会历史发展的必然趋势和要求为根本标准；大学生思想政治教育效果的好坏与大小，主要视其对大学生树立坚定的社会主义信念、增强大学生的历史使命感、提高大学生的思想政治素质所起的作用而定。

2. 社会存在与社会意识辩证关系原理

社会存在与社会意识辩证关系的原理，是唯物史观最根本的原理，它科学地回答了社会历史观的基本问题，揭示了唯物史观的实质。正确认识这一问题是解决其他社会历史观问题的前提和基础。

社会存在与社会意识辩证关系原理的基本内容是：社会存在决定社会意识，社会意识是社会存在的反映，社会存在的性质和变化决定社会意识的性质和变化。社会意识具有相对的独立性，对社会存在具有能动的反作用。进步的、革命的、科学的社会意识能够促进、加速社会存在的发展，落后的、反动的、不科学的社会意识对社会存在的发展变化起着阻碍、延缓的作用。

这一原理要求高校在大学生思想政治教育工作中正确认识两者的关系，既要认识到社会存在的决定作用，又要认识到社会意识具有相对独立性，对社会存在具有能动的反作用，要帮助大学生树立正确的社会意识，克服错误的社会意识；要反对割裂两者的辩证关系，既要反对片面夸大社会意识的能动作用、否认社会存在的决定作用，防止大学生思想政治教育"万能论"的错误倾向，又要反对否认社会意识能动性，防止和克服大学生思想政治教育"无用论"的错误倾向。

社会存在的多样性，必然会造成大学生思想的复杂性。开展大学生思想政治教育就必须考察大学生在社会生活中所处的地位，所处的政治环境、经济环境、文化环境、人际环境和身心发展的特点，以便把握其思想的形成、变化的外部影响因素，根据社会存在决定人们思想的规律，有针对性地开展教育活动，增强大学生思想政治教育的有效性和科学性。这一原理告诉人们，教育者的任务必须是通过教育活动发挥好社会意识的能动作用，向大学生传播先进的、科学的思想和理论，以此武装大学生的头脑，帮助大学生转变落后的、错误的思想认识，促进大学生健康成长成才。总之，社会存在与社会意识辩证关系的理论，为正确认识大学生某一思想的产生、发展的规律，认识大学生思想政治教育的本质，为确立大学生思想政治教育的地位、作用提供了科学的理论依据，是开展大学生思想政治教育的锐利武器。

3. 人民内部矛盾学说

大学生思想与行为中的矛盾一般都是人民内部矛盾，因此，关于正确处理人民内部矛盾的学说，是确定大学生思想政治教育的方针、原则、立场、态度、方法的直接理论依据。对于大学生的思想认识问题，只能采取讨论的方法、说理的方法、批评和自我批评的方法去解决。在大学生思想政治教育工作中，只有符合正确处理人民内部矛盾要求的教育方针、原则、立场、态度、方法才是正确的；反之，则是错误和有害的。

4. 人的本质学说

马克思主义科学地揭示了人的本质，认为人的本质在于人的社会性，是人区别于动物的本质属性。社会关系的内容是极其丰富的，有经济关系、政治关系、法律关系、文化关系、伦理道德关系、民族关系、家庭关系等等，其中，经济关系起主导作用，它是一切社会关系中的主要因素，政治、文化关系建立在经济关系之上，受经济关系制约。人与动物区别开来的主要标志是人们的生产劳动。

马克思主义关于人的本质理论，为正确认识大学生、科学开展大学生思想政治教育活动提供了理论指导。大学生思想政治教育的对象是大学生。大学生思想政治教育是帮助大学生树立正确思想的一种教育实践活动。科学地开展大学生思想政治教育活动，必须先要认识大学生，了解大学生，把握大学生的思想形成与发展的规律。研究和掌握人的本质理论有助于教育者正确认识大学生和把握大学生的思想形成与发展的规律。原因在于：

第一，大学生的思想是在一定的社会关系中，通过参加社会实践活动而形成、发展的，各种社会关系对大学生思想的形成和发展产生极其重大的影响，其中经济关系对大学生的思想影响是关键。在坚持人的本质在于人的社会性的前提下，通过考察各种社会关系对大学生的思想影响，有助于认识和把握大学生的思想形成的物质原因和社会根源。

第二，大学生的本质是变化发展的，这种变化发展必然导致大学生的思想的变化，研究人的本质变化、发展的理论，有助于科学地、动态地认识大学生思想的运动、变化的特点。

第三，大学生的本质是在一切社会交往关系中实现的。大学生的社会交往关系越丰富，大学生活动范围和接触事物的广度和深度就必然增加，大学生就能从中接收到丰富的信息和进行广泛的人与人之间的思想交往。例如，在教育活动中，大学生与教育者进行双向交往与互动，大学生就会受到教育者的引导和帮助，使自己形成新的思想政治品德。所以，在人的本质理论指导下，不仅可以认识大学生的思想形成的规律，而且能遵循大学生的思想政治品德形成规律，科学地实施教育活动。

总之，只有坚持以马克思主义人的本质学说为指导，才有可能科学地分析大学生的本质和思想特点，营造良好的育人环境，引导大学生树立正确的世界观、人生观、价值观，使大学生的成长成才与我国社会进步的发展方向相一致。

5. 人的全面发展理论

马克思主义关于人的全面发展，是指个人劳动能力（体力和智力）多方面的、充分的、和谐的、自由的发展。这里所指的"个人"不是指个别人，而是指"每个人""任何人""全体社会成员"。人的全面发展是相对于人的片面发展而言的。人的片面发展是指私有制下的旧式社会分工造成的使人终身束缚于一种职能的畸形状态，这种片面发展的人，只是承担一种社会局部职能的局部个人。按照马克思主义对全面发展的人的论断，他们应该是"会做一切工作的人""具有尽可能广泛需要的人""高度文明的人"。

马克思主义关于人的全面发展的理论，是党和国家确定大学教育方针、目的和培养规格，确定大学生思想政治教育根本任务和目标的重要理论根据。

人的全面发展理论要求大学要为社会培养全面发展的人。为达此目的，大学必须施行全面发展的教育，全面发展的教育包括德育、智育、体育和美育，它们各有自己的特点、功能和规律，是相对独立的，对于实现人的全面发展又是缺一不可的，不能互相代替。同时，它们又是相互联系、相互制约的。大学生思想政治教育，即大学全面发展教育中德的教育，它是大学全面发展教育的重要组成部分，是大学生全面发展诸因素中的主导条件，关系到大学生成长成才的方向，对大学生的全面发展具有重要的保证、促进作用，是大学教育的根本问题。教育者的责任之一就是要教育引导大学生正确认识和处理好诸因素之间的关系，为培养全面发展的人才做出应有的贡献。

人的全面发展理论要求在大学生思想政治教育过程中，注重激发大学生的身心潜能，充分发挥大学生的自主能动性，引导教育大学生广泛培养兴趣、爱好，广泛发展大学生的社会交往能力，增强其创造意识，开发其创造能力。这是大学生的全面发展教育和提高民族素质的应有之义，也是增长大学生的本质力量、推动社会进步之需。

二、高校思想政治教育的基本特征

(一)开放性特征

全球化是当今时代的重要特征和必然趋势。全球化时代的高等教育是一种开放式教育，在这一背景下，大学生思想政治教育无论是环境、过程，还是内容的开放性越来越显著。突出地表现在：在中外政治、经济和文化交流活动日益频繁的形势下，不同国家的高校思想政治教育可以求同存异和相互借鉴；高等教育和社会之间的界限逐渐变得模糊起来，高校思想政治教育更加贴近社会实际生活；大学生自觉地把自己融入到社会中去，各种社会思潮在当代大学生身上都有不同程度的表现；高校的改革和发展必须接受市场的检验和选择，高校和社会之间共生互动的新格局正在形成。高校思想政治教育只有与全球教育发展的历史趋势相适应，与社会主义市场经济建设的进程相协调，与当代大学生的全面发展相结合，发扬与时俱进和求真务实的精神，才能永葆生机和活力。

高校思想政治理论课开放性教学的特征主要表现在以下几方面：

1. 人本性

"人本性"是相对"物本性"而言的。"以人为本"强调人的价值高于物的价值。从价值论视角看，坚持"以人为本"强调人的价值的至上性。马克思主义坚持以最广大人民即绝大多数人为本，坚持以解放全人类、促进每一个人自由全面发展为最终目标。高校思想政治理论课开放性教学是以马克思主义"人本论"为理论基础的。

高校思想政治理论课不同于一般的专业课程，它的主要任务是培养大学生的思想政治素质，增强大学生的主体性，这就决定它必须坚持马克思主义的"人本论"。高校思想政治理论课开放性教学的"人本性"主要体现在三个方面：第一，体现在它把"以学生为本"作为核心理念。"以学生为本"这一理念是构建高校思想政治理论课开放性教学的理论基石，是贯穿这一教学模式的中心线索，是渗透于这一教学模式的精神灵魂，是决定这一教学模式性质的精神实质。第二，高校思想政治理论课开放性教学的"人本性"体现为教学方法的人本性。它要求思想政治理论课教师在教学中要关心学生、爱护学生、尊重学生、体贴学生、帮助学生、引导学生，而不能压制学生，更不能打骂学生、贬低学生、损害学生。第三，高校思想政治理论课开放性教学的"人本性"还体现在教学是为了满足学生的精神文化需求，促进学生全面发展。

2. 科学性

"科学"与"人本"是两种不同的价值取向，科学的价值取向是求真，人本则是求善；科学属于合规律性，人本属于合目的性。高校思想政治理论课开放性教学新模式不仅具有人本性，而且具有科学性，是求善与求真的统一、合目的性与合规律性的统一。高校思想政治理论课开放性教学具有科学性主要是因为它是以科学理论为依据，以科学实践为基础，以科学精神为指导，运用科学方法建构起来的。

第一，高校思想政治理论课开放性教学是在坚持科学立场的基础上建构起来的。科学立场即实事求是的辩证唯物主义立场。高校思想政治理论课开放性教学是建立在科学立场上的。它要求教师在思想政治理论课教学中，坚持一切从实际出发，按客观的教学规律办事，求真务实，做到"不唯书，不唯上，要唯实"。

第二，高校思想政治理论课开放性教学是以科学理论为依据的。马克思主义理论是人类历史上最科学的世界观和方法论，是追求真理、探索真理，揭示客观规律的行动指南。高校思想政治理论课开放性教学就是以马克思主义为理论基础的，马克思主义关于"以人为本"的思想是"以学生为本"这一新的教学理念的哲学基础。马克思主义既是科学的世界观，又是科学的方法论。高校思想政治理论课开放性教学就是以马克思主义为指导，运用马克思主义的科学方法论建构起来的。高校思想政治理论课开放性教学不仅以马克思主义为理论基础，而且批判地吸收了现代西方教学理论中的合理成分，比如人本主义教学论、建构主义教学论等都为思想政治理论课开放性教学提供了科学的理论依据。

第三，高校思想政治理论课开放性教学是一个完整的科学体系。它由"一个核心理念"与"三个基本要素"所构成，层次清楚，逻辑严密，具有系统整体性特征。离开了系统整体性，就不能成为一个科学体系。高校思想政治理论课开放性教学新模式是一个有机的整体，"一个核心理念"与"三个基本要素"有机结合，缺一不可。

第四，高校思想政治理论课开放性教学采用了科学方法。高校思想政治理论课开放性教学运用了马克思主义的科学方法论。唯物辩证法是分析问题和解决问题的最一般的科学方法论。这一教学模式正确处理了教师指导主体与学生学习主体的辩证关系、科学性与人本性的辩证关系、教学管理与人文关怀的辩证关系、校园内部环境与外部环境的辩证关系、传统教学手段与现代教学手段的辩证关系、传承科学文化与创新科学文化的辩证关系、传统思维方式与创新思维方式的辩证关系，充分体现了唯物辩证法的思维方法。此外,还采用了现代科学方法,比如系统科学方法、创新科学方法等。

3. 和谐性

"科学性"的价值取向是"求真","人本性"的价值取向是"求善","和谐性"的价值取向是"求美"。高校思想政治理论课开放性教学的"科学性""人本性""和谐性"等特点,体现了其价值取向的多样统一性,实现了"真、善、美"的有机统一。高校思想政治理论课开放性教学具有和谐性的特点。

(二)社会性特征

高校社会化是高校回应市场经济发展的时代取向,也是彰显高校价值的重要途径。高校社会化不仅包括开放办学、事业发展、教育教学实践、社会服务、科学运作的社会化,而且包括高校后勤工作的社会化。其中,后勤社会化对高校思想政治教育的影响最大,使高校思想政治教育社会化的程度越来越明显。突出表现在:社会大环境与校园小环境之间呈现立体式的交叉渗透、动态式的交流合作的格局,尤其是校园周边环境对大学生的思想发展具有重要的影响;各种教育教学基地、爱国主义教育基地、社会实践基地等教育资源建立起来并发挥着积极作用,社会实践成为大学生思想政治教育的重要组织形式。高校思想政治教育只有自觉地融入到丰富多彩的社会生活中去,才能真正实现内容、方法、途径、机制和体制的创新,才能有效地促进青年全面健康成长。

高校社会化的出现,对大学生的生活方式、交际方式、思维方式和价值取向会产生重大而深刻的影响,使得高校思想政治教育比计划经济时代更加复杂。在高校思想政治教育社会化的过程中,要从大学生的思想实际出发,积极探索高校思想政治教育的新内容、新方法、新手段和新机制,力争在教育思想、教育宗旨、教育模式上有所创新和突破。要积极开展具有民族特色和地方特色的大学生社会实践活动,比如开展贯彻习近平新时代中国特色社会主义思想和增强共产党员先进性教育的宣传活动,以实际行动落实科学发展观的活动,积极开展具有区域和专业特点的大学生实践活动和青年志愿者活动、各种社会公益活动和勤工助学活动,通过实际体验增强践行习近平新时代中国特色社会主义思想的坚定性、自觉性和积极性。同时,在高校思想政治教育社会化过程中,要始终保持正确的政治意识、大局意识、核心意识、看齐意识。高校思想政治教育的社会性和阶级性是一致的。只有保持阶级的先进性,才能确保社会性的正确方向;只有回归到社会生活中去,才能使阶级性落到实处。

(三)信息化特征

人类已进入了信息化时代。信息技术使人类的物质文明、精神文明和政治文明已发生巨大而深刻的变迁。信息生活成为大学日常生活的重要组成部分,并全方位地改变着大学生的日常生活、生活方式、思维方式和价值观念，高校思想政治教育信息化是时代发展的客观趋势，也是高校思想政治教育创新的必然举措。突出表现在：教育信息的海量化和更新的快捷性，网络空间的信息资源远远超过了传统的资源，而且更新的速度惊人；教育载体的开放性和参与性，网络载体是一个高度开放的新兴载体，任何人在其中都可以平等地进行教育和接受平等的教育；教育实践的隐蔽性和人际情感的间接性，网络教育是一种非面对面的间接性教育，人们可以借助网络接受知识、获取信息、交流情感，避免了人与人之间面对面的接触。适应高校思想政治教育信息化的要求，传统思想政治教育必须实现与信息化的整合，探索新的教育模式。

针对高校思想政治教育信息化的新特点，一方面要用马克思主义的基本立场、观点和方法对网络文化的"双刃性"进行全面、科学、深入的分析，弘扬主旋律，提倡多样化，坚持高校思想政治教育社会主义方向不改变；另一方面要正确认识信息化的具体特点和功能，发挥信息技术的优势，提高大学生思想政治教育的技术含量和效益。在教育宗旨上，以造就社会人格为本位；在教育主题上，以弘扬主体性为旨归；在教育机制上，以构建网络阵地为重点；在教育方法上，以现代化为取向。在构建高校思想政治教育信息化教育模式的过程中，要正确处理信息化教育和传统教育、自律教育和他律教育以及全球化和民族性之间的关系。

（四）创新性特征

创新是历史进步和人类自身发展的永恒动力，创新精神是时代精神的集中体现。高校在全民族创新体系建设中承担着重要历史使命，大学生思想政治教育创新是高校创新的重要内容，创新性是新时代高校思想政治教育的重要特征。

大学生思想政治教育的创新包括观念、内容、方法、手段、机制等方面，通过上述方面的创新，目的是实现高校思想政治教育由传统向现代的全面转型。在教育观念创新上，要实现封闭式教育向开放式教育转变，由补救式教育向前瞻式教育转变，由隐性教育向显性教育转变，由模式化式教育向个性化教育转变；在教育内容创新上，要加强习近平新时代中国特色社会主义思想教育、全球化教育、创新素质教育、人文素质教育和个性化教育；在教育手段创新上，要充分利用现代教育技术发展的成果整合高校思想政治教育资源，实现高校思想政治教育的科技化；在教育方法创新上，要把灌输法和体验法相结合，他教法和自教法，相结合，激励法和人格法相结合，传统教育法和现代教育法相结合；在教育机制创新上，要建立科学的管理机制、充分的保障机制、有效的激励机制和全面的评估机制。在高校思想政治教育创新过程中，要注意借鉴中国传统道德教育的精华，继承和发扬党的思想政治教育的优良传统，同时要辩证地汲取国外大学生思想道德教育的有益成分。

（五）人文性特征

现代化的关键是人的现代化，社会主义的本质是人的全面发展。以人为本的科学发展观的提出，标志着中国共产党对人类社会发展规律认识得更加自觉，这对新时代各项工作都具有重要的指导意义。高校思想政治教育已树立了以学生为本的观念，把教育学生和关心学生结合起来，把塑造学生和服务学生结合起来，把校园文化建设和学生的健康成才结合起来，紧密围绕学生的成长和成才来进行，这充分反映出对学生的人文关怀，体现出人文性的特点。

重视对大学生的人文关怀，必须从当代大学生的思想实际出发，树立民主、平等、沟通和协商的新观念，把高校思想政治教育工作做细、做活、做实。要结合全球化对我国意识形态挑战的复杂形势对当代青年提出的新要求，引导青年树立正确的世界观、人生观和价值观，使其成长为中国特色社会主义事业的合格建设者和可靠接班人。要深入细致地研究当代青年思想中的热点、难点和疑点问题，提高他们的人文素质，培养他们的人文精神。要加大校园文化建设的力度，通过各种形式的校园文化活动营造健康、文明、向上的生活氛围。要不断延伸高校思想政治教育的覆盖面，使思想政治教育工作进公寓、进社团、进网络。要针对不同层次的学生开展不同形式的教育，力争使所有学生都能健康成才。要把党的建设工作和学生的思想政治工作结合起来，要做好在先进青年中发展党员的工作，实现高年级学生"支部建在班上"的目标。大学生思想政治教育一直是我国高校教育的重点内容，它可以引导大学生树立正确的世界观、人生观和价值观。大学生思想政治教育的内容、方法、对象特点等会随着社会进步而不断变化，因此只有保证时代性才能保证教育的有效性。

三、大学生思想政治教育目标的时代性

（一）大学生思想政治教育目标的具体内涵

大学生思想政治教育在设立目标时，始终都要坚持以马克思主义为指导，以坚定中国特色社会主义共同理想为根本任务，以培育和践行社会主义核心价值观以及自觉弘扬中国精神为主要内容。因此，结合当前我国社会发展对大学生提出的实际要求，可以将大学生思想政治教育目标的具体内涵概括为"有理想信念、有核心价值、有中国精神、有能力素养"，也就是"新四有"。

1. 有理想信念

对于一个国家和民族来说，理想信念是重要的精神支柱，只有全体人民共同拥有坚

定的理想信念，才可以使整个国家和民族具有生命力和凝聚力。对于新时代的大学生来说，必须具有自己的理想信念，因为只有拥有坚定信念的人才可以实现自己的理想，信念对于人民团结、凝聚奋斗力量来说具有不可或缺的基础作用。

①应该引导当代大学生树立对共产主义远大理想和中国特色社会主义共同理想的坚定信念，让他们可以用正确的眼光看待远大理想和共同理想之间的关系，从而使他们充分且深刻地理解共同理想的实现是一个循序渐进的过程。在这个过程中会出现阶段性、局部性的社会问题，以此可以使大学生坚定对共产主义的信念，同时加强他们对实现中国特色社会主义共同理想的信心，并自觉主动地为建设中国特色社会主义奉献自己的力量。

②应该引导大学生正确地看待个人的成长与成才，使他们拥有取得成就的理想信念。通常讲，一个人的理想和信念决定了他是否能获得成功、取得成就。大学生处于不成熟向成熟转化的阶段，他们的世界观、人生观、价值观逐渐在这个时期形成确立，也是国家为了社会发展培养优秀人才的关键时期。大学生能否成为拥有坚定信念、乐于报效祖国的高素质人才，不仅与他们的个人生命价值具有重要联系，还会直接影响社会的稳定以及国家未来发展的兴衰成败。

③应该引导大学生正确地看待个人理想与社会理想之间的关系，树立二者有机统一的坚定信念。大学生树立了这种信念，可以实现个人理想与社会理想的深刻统一，在此基础上，大学生既不会对实现社会理想的信念有所动摇，也不会失去追求个人理想的热情，从而可以实现大学生个人理想与社会理想的有效对接。

2. 有核心价值

我国当前正处于转型期，面临很多难以解决的困难，尤其是在当前意识形态多元化的背景下，价值观念冲突、价值选择迷失等现象时常发生。因此，必须确定得到广大人民群众认同接受的核心价值，只有这样才可以有效地维护社会的安全稳定、促进社会的良性发展，同时这也为个人的健康成长提供了必要环境。因此，为了体现大学生思想政治教育目标的时代性，必须将"有核心价值"纳入其具体内涵。

以"有核心价值"引领大学生思想政治教育，就要求大学生思想政治教育必须坚持遵循社会主义核心价值观的层次性规律，要从个人、社会和国家的层面看待和理解这个问，使大学生可以正确地看待和处理自身与国家和社会之间的关系，使大学生自觉主动地践行社会主义核心价值观，使其内化为他们的思想理念，外化为他们的实践行为，进一步加强和巩固大学生投身国家建设与实现自我价值的思想基础。

3. 有中国精神

精神是一个人的灵魂，也是一个国家和民族的灵魂。没有精神力量作为有力支撑，人们便会失去前进的意义和动力，将会不知道该如何在世间生存。将"中国精神"纳入大学生思想政治教育目标的具体内涵，可以有效地深化教育目标的内涵结构，实际上，面向大学生开展思想政治教育活动的目的并不仅仅是向大学生提供科学的价值规范和价值尺度，更重要的是为他们提供强大的精神动力。"有中国精神"包含的内涵可以概括为三个方面：

①倡导理性爱国，坚决抵制极端民族主义情绪，通过正确的引导使大学生具备正面积极的爱国观念，主动弘扬爱国主义民族精神，使大学生可以正确地看待和处理自己和党、国家、社会与人民之间的关系。

②倡导大学生积极进取，反对消极守旧，对大学生进行正确引导，使他们具有创新精神、创新意识和创新能力，成为符合社会要求的创新型高素质人才。

③加强民族精神与时代精神的融合，实现二者的协调统一，为当代大学生打造和谐美好的精神家园。民族精神和时代精神并不是对立的，而是相互依存、和谐统一的，在一个民族和国家的发展过程中，必须保证民族精神切实反映时代精神，保证二者的相互依存、紧密结合，只有这样才可以发挥精神力量，推动一个民族、国家的不断进步。因此，在大学生思想政治教育中，必须保证将弘扬民族精神与弘扬时代精神统筹起来，通过正确的引导帮助学生在全球化背景中树立民族精神，捍卫民族尊严，进一步增强他们的民族自信心、自豪感，同时还应该引导他们建立世界视野，使他们拥有开阔胸怀，积极汲取人类一切优秀文明成果，只有这样才可以提升他们的创新素质。

4. 有能力素养

大学生思想政治教育目标必须符合一定政党的执政理论和一个国家的政治制度，保证其是符合当前社会现实的，也就是需要符合现行的社会秩序所要求的基础伦理道德规范，同时还必须关注大学生群体的生存和发展，要使目标符合大学生生存和发展提出的各种要求。此外，现代社会与之前基本上依靠物质和资本生产要素投入来实现经济发展的模式有所区别，现代社会强调知识的重要作用，在社会发展中必须充分发挥知识的重要性，而人的能力素养是知识构成和知识创造的重要基础，可以看出，在现代社会能力素养的高低与经济社会的发展之间具有紧密联系。因此，大学生思想政治教育目标的重要内涵中必须包括"有能力素养"这项内容。

具体来说，"有能力素养"要求有道德素养和文化素养。其中，道德素养是文化素养的尺度规范，文化素养是道德素养的知识技能支撑，必须将二者放在同样重要的位置上看待。对于我国大学生思想政治教育来说，"有道德素养"有两方面含义：一方面，当代大学生应该理解和继承中华民族传统美德，与此同时应该积极学习现代道德观念，要在实践过程中同时发挥两种精神力量的作用；另一方面，当代大学生应该实现道德观念的外化，将理论付诸实践，转化为自身的道德行为，从而实现传统优秀文化与现代道德素养、道德知识与道德实践的有机统一。"有文化素养"是指当代大学生应该了解和掌握社会主义先进文化、中国传统文化以及其他一切优秀文明成果的知识，同时还应该具备一定分析能力，可以对不同的文化和意识形态进行有效辨别，有保持社会主义先进文化主导性的能力，可以同时提升自己的知识含量和能力素质。

实际上，"有理想信念"是一种根本性、方向性的目标内涵；"有核心价值"则是起到枢纽作用的规范性内涵；"有中国精神"是大学生思想政治教育的动力，它主要起到支撑性作用；"有能力素养"则是教育的保障，体现的是主体性内涵。只有保证这四方面内容相互联系、相辅相成，才可以保证大学生思想政治教育目标具有时代性。

（二）"新四有"目标的维度分析

大学生思想政治教育的"新四有"目标是一个复杂的、可延展的结构体系：一方面，从不同角度进行审视，可以看出目标的不同层次；另一方面，根据不同的时空和现实需要，可以在一定程度上延展和丰富教育目标。

"新四有"目标具体体现了"知识与技能""过程与方法""情感、态度与价值观"三维目标的充分整合。20世纪50年代，美国教育学家、心理学家布卢姆（Bloom）通过对教育目标进行研究，提出了将教育目标划分为"认知""情感"和"动作技能"三个领域的观点。虽然三维目标理论是在基础教育领域中提出的，但是该理论不仅适用于基础教育，各学科领域都适用该理论。我国大学生思想政治教育的"新四有"目标也充分体现了这三个维度。

1. 知识与技能维度

这一维度的重点在于使大学生掌握知识和技能，是大学生思想政治教育目标的基础层。从知识层面来说，通过大学生思想政治教育可以使大学生认识和理解包括马克思列宁主义、毛泽东思想、邓小平理论、"三个代表"重要思想、科学发展观、习近平新时代中国特色社会主义思想在内的社会主义先进思想和理论知识成果，同时还可以掌握这些理论知识体系之间存在的各种逻辑关系，这样可以使大学生具备解释、推断、区分和扩展对所学知识的能力；从技能层面来说，通过引导大学生进行有效的练习形成价值选择、政治参与等相关活动所必需的认知方式或行为方式。

2. 过程与方法维度

过程是指帮助大学生切实体验知识和技能形成的过程，也就是说应该重视学生的主体参与性；方法是指帮助大学生学习知识和技能的方式和策略，也就是说使大学生具备学习能力。社会主义核心价值体系所蕴含的方法论意义是大学生思想政治教育过程与方法维度目标建构的重要参考，即一元性和多样性的关系、继承与创新的关系等。通过该价值体系，大学生可以更好地运用科学的世界观和方法论解释和处理学习生活中遇到的各种实际问题。

3. 情感、态度与价值观维度

通过大学生思想政治教育，可以切实有效地使大学生形成坚定的政治立场、树立正确的价值取向、培养积极的人生态度、具备高尚的道德情操。情感是一种心理过程，是人们对于客观世界中对客观对象和现象的刺激而产生的一种心理反应。从情感维度来说，大学生思想政治教育的目标体现在使大学生形成对国家、社会、集体和他人积极的认同和联结上。态度是主体针对客体表现出的一种心理倾向，它具有持久稳定的特征。从态度的维度来看，大学生思想政治教育目标不只包括大学生对社会生活与社会发展的基本认识和主观态度，同时还包括他们针对个体生活、学习等方面的主观态度。价值观是指主体针对某一事物的作用与意义的看法的总和，具体来说它包括基本信念和价值取向，人们关于某一客体的价值追求、价值判断、价值选择等都在价值观的范畴内。价值观在当代大学生身上的表现主要是他们对人生的理想、信念和追求，对人类历史发展的认识，对民族文化、民族精神的认同、继承和发扬等。情感、态度、价值观之间具有密不可分的联系，情感体验是基础，在此基础之上不断地强化、稳定情感才可以形成态度，之后再进行提炼与升华才形成价值观。

"新四有"目标涵盖的范围十分广泛，包括国家层面、社会层面和个人层面。这三个层面之间相互关联，从而形成一个有机体。个人是构成社会和国家的基础元素，国家是由立法和行政机构组成的国家机器，社会则是存在于国家和个人之间的公共领域。然而这三者代表着不同主体的利益，因此经常因为各自的利益产生矛盾和冲突，表现为国家本位论、社会本位论或个人本位论之间的争论。对于现代社会来说，三者之间应该形成一种互动统一的关系。"新四有"目标的核心内容就是社会主义核心价值观，这也强调了对国家、社会与个人有机统一的重视，从而形成了一个由浅入深、由微观到宏观的放射性的目标层次结构，具有深刻的现实意义。

四、大学生思想政治教育的新局面

当前的大学生思想政治教育关键要把握"六个意识"，即战略意识、特色意识、服务意识、创新意识、规律意识、系统意识。

（一）战略意识

战略意识，就是要有将大学生思想政治教育工作放置到战略高度来认识的意识。大学生思想政治教育不仅关系到人才培养和中华民族伟大复兴中国梦的实现，更关系到坚持和发展中国特色社会主义这篇大文章的续写，无论是民族复兴，还是坚持和发展中国特色社会主义，没有能离开人才而成功的，但由什么样的人扛起中国特色社会主义的大旗，关系到这面旗帜能不能"立"、能不能"飘"的问题。因此，习近平总书记明确指出，我国高等教育肩负着培养德、智、体、美、劳全面发展的社会主义事业建设者和接班人的重大任务。面对当前对大学生思想政治教育工作重要性认识不清的问题，只有站在战略高度才能深刻认识这一工作的极端重要性，而只有认识其极端重要性，才能切实深入地推进这项工作。

（二）特色意识

特色意识，就是要有把大学生思想政治教育工作放置于我国独特的历史、文化和国情上来理解的意识。一方面，要把我国高等教育、人才培养及思想政治工作放置于历史的宏大视野中去认识，才能更清醒地认识其特殊性。官方主导办学，在我国有着深厚的历史传统；另一方面，从现实维度来看，我国具有独特的国情——中国共产党的领导。中国共产党的执政地位和领导地位是历史和人民的选择。我国的高校是党领导下的高校，是中国特色社会主义高校。办好高校，必须坚持正确的政治方向，必须坚持以马克思主义为指导。只有深刻把握我国独特的历史、文化和国情，牢固树立特色意识，才能树立正确的历史观，才能深刻理解大学生思想政治教育工作的必然性，才能破除思想障碍、化解心理疙瘩、提振工作信心，做好大学生思想政治教育工作。

（三）服务意识

服务意识，就是要树立我国高等教育是为了服务人民、服务现实的意识。我国高等教育要做好"四个服务"，即为人民服务、为中国共产党治国理政服务、为巩固和发展中国特色社会主义制度服务、为改革开放和社会主义现代化建设服务。"四个服务"集中体现了个人价值与社会价值的有机统一。马克思曾说，人的本质是一切社会关系的总和。个人成长成才离不开社会，社会进步也需要每个人的努力。正因如此，我国文化传统中始终更强调集体和社会的作用。纵观我国历史，那些有志之士，无不有经世致用、以天下为己任的情怀。虽然他们也非常看重个人名誉，但都将其建立在建功立业之上，从而实现了个人价值与社会价值的有机统一。这是无法隔断的文化传统，也是不该丢弃的文化精神。大学生正处于世界观、人生观和价值观的确立阶段，对大学生思想政治教育工作而言，就是要牢记"四个服务"，将服务意识融入大学生"三观"的形成过程，引导他们正确树立"三观"。

（四）创新意识

创新意识，就是要有立足主客观环境变化，不断改革思想政治工作的意识。做好高校思想政治工作，要因事而化、因时而进、因势而新。要紧紧围绕高校思想政治工作中存在的突出问题，以创新为"支点"，撬动传统思想政治工作模式。中国共产党历来重视高校的思想政治工作，但随着时代变化，主客观环境都已发生变化，这种情况下，高校传统的思想政治工作手段、方法、内容等已无法适应新形势的需要。因此，需要广大思想政治教育工作者培养创新意识，打破思维定式，跳出思维惯性，结合实际情况，创新工作方法、改革教育内容、完善激励机制。唯有创新，才能使高校思想政治工作跟上时代步伐，重新焕发活力。

（五）规律意识

规律意识，就是要有尊重客观规律、按规律办事的意识。思想政治工作从根本上说是做人的工作，而人在有思想、观念、情感、个性的同时又具有社会性，这就使其有了特定的复杂性。然而，由中国共产党非常成功的思想政治工作实践得知，只要善于发现和运用规律，再难之事也是可以做好的。大学生思维活跃、视野开阔、个性鲜明，对新鲜事物具有很强的好奇心，尤其当前，信息来源和传播渠道多元化，信息真假难辨，这些信息容易对大学生的"三观"产生重要影响。因此，大学生思想政治教育工作要遵循思想政治工作规律，遵循教书育人规律，遵循学生成长规律。唯有把握规律，积极引导，才能培育大学生理性平和的健康心态，才能让大学生成为德才兼备、全面发展的人才。

（六）系统意识

系统意识，就是要有将大学生思想政治教育工作看作一项系统工程的意识。系统具有鲜明的整体性、关联性、层次结构性、动态平衡性，抓好大学生思想政治教育工作必须具备系统意识。首先，要把大学生思想政治教育工作与人才培养、中华民族伟大复兴、中国特色社会主义事业的坚持与发展结合起来认识。其次，要把大学生思想政治教育工作与我国独特的历史、文化国情相结合，从这个系统看待我国大学生思想政治教育工作，就能认识到其深厚的历史依据、文化依据和现实依据。再次，要把专业教学、党团活动日常管理、思想理论政治课程教学等工作纳入同一个体系来认识，做到相互配合、共同促进，形成合力，新时代思想政治工作才会更有成效。

五、大学生思想政治教育的拓展方向

近年来的社会发展给大学生思想政治教育工作提出了许多新的要求。在教育要面向现代化、守正出新、面向未来的基本要求下，基于社会科学和自然科学的快速发展，大学生思想政治教育必须不断进行拓展，跟上时代发展的节奏。从当前社会发展的需要来看，大学生思想政治教育的拓展方向主要有以下三方面：

（一）向宏观领域的拓展

在国内层面，大学生思想政治教育工作紧紧围绕"三步走"国家建设战略的发展需要，以社会主义建设作为基本需要，突出社会问题在大学生思想政治教育内容中的地位，引发学生关于社会建设的思考。也就是说，大学生思想政治教育深深植根于社会活动中，不断依据当前社会活动的内容，开辟新的领域，将一些重要的社会环境问题、生态文明建设问题融入现代大学生思想政治教育中。这些内容的融入必将推动大学生思想政治教育工作的进步，实现大学生思想政治教育的新发展。

在国际层面，我国现在已发展成为一个世界性的大国，改革开放程度不断加深。作为大学生思想政治教育工作者，应该积极培养面向世界的人才，使其具有作为一名世界公民应具备的思想、道德和心理素质。面对世界上各种文化与价值观的冲击，大学生思想政治教育应不断提高教育对象的分析和鉴别能力，使其具有正确价值观、人生观、世界观的思想基础。面对竞争，要有包容的、自信的心理素质，自强不息，勇于拼搏。对于大学生来说，这些素质比过去要求得更高、更全面。

（二）向微观领域的拓展

微观领域是指大学生思想政治教育工作要进入大学生的内心世界。微观世界同宏观世界是一个联系的整体。宏观世界的种种变化最终都会在微观世界之中有所响应。大学生思想政治教育在向宏观拓展、向未来拓展的同时，还要注意到同人们内心世界的联系、同微观世界的联系。内心世界非常复杂，如同一个黑箱，让人们无法窥探。内心世界也极具规律，通过深入研究，人们能够把握其中的发展规律，引起内心世界的共鸣。每一个人的内心世界都承受着外界环境的巨大压力，随着外界信息的不断增加，人们的内心世界会做出不同程度的变化，有的可能积极向上，有的则可能悲观失望，甚至有心理疾病产生。针对这一问题，大学生思想政治教育就必须有所预防，把握内心世界的发展规律，有针对性地做出调整，不落下任何一个大学生，使他们提高自己的心理素质，能够正视外界的变化。

研究人们的内心世界变化规律，其中一个重要的任务就是开发人力资源，不断挖掘大学生的潜能，使其能够对外在世界的发展变化做出应对，为中国特色社会主义建设服务。挖掘大学生的潜能，就要认真探索大学生思想政治教育心理学的规律，将外在的思想内化为大学生的心理认识。

（三）向未来领域的拓展

现代信息技术的发展、物质生活水平的提高、社会竞争压力的增加，使得大学生思想政治教育面临的社会环境变得越来越复杂。

一方面，社会节奏不断加快，一些社会成员无法适应，他们将会给社会的发展带来一些不安定因素，从而造成社会思想的动荡，影响到大学生；另一方面，在竞争压力之下，不良生活习惯给大学生的消费观带来一些负面的影响。在这种环境下，必须对大学生思想政治教育工作给予重视，面向大学生的未来发展，针对他们发展中出现的各种问题，及时给予纠正。

另外，大学生思想政治教育要积极利用新的科学技术，针对科学技术所可能做出的变化，提前做好准备。在当前来看，大数据即是其中一个重要的技术。面对大数据，大学生思想政治教育工作要提升教育队伍的素质，具备一定的数据意识和科技意识，利用数据信息引导大学生。大学生思想政治教育工作还要将大数据作为一项重要的教学内容融入大学生思想政治教育工作之中，要求大学生同样具备一定的数据意识，以适应未来社会的发展。

针对科技发展带来的变化，大学生思想政治教育还要加强阵地建设，利用现代科技有针对性地预防腐朽思想的侵蚀。一些腐朽势力同样会利用科技进行信息传播。针对这一实际情况，大学生思想政治教育要做出有针对性的回击，利用科技手段和大学生思想政治教育的优势向广大青年宣传党的理论、方针、政策，使其具备社会发展所需要的各种素质。

大学生思想政治教育工作面向未来，还要正确地预测未来，针对未来的发展趋势，做出有针对性的调整，以实现大学生思想政治教育的基本目标和任务。

第二节　思想政治教育的目的与任务

一、大学生思想政治教育的目的分析

（一）确定思想政治教育目的的依据

思想政治教育的目的不是人们主观随意确定的，而是社会存在和发展的反映。思想政治教育目的受到许多因素的影响，一个目的的形成往往是多种因素综合作用的结果。然而，各个因素对思想政治教育目的形成的作用是不平衡的，这就要求必须抓住主要因素，恰当地确定思想政治教育目的。

1. 社会生产和科学技术发展的客观要求

思想政治教育作为一种社会实践活动，要为社会的发展和进步服务，其目的就必须反映社会发展的客观要求，必然受到一定社会历史条件的制约，也就是要受到生产力与科技发展以及社会经济、政治制度的制约。

社会生产和科学技术发展是确定思想政治教育目的的基础。马克思主义认为，社会发展最终是由生产力推动的。生产力的发展不仅为教育对象的体力、智力以及思想道德素质的发展创造了条件，而且也对教育对象各方面的发展提出了更高要求。从这个意义上讲，思想政治教育目的最终为生产力发展水平所制约；随着生产力水平的提高和科学技术的迅猛发展，这种制约作用越来越大，相应地，思想政治教育目的的水平也将越来越高。人类历史发展进程表明，生产力和科学技术的发展水平不同，社会对受教育者思想品德的要求就不同。今天，知识经济和信息化已成为社会的重要特征，社会生产、管理越来越科学化、知识化、信息化和智能化，文化趋向多元化，这不仅对社会成员的文化与科技素质提出了新的要求，而且对其思想道德素质也提出了更高的要求，思想政治教育因此必须加大对教育对象道德价值评判与选择能力的培养，这应成为新时代思想政治教育目的的重要内容。

一定社会的生产关系以及由此而产生的社会经济、政治制度对思想政治教育目的的规定起着直接的决定性影响。在阶级社会里，不同阶级由于其经济利益和政治利益的不同而有不同的教育目的。思想政治教育作为一种重要的教育实践活动，是一定的阶级或政治集团，为实现一定的政治目标，有目的地对社会成员施加意识形态影响，使其形成本阶级所需要的思想品德的社会实践活动。因此，思想政治教育目的为一定社会的经济、政治制度所决定，在阶级社会中具有鲜明的阶级性。

由于中国共产党的奋斗目标反映了我国社会发展的客观要求，因而依据社会发展的水平和要求确定思想政治教育目的，在我国就具体表现为要依据党的奋斗目标来确定，思想政治教育目的应同党的奋斗目标保持一致。党的最终目标是要实现共产主义的社会制度，这一目标决定思想政治教育的根本目的就是要用共产主义思想教育、动员和激励受教育者为实现共产主义努力奋斗；在奋斗的过程中，不断提高自己的思想道德素质，使自身得到全面发展，成为社会主义新人。当然，实现共产主义的社会制度，要经过长期艰苦的奋斗历程和许多阶段，党在每个阶段的奋斗目标既有联系又有区别。思想政治教育要以共产主义思想为指导，根据不同阶段党的奋斗目标来确定不同时期思想政治教育的目的。同时，党在一定阶段的奋斗目标要分解到各领域各部门，党在各领域各部门的具体目标也各有不同。各领域思想政治教育的目的就必须与党在该领域的奋斗目标保持一致，以便使各领域的思想政治教育目的落到实处。当前，思想政治教育要围绕实现社会主义现代化的奋斗目标来确定思想政治教育目的。思想政治教育领导部门和教育者一定要准确把握党的基本路线，明确党在新时代的奋斗目标及实现这一目标的战略部署，以组织和动员全体人民共同为实现社会主义现代化而奋斗。

2. 受教育者精神世界发展的现实需要及思想实际

作为塑造人的社会实践活动，思想政治教育不是一种单向度地向受教育者施加影响的活动，而是教育者与受教育者双向互动的过程。作为对教育对象思想品德的要求，思想政治教育目的必须充分考虑到受教育者精神世界发展的现实需要及其思想品德实际。

思想政治教育要达到提升人的精神品质和促进人的全面发展的目的，必须尊重和了解受教育者的需要，否则就会使受教育者失去接受教育和自我教育的动因。因为需要是人生命活动的内在根据和社会发展的原动力，思想政治教育只有遵循人的需要发展的规律，才能获得根本的动力支持。在社会主义社会中，受教育者在成长的过程中，会有多种多样的精神需要，如学习的需要、较高的道德修养的需要、政治进步的需要、和谐的人际关系的需要、尊重与荣誉的需要、自我成就的需要、才能发挥的需要等。只有满足受教育者的这些需要，思想政治教育才会产生好的效果。因此，确定思想政治教育目的，必须考虑教育对象多角度多层次的精神需要。唯有如此，才能真正引导教育对象的内在精神需求得到积极的正向的发展，思想政治教育目的也才能为教育对象所真正接受，内化为他们的个人目标，成为其行动指南。前述我国思想政治教育的根本目的已内在地包含着满足教育对象精神世界发展需要的内容，具体目的的确定也必须考虑这一因素，这是确定思想政治教育目的的内在要求。

在确定思想政治教育目的时，还必须考虑教育对象思想品德的实际状况。在现实的思想政治教育活动中，教育对象是分为不同类型不同层次的，不同类型不同层次教育对象的思想状况又是有差别的。这就要求在确定思想政治教育目的特别是具体目的时，要充分考虑教育目的与教育对象思想状况之间的紧密联系，考虑教育对象的接受可能性，以恰当地确定思想政治教育目的。如果忽视受教育者的思想实际，就有可能把具体目的定得过低或过高，从而影响思想政治教育的成效。教育对象的层次性，决定了思想政治教育目的的层次性。在统领全局的思想政治教育根本目的的指导下，思想政治教育的具体目的应该也必须是多层次的。思想政治教育者必须根据具体教育对象思想品德的实际来确定各行业、各部门、各单位思想政治教育的具体目的。

上述两方面依据相互联系、相互制约，从不同侧面对思想政治教育目的提出了要求。

在确定思想政治教育目的时，不能将其分割开来，而应将其视为一个整体，力求使教育目的同时满足上述两个方面的要求。

（二）思想政治教育目的的主要特征

1. 方向性与客观性的统一

思想政治教育目的的方向性特征是由目的的方向性所决定的。在确定思想政治教育目的时必须保证其方向的正确性。因为思想政治教育目的方向的正确与否直接关系到思想政治教育活动的性质和实际效果。具体来说，我国思想政治教育的目的必须充分体现社会主义的性质和发展方向，必须为社会主义现代化建设事业服务，为实现党和国家发展战略服务，为人的全面发展服务。同时，思想政治教育的目的又必须以社会生活条件和教育对象的思想实际为前提和基础，这是思想政治教育目的客观性的突出表现。在确定思想政治教育目的时，必须将方向性和客观性有机统一起来。

2. 一元性与多元性的统一

思想政治教育的根本目的是一元的，即提高全体社会成员的思想道德素质，促进人的全面发展，这是由我国社会主义制度和思想政治教育的性质所决定的。

具体目的则是多元的，具体目的的多元性，首先是由思想政治教育对象的层次性所决定的。在现实生活中，教育对象的情况千差万别，因而对不同教育对象如工人、农民、公务员、教师、学生等进行思想政治教育，具体目的理所当然应该有所不同。即使是对同一类型教育对象进行思想政治教育，由于其个体具体情况不同，具体目的也应有差异。只有根据不同教育对象的实际情况确定思想政治教育的具体目的，才能使具体目的更贴近教育对象的思想实际，而不致空泛、不着边际。

其次是由党在不同领域不同部门的具体目标所决定的。党在现阶段的奋斗目标是实现现代化，建设社会主义和谐社会。这个奋斗目标要分解为各个领域各个部门的具体目标，各领域各部门的思想政治教育都要为实现这些具体目标而努力。这样，不同领域不同部门乃至不同单位，其思想政治教育的具体目的就必然呈现出一定的差异性。

总之，由于教育对象的思想特点随着社会的变迁而变化，由于党在各个历史时期的具体奋斗目标不同，思想政治教育在不同历史时期就会有不同的具体目的。换言之，思想政治教育的具体目的随着社会历史条件的变化而变化，具有历史性。在社会生活发生变化以后，应该适时地提出新的具体目的，引导受教育者与时俱进，不断提高其思想道德素质。

3. 超越性与可行性的统一

思想政治教育目的的超越性主要表现为两个方面：一是思想政治教育对社会生活应保持一定的超越性，思想政治教育目的要求应高于教育对象的现实的思想品德水平。进行思想政治教育是要解决社会要求的思想品德规范与受教育者现有思想品德水平之间的矛盾，如果思想政治教育目的缺乏超越性，那就无法完成这一任务，思想政治教育也将失去存在的意义。

二是思想政治教育目的产生于思想政治教育活动之前，具有时间上的超前特性。思想政治教育目的不仅应具有超越和超前的特点，还应具有可行性特征。也就是说，在确定思想政治教育目的时，应充分考虑社会发展及教育对象思想品德发展的实际。思想政治教育目的是对思想政治教育对象影响的预期，要实现这一预期，必须考虑到思想政治教育的客观条件，考虑到教育对象的接受状态。如果思想政治教育目的及其指导下的教育活动不能进入教育对象接受的阈限，思想政治教育目的就会被教育对象束之高阁，难以发挥作用。

超越性与可行性是思想政治教育目的的既有区别又紧密联系的两种特性。超越性建立在可行性的基础上，可行性则受到超越性的制约，两者是有机统一的。

（三）思想政治教育目的的类别划分

思想政治教育目的，是指通过思想政治教育活动，在受教育者的思想和行为方面所期望达到的结果。换言之，思想政治教育目的是教育者依据社会发展的要求、受教育者精神世界发展的需求等对受教育者思想品德方面的一种期望和规定。思想政治教育目的是开展各项思想政治教育活动的依据和动力，体现出思想政治教育的价值取向。

思想政治教育目的不是单一的，而是集合的，是一个目的体系，可以根据一定标准从不同角度进行分解，将其分为不同的类别和层次。

1. 按照地位划分

按照目的在思想政治教育目的体系中的地位可以分为根本目的与具体目的。

我国的思想政治教育以共产主义为方向，直接作用于人的思想品德，是培养人的思想道德素质的活动。思想政治教育的这一性质规定了我国思想政治教育的根本目的是提高人们的思想道德素质，促进人的自由全面发展，激励教育对象为建设中国特色社会主义、最终实现共产主义而奋斗。这一根本目的包含相互联系的两个方面：

一是提高教育对象的思想道德素质。思想政治教育是满足人们精神世界发展需要的一种方式，是提升人的精神品质的社会实践活动，提高人的思想道德素质是这一活动的内在目的。进行思想政治教育就是要使受教育者具备良好的思想道德素质，如崇高的理想、优良的品德、强烈的事业心和责任感、坚强的毅力、严格的纪律等。而较高的思想道德素质不仅是人们其他方面发展的保证，而且是人们发挥参与现代化建设积极性的内在基础。可见，提高受教育者的思想道德素质，可以更好地激励其为建设中国特色社会主义、实现共产主义努力奋斗。

二是促进人的自由全面发展。人的自由全面发展既是共产主义的理想目标，也是社会主义的本质要求。社会主义的本质是解放生产力、发展生产力，最终落脚点是人的自由全面发展，而这正是思想政治教育的终极目的。思想政治教育是通过人这个中介作用于社会生活的。只有促进人的自由全面发展，才能使受教育者更积极、更主动地投身于中国特色社会主义建设事业中，也才能为共产主义的实现准备更充分的条件。

思想政治教育的根本目的是思想政治教育的最高目的、终极目的，比较原则，不具体，只是指明了思想政治教育活动的方向。但这并不是说根本目的是虚设的、不起作用的。根本目的是思想政治教育的灵魂，是长久起作用的目标，是团结和动员思想政治教育者及受教育者共同奋斗的旗帜。没有这面旗帜，思想政治教育就会改变性质。因而这一根本目的对于思想政治教育具有极其重要的意义，它规定了思想政治教育的共产主义方向，思想政治教育的一切活动都要符合这个根本目的。

思想政治教育的根本目的可以看作长远目标，它要经过人们长期的努力奋斗才能达到。在思想政治教育过程中，这一长远目标一般须经过多层次分解，成为一个个具体目的，指导思想政治教育的具体活动。通过一个个具体目的的实现，才能一步步向长远目标迈进。可见，具体目的是根本目的的具体化，其作用在于把思想政治教育任务落实到思想政治教育机构或教育者个人身上，故又可称之为操作目标。思想政治教育活动的大部分内容都是由相关机构或教育者完成操作目标，因而具体目的对于思想政治教育来讲也是很重要的。

2. 按照作用对象划分

按作用对象，思想政治教育目的可以分为个体目的与社会目的。

思想政治教育的个体目的，是指通过思想政治教育活动，在教育对象个体思想和行为方面所期望达到的结果。包括心理素质目的、思想素质目的、道德素质目的和政治素质目的等。心理素质目的是基础，思想素质目的是前提，道德素质目的是重点，政治素质目的是核心。思想政治教育的社会目的，是指通过思想政治教育活动，在全体社会成员的思想和行为方面所要达到的预期效果。社会目的比个体目的层次更高，包含了政治目的、经济目的和文化目的。政治目的是实现经济目的的根本保证，决定着文化目的的性质和内容；经济目的是政治目的和文化目的的基础；文化目的受政治目的和经济目的的制约，但又是政治目的和经济目的实现的必要条件。思想政治教育社会目的对思想政治教育个体目的起主导和支配作用，决定个体目的的形成、发展和实现；而个体目的又是思想政治教育社会目的实现的基础。

3. 按照时限划分

远期目的又可称作长远目的，是指经过相当长时期的持续努力方能实现的思想政治教育目标，从某种意义上可看作在一个长时期内要完成的基本任务。它反映的是社会发展的客观趋势和受教育者精神世界发展的长远需要，对思想政治教育活动具有长远的指导意义。远期目的的作用在于能够给思想政治教育活动指明具体的前进方向和奋斗目标；没有远期目的，思想政治教育的根本目的就会变得渺茫，思想政治教育活动就会失去方向。

思想政治教育的中期目的是指需要经过较长时间的努力才能实现的思想政治教育目标。它实际上是将远期目的提出的基本任务做进一步划分，使之具体化，便于实施。没有中期目的，远期目的将难以有效实现。

思想政治教育的大部分活动都是要达到近期目的的，因而这一目的对思想政治教育很重要，对思想政治教育活动具有直接的指导作用。思想政治教育的远期目的、中期目的和近期目的相互影响、相互制约，远期目的指导和制约着中期目的和近期目的，中期目的是联系远期目的和近期目的的桥梁和纽带，起着承前启后的作用，近期目的是中期目的和远期目的实现的基础。

4. 按抽象程度划分

按抽象程度，思想政治教育目的可以分为观念性目的和指标性目的。

思想政治教育的观念性目的以抽象概念的形式表现出来，集中反映了思想政治教育目的的社会价值、发展价值和整体需要,具有明确的指向性和激励性。思想政治教育的指标性目的是由一系列以指标形式表现出来的具体目的组成的,是思想政治教育的观念性目的的具体化,人们可借助这套指标对思想政治教育活动进行具体检测或比较。在思想政治教育目的体系中,这两类目的都是不可缺少的。没有思想政治教育的观念性目的,思想政治教育的指标性目的就会失去依靠,就不能对政治教育活动进行有效的评估。

二、高校思想政治教育的根本任务

思想政治教育目的的达成、功能的发挥,都有赖于思想政治教育任务的顺利完成。从总体上看,思想政治教育任务可以分为三个层次:根本任务、一定时期的主要任务、具体任务。这三个层次的任务相互联系,相互影响:根本任务贯穿在不同时期、不同领域的思想政治教育中,起着统领作用,规定着主要任务和具体任务的方向;具体任务和主要任务的完成,又推动着根本任务的完成。可见,根本任务是思想政治教育任务中的主要方面。

思想政治教育的根本任务是思想政治教育在社会主义现代化建设中所承担的最重要的责任,是为达到思想政治教育的根本目的所需要完成的基本工作。这一根本任务是思想政治教育活动的中心,全部思想政治教育都必须围绕这一根本任务开展活动。

(一)指引受教育者树立崇高的理想信念

理想是与奋斗目标相连,有实现可能的向往、追求和信念,是一个人思想道德素质中最重要的素质。树立崇高的理想对人生极为重要:崇高的理想有助于受教育者择定自己在社会生活中扮演的符合时代要求的角色,从而获得有价值的人生;将使受教育者明确前进的方向,鼓舞其勇往直前。发展社会主义市场经济,进行社会主义现代化建设,需要一代有中国特色的社会主义新人坚忍不拔地为之努力奋斗。没有一代有理想的新人,社会主义现代化就难以实现。正因为理想对个人成长、对事业成败有如此重大的意义,因此,培养一代新人具有远大的理想以及为理想而献身的精神,就成为新时代思想政治教育的基本任务。

理想教育一直是我国思想政治教育的重要内容。可是,在市场经济建设过程中,理想及理想教育却受到不同程度的忽视。在某些人看来,搞市场经济,物质利益才是重要的、实在的,而理想则是虚幻的、不必要的。在思想政治教育中,也存在忽视理想教育的倾向,某些教育者认为思想政治教育只是为经济建设服务,只需引导人们做好具体工作就行了。这些看法显然都是模糊的、不正确的。社会总是处于"它现在是什么"与"人们希望它是什么"的张力之中。只讲理想,完全不顾社会生活实际,理想有可能变为"乌托邦"，这固然无助于社会生活的进步；但走向另一个极端，完全忽视崇高理想的巨大感召作用，则社会生活也难以得到改进和发展。因为任何一个社会永远都是在理想和现实之间的合理互动中前进的。相对于我国今天的社会现实，建立社会主义市场经济体制，实现社会主义现代化，本身就是一种理想。只有使广大人民群众怀有建设中国特色社会主义的共同理想，积极主动地参与现代化建设，才能实现这一伟大理想。因此，在实现社会主义现代化进程中，对教育对象的理想教育不是可有可无，而是必不可少的。思想政治教育者对此必须有明确认识，在任何时候都要坚持共产主义理想教育，帮助受教育者树立远大的理想。

（二）培育受教育者良好的道德品质

帮助受教育者形成良好的道德品质，无论是对受教育者的健康成长还是对社会的稳定发展都有重要意义，因而它理应成为思想政治教育的重要任务。对教育对象进行道德教育，要循序渐进，注意层次性。

首先，要引导受教育者用社会主义道德准则要求自己，做到爱祖国、爱人民、爱劳动、爱科学、爱社会主义，促使人与人之间形成平等、团结、友爱、互助的社会主义新型关系。"五爱"是社会主义道德的基本要求，它通过社会生活的各个方面体现出来，具体表现为职业道德、社会公德、家庭婚姻道德等。引导受教育者用社会主义道德准则要求自己，理所当然地应该引导他们履行职业道德、社会公德、家庭婚姻道德，使受教育者用这些具体的道德规范约束自己的行为，并把遵守这些具体的道德规范作为起点，逐步向更高的道德境界迈进。

其次，即使是在社会主义初级阶段，思想政治教育也要认真宣传和大力倡导共产主义道德，引导受教育者坚持集体主义的价值导向，把国家和人民的利益放在高于一切的地位，树立全心全意为人民服务的思想；一切共产党员和先进分子应该自觉地履行共产主义道德。总之，在塑造受教育者的道德面貌时，教育者要注意把握道德的层次性，有针对性地开展道德教育，以便取得更好的效果。在进行道德教育时，思想政治教育应适应道德生活的变化，注意时代的要求，积极引导受教育者树立与社会主义现代化相适应的新的道德观，以便使受教育者以新的道德面貌投身于社会主义现代化建设。

再次，帮助受教育者具备较高的文化知识素养。培养社会成员具有较高的科学文化知识，主要是各级各类学校的教育任务，但思想政治教育在提高受教育者的文化知识素养方面，也负有重要的责任，起着不可或缺的作用。其中一个重要方面，就是促使受教育者养成重视教育的态度，加强学习，不断提高自己的文化知识水平。思想政治教育应从社会发展的高度，引导受教育者认识到，个人较高的知识文化水平是提高我国的国际竞争力、实现社会主义现代化所必需的。思想政治教育还应当从个人全面发展的高度，引导受教育者认识到，个人较高的文化知识素养既是个人全面发展的表现，也是个人全面发展所必需。现代社会变化迅速，如果不努力学习新知识，个人就难以适应社会发展的需求，发展就会受到限制。只有坚持不懈地追求新知，不断更新自己的知识结构，努力提高自己的知识素养，才能跟上时代的步伐，在改造自然和社会的过程中使自己获得全面发展。

总之，无论是社会的进步繁荣还是个人的全面发展，都要求公民具备较高的科学文化知识素养。而在现代社会，个人较高的知识素养，主要是教育的结果。因而，重视教育不仅应是国家意识，更应是个人态度，促使受教育者养成这种态度，从而去孜孜不倦地追求知识。这是建设学习型社会和创新型国家对思想政治教育提出的新要求，新时代思想政治教育应努力满足这一时代要求。

第三节　思想政治教育的功能与对象

一、大学生思想政治教育的功能

思想政治教育功能是指思想政治教育对受教育者和社会生活所能发挥的积极的有利的作用。关于思想政治教育的功能，可从不同角度进行分析。总的来说，思想政治教育功能可分为个体性功能和社会性功能两方面。所谓个体性功能，是指思想政治教育对教育对象个体所能产生的客观影响，表现为个体生存功能、个体发展功能和个体享用功能。个体性功能是思想政治教育目的的直接表现，可看作是思想政治教育的本体功能。社会性功能是指思想政治教育对社会发展所能发挥的客观作用，具体地说，就是指思想政治教育对社会政治、经济、文化等发生的作用，表现为政治功能、经济功能和文化功能等。

（一）个体性功能

1. 个体生存功能

思想政治教育的个体生存功能是指思想政治教育在引导人类个体遵循客观规律、服从生存法则以便求得更好的生存状态的过程中所发挥的作用，主要体现在以下两方面：

一方面，思想政治教育有助于人的物质生活的顺利进行。思想政治教育的核心任务是要帮助人们形成科学的世界观、人生观、价值观，掌握道德原则和行为规范等，这些观念、原则、规范看起来是约束个体的异己的力量，但正是这些异己的东西才能够使个体在社会性的生活中生存下去，也正是这些东西赋予个体以力量，使其能在社会生活中充分发挥作用。

另一方面，思想政治教育是人的精神生活的一种方式。在人的精神生活中，思想政治教育是一种重要的沟通方式。这种沟通方式强调人与自然、人与社会、人与自我之间的交流和对话，注重从人的内部精神生活来适应和认同客观外部世界。在社会生活中，人们往往追求社会和个人的功利性需要，而人特有的反思性品质会使自己不断地反思自己的生命与精神世界的内在联系，并努力建立这种联系。如果一个人相信自己已经建立了这种联系，那么，他便能在情感和理性的平衡中寻找到生存和发展的意义。思想政治教育正是促使人的这种反思的重要力量，也是这种反思的重要方式。

2. 个体发展功能

思想政治教育的个体发展功能是指思想政治教育对塑造人的品德、促进人的发展所起的作用，主要体现在以下几方面：

第一，引导政治方向。就是运用启发、动员、教育等方式，把教育对象的思想和行为引导到符合社会发展要求的方向上来，即通过丰富多彩的活动及多种方式，提高教育对象的思想政治素质，促使其保持坚定正确的政治方向。具体说来，可从三方面进行：①目标导向，即确定明确而具体的奋斗目标，引导教育对象向目标奋进；②政策导向，主要是通过宣传党的路线、方针、政策来引导教育对象的思想，以提高其认识，规范其行为；③舆论导向，即利用赞赏、激励、批评、监督等手段，营造良好的舆论氛围，以正确的舆论调节和规范教育对象的思想行为，对教育对象形成一种强大的约束力和导向力。通过这三方面的工作，思想政治教育就能较好地引导受教育者的思想向社会要求的方向发展。

第二，约束规范行为。思想政治教育通过向人们传导法律、道德等社会规范，通过肯定、褒奖符合社会规范的行为，否定、批评背离社会规范的行为，就能较好地实现对人的行为的约束和规范。约束和规范人们行为的功能是思想政治教育的重要功能，如果思想政治教育仅仅停留在抽象的思想观念的教育上，而没有明确的规范要求，就很难把教育对象的思想和行为引导到正确的轨道上来，就有可能出现道德失范、行为越轨的情况。因此，思想政治教育要帮助教育对象形成正确的法治观、道德观，自觉遵循法律规范和道德规范，在社会规范允许的范围内从事创造性的活动。

第三，激发精神动力。思想政治教育的激励功能体现为运用多种手段，充分调动教育对象的积极性、主动性和创造性，促使其努力参加社会主义现代化建设。由于人的积极性与人的需要密切相关，需要越强烈积极性就越高；而人的需要又包括物质需要和精神需要，因此，激励可从总体上分为物质激励和精神激励两大类，它们对人的激励作用都是不可或缺的。因为人的物质需要和精神需要相辅相成，物质决定精神，精神对物质具有反作用，因而精神激励又是绝对不可缺少的。激发教育对象的社会主义积极性，既要靠合理的物质激励，又要靠有效的精神激励，要靠思想政治教育。

第四，塑造个体人格。思想政治教育的重要功能就在于塑造受教育者个体健全的人格，使教育对象形成崇高的精神境界和健康的心理品质，成为合格的社会成员。通过思想政治教育，可以更好地引导受教育者认识自己改造物质世界和创造社会历史的主体地位，认识自己的历史使命和社会责任，从而提高受教育者的主体意识；可以更好地帮助教育对象树立远大的目标和崇高的理想，正确认识社会、认识人生、认识自己，提高其适应和改造客观环境的能力；可以更好地帮助受教育者摆脱传统文化中的依附性、保守性、被动性的束缚，时刻保持一种对生活的积极参与和主动创造的精神，自强不息，百折不挠，从而充分挖掘自身的潜能，实现自身人格的完善。由此可见，思想政治教育是人自我发展和自我完善的一种特殊精神力量，在个体人格塑造中发挥着重要的作用。

3. 个体享用功能

所谓思想政治教育的个体享用功能，是指思想政治教育能使每个个体实现其某种需要和愿望（主要是精神方面的），并从中体验满足、快乐和幸福，从而获得精神上的享受。在建设社会主义和谐社会的进程中，正确认识思想政治教育的这一功能有着重要的现实意义。

思想政治教育的个体享用功能是客观存在的。思想政治教育通过发展和完善人的思想道德品质，可以从一个方面满足人的精神需要。而人的良好思想品德是一种把握现实世界的能力，它的特点是从人的善恶观念，也就是从一种内在尺度上把握现实世界。人的良好思想品德对世界的把握不仅表现在对善恶是非的识别上，而且更主要的还表现在对自我、他人、社会等的致善上，即表现为道德价值世界的建构方面。人的致善活动也就是主体良好思想品德的对象化、外化活动，有助于更好地创造构建一个更善的外部世界，从这个由他参与创造的外部世界中，人必然会获得某种满足和幸福。此外，思想政治教育有助于教育对象逐渐形成高尚的人生意境，处于这种意境之中，人们就可以一种审美心态去瞰视人生，从中获得审美的愉悦。

（二）社会性功能

1. 政治功能

思想政治教育的政治功能是指思想政治教育通过培养具备良好思想政治素质的受教育者以推动政治发展的作用，具体表现为以下几方面：

第一，传导主流意识形态，调节社会精神生产。统治阶级要使自己的思想成为占统治地位的思想，就必须加强对社会成员的思想政治教育，以传导主流意识形态，调节社会的精神生产。在我国，思想政治教育通过宣传马克思主义和社会主义核心价值体系，统一人们的思想，整合社会的精神生产要素，从而实现对精神生产的导向和调节。具体来讲，就是要以科学的理论武装人，以正确的舆论引导人，以高尚的精神塑造人，以优秀的作品鼓舞人，支持和倡导先进而健康的精神生产和精神产品；同时，还要遏制和取缔不健康的精神生产和精神产品，从而使精神生产和精神产品直接为我国社会主义的经济基础和政治制度服务。这是思想政治教育政治功能的重要表现。

第二，传播主导政治意识，引导人们的政治行为。思想是行为的先导，人的政治行为总是受到一定思想观念支配的。思想政治教育通过传播我国社会主导的政治思想、法律规范和道德观念，有助于培养受教育者坚定正确的政治方向，提高受教育者的政治判断力、鉴别力和选择力，发展其政治参与的意识，形成较高的政治素养，从而更好地参与政治生活。在建设社会主义和谐社会的进程中，思想政治教育要强化其政治功能，也就是要通过各种途径，系统地对教育对象进行主旋律教育，包括共产主义理想教育，社会主义、爱国主义、集体主义教育以及社会主义核心价值观、道德观教育等，为社会主义民主和法治建设创造根本条件。

第三，沟通社会信息，确保社会的有机联系，促进社会政治的稳定和发展。思想政治教育一方面要宣传马克思主义理论和社会主义先进文化以及党的路线、方针、政策，并促使受教育者将马克思主义和先进文化内化，认同并贯彻执行党的路线、方针、政策；另一方面还要倾听受教育者的呼声，并将受教育者的意见和建议反馈给上级有关部门，使之成为政治决策的依据。在纵向和横向的社会联系、社会交往中，思想政治教育扮演着重要的"沟通者"角色，对于加强党和人民之间的联系、协调人际关系、化解社会矛盾、促进社会的稳定和发展、增强民族凝聚力，起着不可或缺的重要作用。诚然，思想政治教育对社会政治稳定维护的作用不是单独发生的，而是与社会的其他功能系统如法治建设结合在一起产生的。因而，思想政治教育应加强与有关社会系统的协调，以形成立体的功能网络，从而达到维护社会稳定、促进政治发展的目的。

2. 经济功能

思想政治教育的经济功能是指思想政治教育通过调动教育对象的积极性，促使其主动参与经济建设以促进经济发展的作用。它主要表现为提高受教育者参与经济建设的积极性；帮助受教育者掌握经济活动的行为规范，形成理性的经济行为；为经济建设营造良好的环境等方面。概括地说，思想政治教育的经济功能主要表现为以下几方面：

其一,思想政治教育是经济建设坚持社会主义性质和方向的可靠保证。物质生产本身没有阶级性,但生产力总是同一定生产关系相联系,经济基础总是同一定上层建筑相联系的,因而物质生产的发展也有一个方向问题。从人类文明发展史来看,任何一个社会的统治阶级,都会以自己的思想体系和政治理念影响社会的物质生产,制约经济的发展方向。我国是社会主义国家,我国的现代化只能是社会主义现代化,思想政治教育的经济功能首先就表现为它要确保我国现代化建设的社会主义方向。在经济活动领域,思想政治教育通过帮助受教育者牢固树立建设中国特色社会主义的共同理想,提高受教育者贯彻执行党的路线、方针、政策的自觉性,就能有效地确保我国经济建设始终沿着社会主义道路前进。

其二,思想政治教育是营造经济建设发展的和谐社会环境的重要手段。物质资料的生产是人类社会生存的基础,一部人类历史就是生产发展的历史。为了维系人们之间的这种联系和关系,并使之处于和谐的状态,除了依靠政治和法律等手段外,还需要依靠思想道德的规范和调节。通过广泛而有效的思想政治教育,化解矛盾,协调关系,稳定情绪,以保持人与人、人与社会之间正常的稳定的联系和关系,维护个人的心理平衡,就可为经济建设营造一个和谐的社会环境,促进经济建设更好更快地发展。

思想政治教育营造社会环境的作用是多方面的,其手段多种多样,这里着重探讨思想政治教育通过对社会生活的调节以营造良好社会环境的情况。大致说来,思想政治教育对社会生活的调节主要通过以下途径来实现:

①心理调适。对受教育者进行心理调适,是使包括经济活动在内的各种活动顺利进行、解决受教育者的思想问题、促进其发展的必要手段。思想政治教育要善于运用心理调适的方法解决受教育者的思想问题,增进其心理健康,从而为经济建设创造良好的心理环境。

②人际关系调适。在现实生活中,由于各种原因,人与人之间的关系在很多时候会出现矛盾乃至冲突,这些矛盾或冲突会影响人们的生活和社会的和谐,因而必须对其进行协调。思想政治教育就是协调人际关系的重要手段。思想政治教育通过帮助人们化解人际矛盾,缓解人际冲突,有助于理顺人们之间的关系,进而建立团结、互助、友爱、平等的和谐人际关系,从而为经济建设营造一个良好的人际关系环境。

③情绪调控。人们在现实生活中遇到矛盾和困难,情绪就会发生变化,甚至出现不满等负面情绪。这种负面情绪如果得不到缓解,就可能给个人工作和生活造成困扰,给经济建设带来障碍,因而必须及时对人们的情绪进行调节。思想政治教育是调节人们情绪的重要途径。通过深入细致的思想政治教育,帮助受教育者化解思想矛盾、稳定情绪,

疏通思想、宣泄情绪，创造条件、转移情绪，重定目标、升华情绪，从而使受教育者的情绪得到及时有效的调适，获得新的平衡。这样就能大大减少社会的不安定因素，使受教育者以饱满的热情投入现代化建设中。

3. 文化功能

思想政治教育的文化功能指的是它对社会文化及其发展所发生的作用。从文化的运行过程来看，思想政治教育的文化功能包括文化传播功能、文化选择功能、文化创造功能等。

第一，文化传播功能。思想政治教育是教育者用一定的思想观念、政治观点、道德规范对教育对象施加有目的、有计划、有组织的影响，使他们形成符合一定社会发展要求的思想品德的社会实践活动。所谓"思想观念、政治观点、道德规范"，都属于文化的范畴，是政治文化和伦理文化的组成部分。在某种意义上讲，思想政治教育就是政治文化、伦理文化的传播过程，其目的是实现个体的政治、道德社会化。在这一过程中，同时存在着两方面活动：一是社会通过思想政治教育等形式传播思想政治信息和主导意识形态，促使人们接受主流文化的价值观，形成符合社会要求的行为模式；二是个体通过学习、模仿、社会实践等形式获得思想道德知识，形成一定的政治态度、政治信仰和政治情感。这两种活动在思想政治教育过程中相互联系、相互作用，辩证地统一在一起。可见，思想政治教育传播政治伦理文化的过程，是一种同为信宿、同为信源的双向信息交流和情感互动过程。

需要指出，思想政治教育传播文化的过程，也是保存和活化社会文化的过程。如果没有思想政治教育的传播，政治文化、伦理文化就只能表现为储存形态的文化，即蕴藏于物品或文献中，而不能被人们掌握和运用，难以在实际政治生活和道德生活中发挥作用。只有通过思想政治教育，才能使储存形态的政治伦理文化转变为现实的政治伦理文化，使特定的政治伦理文化与人的观念、智慧、意志、情感建立起联系，使社会规范成为人们维持良好生活秩序的准则，使健康的审美情趣和民族风俗成为丰富人们生活的内容和方式，使政治文化在社会生产和社会生活中发挥作用。

第二，文化选择功能。思想政治教育对文化的传播，并不是对现有文化的全盘照搬，而是一种选择的过程，它包含了对文化的撷取与吸收、排斥与舍弃。通过这种选择，在历史、当代、未来间建立起发展的链条，在东方文化与西方文化间建立起交流的桥梁，并据此去发展文化，推动社会进步。思想政治教育的文化选择功能主要是通过批判地吸收文化这一方式完成的，具体地说，就是根据一定社会的需要和思想政治教育的目的对传统文化与外域文化批判地借鉴吸收，有选择地加以传播，使其符合我国社会发展的要求，符合我国文化发展的需要。要发挥思想政治教育的文化选择功能，首先是思想政治教育者必须树立正确的文化观，提高文化选择的自觉性；其次，要加强对中华民族传统文化的价值吸收和改造，加强对西方文化的合理借鉴和改造，即要积极、主动、及时地对各种文化进行科学的分析、鉴别、筛选、利用；最后，要加强对教育对象文化选择的引导，使其在文化交流和冲突中进行正确的文化选择。

第三，文化创造功能。随着科学技术飞速发展，世界范围的文化交流日益加强，各民族文化的联系愈加紧密，竞争也越来越激烈。要提高中华民族文化的竞争力，使民族文化与时俱进，保持强劲的发展势头，就必须培养一大批具有文化创新能力的人才，而这正是当代思想政治教育的重要责任。思想政治教育通过培养具有创造精神和创造能力的人才，能有力地推动文化的创新。同时，思想政治教育在传播文化的过程中，是在不断地对政治文化、伦理文化进行整理、组合，并以最恰当的方式进行传递，这一过程实际上也是文化的创造过程。可见，思想政治教育的文化创造功能是客观存在的。在文化竞争日益激烈的今天，思想政治教育一定要高度重视创新型人才的培养，并创造性地传播政治文化和伦理文化，以充分发挥其文化创造功能。

将思想政治教育的功能分为个体性功能和社会性功能两个方面进行分析，在理论上是完全必要的。但在实际上，这两方面功能紧密联系在一起。个体性功能的实现不能脱离社会性功能去空谈，社会性功能也需要个体性功能作为其实现的中介，应注意使两者有机统一起来，从而最大限度地发挥思想政治教育的功能。

二、思想政治教育的主体分析

（一）思想政治教育主体界定

要界定思想政治教育主体的含义，必然要先揭示主体的内涵。从人的对象活动中去考察人与对象世界的关系，就出现了主体与客体这两个哲学范畴。何谓主体，不同哲学派别的哲学家对其做出了不同的理解。马克思主义认为，主体是生活在一定的社会关系中，从事社会实践活动的、能动的、现实的人。概括地说，主体是指有目的、有意识地从事实践活动和认识活动的人。

主体是人，但主体和人不是等同的。不是任何人都是主体，只有具备了一定实践技能、经验和科学文化知识并实际地从事实践和认识活动的人才是真正的主体。主体作为一种存在物，它与客体的不同在于具有自主性、主观性、自为性、社会性等特征。正是因为这些特征才规定了主体之所以为主体的本质。主体是一个实体范畴，是一种物质性的存在物，是自然与社会、物质与精神、感性与理性、受动与能动的统一体。

（二）主体性教育的实施

提倡主体性教育，就是要让学生在社会所要求的思想观念、道德意识、行为规范等方面，由被动接受教育的客体成为主动接受、积极吸收和认真实践的主体，把学校的要求转化为他们。

高校思想政治教育把实施主体性教育作为改革的重要目标是适应时代发展，切实增强高校思想政治教育的实效性，实现高等教育培养"合格的社会主义建设者和接班人"这一根本任务的迫切需要。第一，主体性教育是提高高校思想政治教育实效性的关键。第二，主体性教育是加强素质教育和创新精神培养的迫切需要。第三，主体性教育是促进学生个性充分发挥和实现自身价值的需要。

高校思想政治教育是要调整教育目标进行教育内容、方法、手段等方面的改进，使学生的主体性得到充分发挥。

三、思想政治教育的对象分析

（一）思想政治教育对象认知

所谓对象，是指观察、行动或思考时作为目标的客体。思想政治教育的对象，是指在教育活动中，教育者认识、教育、改造的对象。它有广义与狭义的区分。广义的教育对象包括教育者与受教育者，作为教育者之所以成为教育的对象，是因为教育者必须先受教育，他在教育、改造别人的同时，还要接受别人的教育、改造以及进行自我教育和自我改造。狭义的教育对象就是指受教育者，即在思想政治教育实践活动中，在思想政治教育者的指导下接受、实践相应思想政治教育内容的人，是思想政治教育者有意识地对其施加影响，以期使其形成相应思想政治品德的对象。受教育者有集体对象和个人对象之分。集体的教育对象是相对个人教育对象而言的，它是由许多人结合起来的有组织的整体。比如，工厂中的车间、学校中的班级、军队中的连队等，这些都是属于集体教育对象的范畴。

思想政治教育学所说的教育对象，是从广义的视角去进行研究的，即指一切人。但在具体的思想政治教育实践中，实践的主体是教育者，教育对象只能是受教育者，也就是说，要重点把受教育者的思想政治品德作为认识、改造的对象。

（二）高校思想政治教育的主要对象——大学生

高校思想政治教育的对象主要是大学生，能否对大学生有一个比较全面的认识，无疑是做好高校思想政治教育的前提和基础。

思想政治教育必须承认每个人在成长过程中所表现出来的才能和品德的差异，并且按照这种差异给予区别对待，努力做到因材施教。在高校思想政治教育中，首先要对这一特定的教育对象有一个正确的认识，如果对教育对象缺乏科学的认识，就难以把握好教育对象产生思想问题的原因和动机，也就难以做好高校思想政治教育。首先大学生是具有自然属性和社会属性的人，有各种需要。人的需要主要来自自然属性，即生理、心理的需要；但有些需要却来自社会属性，即社会的尊重和事业的成就。一般而言，人的需要大致可分为五个不同层次，即生理的需要、安全的需要、社交的需要、尊重的需要和自我实现的需要。前两种需要主要来自生理的需要，是属于低层次的需要，后三种需要来自社会性的需要，是属于高层次的需要。人要尊重这一高层次的需要，相应地，高校思想政治教育就应该充分尊重大学生的权利，平等相待。教育者不能以"教育者"而自居，必须开诚布公，充分尊重受教育者的人格。要把尊重人、理解人、关心人、帮助人，作为高校思想政治教育必须遵循的一个基本指导原则。只有平等地对待学生，理解每个学生的具体处境和个性，承认他们的不同性格、爱好和兴趣，以诚相待，以理服人，以情感人，高校思想政治教育才能真正收到实效。其次，大学生是一群独特的人。要尊重他们，正确引导而不是压制。再次，大学生是一群亟待发展的人。每个大学生都是可造就的，高校思想政治教育应充分认识大学生身上的潜能和不足，更要帮助他们解决成长道路上所遇到的实际问题，促进其进步和发展。最后，大学生是高校思想政治教育的主体，教育者应树立学生是教育主体的观点，相信学生内在的主体能力，改变教育教学方法；要认真把握大学生主体能力的表现形式，为学生构建广阔的活动空间；要努力完善学生的主体结构，进一步探索学生主体活动的规律。

总之，高校思想政治教育必须树立科学的理念，即尊重学生、理解学生、关心学生、帮助学生的科学教育理念，高校思想政治教育的一切都是为了学生，为了教育学生、为了服务学生、为了学生的健康成长。

（三）思想政治教育对象的一般特征

思想政治教育的对象是指在思想政治教育活动中教育者施加可控性教育影响的对象，它有广义和狭义之分。广义的教育对象包括教育者与受教育者。因为教育者必须先受教育，教育者在教育别人的同时，也要接受别人的教育及进行自我教育。狭义的教育对象就是指受教育者，它有集体对象和个体对象之分。集体教育对象是相对个体教育对象而言的，它是由许多人结合起来的有组织的整体。这里，主要是对狭义上的思想政治教育对象进行研究。

思想政治教育对象是一个复杂的集合体，其不同部分具有各自不同的特征，需要进行具体分析。此处主要是将思想政治教育对象作为一个整体，从总体上分析其一般特征。

1. 思想政治教育对象的广泛性

思想政治教育对象具有广泛性，"人人都是受教育者"就是对其广泛性特征的描述。思想政治教育是教育人影响人的活动，是做人的"思想"转化与提高的工作。人无时无刻不在"思想"，而任何人的思想都不可能天生正确和永远正确，即使是正确的思想也还有个不断提高、与时俱进的问题。因此可以说，凡是有人的地方，就应该有思想政治教育，全体社会成员无一例外都是思想政治教育的对象。过去，人们对这一点的认识存在着一些误区。例如，过去人们习惯于将领导者与被领导者、教育者与受教育者简单对立起来，似乎前者就只是教育者，是不需要接受教育的。事实上，在实际工作中，并不存在绝对的教育者和被教育者，他们的地位和角色是可以随着时间、地点和条件的转移而变化的。领导者和教育者不仅不应当被排除在教育对象之外，相反，因为他们的特殊地位和重要作用，他们更应当被视为思想政治教育的重点对象，他们在教育别人之前必须先接受教育。

2. 思想政治教育对象的层次性

思想政治教育对象具有广泛性，但广泛存在的思想政治教育对象并不是毫无差别、千篇一律、抽象统一的整体，而是分为不同层次的，层次性是思想政治教育对象的另一个基本特征。思想政治教育的对象不是抽象的人，而是现实生活中的人；现实生活中的人因其成长环境、生活阅历、知识结构、社会身份等的差异，具有不同的社会属性和时间、空间属性以及不同的思想特点，因而表现出明显的层次性。按照不同的标准，可将思想政治教育对象划分为不同类型、不同层次。例如，从年龄的角度，可将其划分为儿童、少年、青年、中年和老年等层次；从职业的角度，可将其分为工人、农民、军人、干部等；从文化程度的角度，可以将其分为大学、中学、小学、文盲等；还可根据受教育者的思想品德表现将其分为不同层次。即使是同一类型和层次的思想政治教育对象也可根据一定标准进一步将其细分为若干不同的类别和层次。思想政治教育对象的层次性特征，要求教育者在开展思想政治教育时，要针对不同受教育者的思想实际，提出不同的要求，运用不同的方法，有的放矢地解决不同类型、不同层次受教育者的各种思想问题和思想矛盾，以提高思想政治教育的针对性和实效性。

3. 思想政治教育对象的可塑性

可塑性是指思想政治教育对象的思想品德可以经由环境的影响和教育者的作用加以塑造，即经过教育，可使教育对象的思想行为发生符合社会要求的变化。教育对象之所以具有可塑性，是因为人的思想既不是先天形成的，也不是一成不变的，而是在内外部环境的综合作用下，在社会实践的过程中逐渐形成并不断发展的。教育对象的这种可塑性既为思想政治教育提供了可能性，也凸显了正面引导的重要性，是思想政治教育得以进行的内在依据。

思想政治教育对象的可塑性特征说明了教育对象是生成性对象，教育对象的思想素质不是一成不变而是不断成长的。这就要求思想政治教育者不能有"先入为主"的偏见，不能抱着"固守不变"的成见对待教育对象，而应以发展的眼光、欣赏的态度引导教育对象，激发受教育者的生长潜能，把握实施教育影响的最佳时机，使得受教育者的可塑性潜能不断得到激发和提升。

4. 思想政治教育对象的主体性

思想政治教育是一项特殊的实践活动，教育者和教育对象都是人，都具有主体性。但是，教育对象的主体性不同于思想政治教育者的主体性，它是一种"自觉能动性"，是接受教育的主体性，依然是教育对象客体性的特殊表现形式。

思想政治教育对象的主体性从根本上来说，是指教育对象不是作为完全被动的客体，而是作为一个有情感、有思想的活生生的人参与到思想政治教育过程中来的。教育对象作为思维着的人，能够能动地认识外部世界和内部自我，获得关于自身思想道德状况和思想道德教育影响的认识，从而认清自身与社会要求之间的差距。同时，教育对象对教育者传递的思想道德信息不是无条件地照单全收，而是根据自己的理解水平和内在需要有条件、有选择地加以取舍和再创造，这个选择和创造的过程既是教育对象自我教育、自我提高的过程，也是教育对象能动地反作用于教育者的过程。受教育者主体性的确立，使得教育对象自觉能动地以主体的视角体察教育者的教育活动及其所表达的意义，并从自己的需要出发，将自身的价值观念、情感、意志"投射"到接受对象上，使对象成为自己的对象，以自己的认知结构诠释、鉴别、选择、认定、内化教育者所传递的思想政治教育信息。可见，没有受教育者的主体性参与，思想政治教育活动就无法正常开展；离开了教育对象主体性的发挥，思想政治教育者的主导性作用也无从谈起。

第二章 高校思想政治教育的内容

第一节 思想政治教育的基本遵循

大学生思想政治教育的基本内容是指社会的基本要求、做人的基本品质，涉及生活的各个方面，贯穿一个人的一生，具有基础性、广泛性和持久性等特征。具体来说，大学生思想政治教育主要包括以下几个方面的内容。

一、中华民族传统美德教育

（一）自强不息教育

"自强不息"是从中国古代"天人合一"的宇宙观和朴素的人文思想中孕育出来的人民群众的心理素质和精神状态。它根植于中华民族的文化传统之中，是中华儿女发奋图强，自立于世界民族之林，实现民族伟大复兴的精神动力。从历史角度来看，人类的发展、文明的进步是永远不会终结的；而人对自然、社会发展的认识以及在此基础上形成的永无止境的自强精神，成了适应现代社会发展需要的民族精神的突出表现。对大学生进行自强不息教育的目的就是要使大学生志存高远、不怕困难、积极向上、奋发图强。

（二）忧患自省教育

忧患意识可以说是一种责任意识，它是个体履行社会责任并努力维护社会正常运行的信念和意志。忧患意识是个体在社会分化和整合中必须具备的，不仅要求人们在市场经济发展过程中敢于承担风险、敢于再创辉煌，把国家、民族的生存与发展放在心上，还要求他们树立以天下为己任的历史使命感，维护国内安定、发展、团结、进步的稳定局面，保持积极进取、艰苦奋斗的昂扬斗志，以自身的行动实现社会发展和民族振兴。

当然，中华民族的优良传统远远不止这些，不畏强权的抗争精神、生生不息的变革精神、经世致用的实用精神、正道直行的廉洁精神、大公无私的奉献精神，等等，都是祖先留给我们的宝贵精神财富。对大学生进行中华民族优良传统教育，可以在不同的层次、不同的侧面锻炼他们的意志、完善他们的人格、提升他们的精神境界。

（三）中国革命传统教育

中国革命传统主要是指中国共产党在领导中国人民进行长期的革命斗争的过程中产生的，在中国共产党大力提倡和培植下形成并发展起来的思想、作风、道德、信仰等。它是中国共产党领导下的中国革命斗争实践的产物，是中国共产党克敌制胜的传家宝，这一优良传统有着极其丰富的内容。

第一，中国革命历史和革命者英勇奋斗的事迹是革命传统教育的基础，革命者的事迹、中国革命的历程虽然不能直接等同于革命传统，却是革命传统的载体，是进行革命传统教育的基础。

第二，中国革命产生和形成的思想、道德和作风，是精神上或者是思想意识上的，是革命传统教育的核心和重点内容。

第三，在中国革命中形成和确立的纪律和制度也是革命传统教育的重要内容。

在高校进行革命传统教育的过程中，要结合不同的形式，依靠不同的载体，激发大学生追求真理、矢志不移的奋斗精神，全心全意为人民服务、甘为孺子牛的公仆精神，大公无私、先人后己的牺牲精神，紧紧依靠群众、永不脱离人民的团结精神，不唯书、不唯上，一切从实际出发的求实精神，勇于自我批评、严于解剖自己的自律精神，等等。高校要通过革命传统教育，使大学生的思想境界得到提升，促使他们成为一个高尚的人，一个有道德的人，一个有益于人民的人，并在奋斗、奉献中使自己的人生价值得到升华。

二、理想信念教育

理想是人们在现实实践基础上形成的有实现可能的对未来发展前景的设计和想象。信念是为了实现这一理想而在内心形成的高度认同和持之以恒的内在动力。理想分为个人理想和社会理想。不管是个人理想还是社会理想，抑或是由此而形成的信念，都能为人指明前进的方向，提供强大的精神动力，鞭策人们奋发图强。大学生是青年人的代表，是青年中拥有现代科学知识的群体，是建设社会主义现代化国家的中坚力量。大学生的成长成才离不开正确的个人理想信念的确立和社会理想信念的指引。只有有了理想信念的支持，大学生才能在国际社会纷繁复杂的环境中保持正确的政治方向，才能不断地激发出更多的建设热情，才能更好地为社会发展贡献力量。在我国现阶段，建设中国特色社会主义，把我国建设成为富强、民主、文明、和谐的社会主义现代化国家是我国各族人民的共同理想。中国特色社会主义共同理想的确立是建立在马克思主义对人类社会一般规律的认识和把握基础上的,要使大学生深刻认识共同理想,必须学习马克思主义基本理论,坚定马克思主义信念。

(一)马克思主义信念

马克思主义信念的确立建立在对马克思主义理论体系的学习和认同基础上。马克思主义理论体系包括三大组成部分:马克思主义哲学、马克思主义政治经济学和科学社会主义。马克思主义哲学是辩证唯物主义和历史唯物主义的统一,是对自然界、人类社会、人的思维领域的一般规律的揭示,是无产阶级的世界观和方法论。马克思主义政治经济学揭露了资本主义生产关系的实质,分析了资本主义经济危机的周期性,揭示了生产关系一定要适应生产力发展的规律。科学社会主义是在批判认识空想社会主义理论的基础上,根据历史唯物主义的观点创立的符合社会发展规律的关于无产阶级革命和建设的科学理论体系。对马克思主义基本理论知识的学习能使大学生深刻认识人类社会的发展规律,能坚定马克思主义信念,能更好地理解和自觉践行中国特色社会主义的共同理想。

(二)中国特色社会主义共同理想

中国特色社会主义是我们的共同理想,是我们在长期的革命和建设实践中得出的结论。经过几十年的奋斗,我们逐渐认识到虽然社会主义建设取得了一定的成果,但我们建设的社会主义还是处于不发达阶段的社会主义,是社会主义的初级阶段。

对于这个阶段的认识,必须把握两点:一是我国社会已经是社会主义社会,所以必须坚持而不能离开社会主义;二是我国的社会主义社会还处在初级阶段,我们必须从这个实际出发。社会主义是一个漫长的历史过程,人们对社会主义的认识和实践要有一个探索的过程。现阶段,必须以经济建设为中心,坚持四项基本原则,坚持改革开放,解放和发展社会生产力,巩固和完善社会主义制度,建设社会主义市场经济、社会主义民主政治、社会主义先进文化、社会主义和谐社会,建设富强、民主、文明、和谐的社会主义现代化国家。共同理想的教育能引起大学生对社会主义教育的共鸣,能加深大学生对社会主义初级阶段的认识,能引导大学生充分发挥推动现代化国家建设的作用。

(三)共产主义远大理想

共产主义是马克思主义伟大导师在深入考察了人类社会变化发展的规律后形成的人类未来社会的蓝图,在那里,每个人的才能都能得到自由而全面的发展。社会主义是走向共产主义社会的过渡阶段,这个阶段采取的各方面的政策,都是为了发展社会主义,为了将来实现共产主义。大学生是社会主义现代化的建设者,是共产主义事业的奠基人,积极引导大学生追求共产主义理想，是高校思想政治教育的内在要求。在高校思想政治教育实践中，应注重先进性和广泛性的结合，首先引导大学生中的先进分子树立共产主义远大理想，再引导整个大学生群体树立共产主义远大理想。

（四）个人理想信念

大学生的个人理想是大学生在人生规划中，建立在现实基础上的、符合社会发展规律的、有实现可能的对未来发展目标的设计和想象。个人理想的确立要求个体必须对人类社会发展规律有一定的认识，对自身发展状况和社会对个人提出的要求有深刻的认识，对自身发展有清醒的认识。大学生有小学、初中、高中阶段知识的积累，对社会发展规律和自身发展要求已形成一定认识，具备了确立符合社会发展要求的个人理想的条件。因此，教育者要引导大学生深入思考自己的需求和兴趣，尽早确立个人理想并为这一理想的实现而不懈努力。

中华民族的伟大复兴需要几代人的不懈努力，理想信念就是指引一代又一代人前进的明灯。高校思想政治教育必须高度重视大学生理想信念的确立。马克思主义信念的确立是大学生正确世界观、人生观、价值观的反映；中国特色社会主义共同理想的确立是大学生正确认识社会主义初级阶段，积极投身于社会主义现代化建设的表现和动力；共产主义远大理想的确立是大学生树立崇高理想的表现；个人理想信念的确立和实践是社会理想的有力支撑和具体体现。

三、道德规范教育

（一）道德规范教育的作用及道德规范的特点

道德规范教育是能够帮助大学生了解正确处理个人利益与他人利益、个人利益与集体利益关系的行为准则，并将其外化为实际行动和道德习惯。道德规范教育是一种养成教育，它实际上是教导一个人如何成为一个真正的"人"，如何安身立命。道德规范教育是一种最基本的教育，是政治教育、思想教育的起点，只有搞好基本的道德教育，才有可能培养具有正确政治思想、科学世界观的社会主义新人。正如儒家所倡导的"修身、齐家、治国、平天下"，只有自己有了很高的道德修养，才谈得上报效国家、造福社会。

道德规范教育的基础地位是由道德规范的特点决定的。道德规范具有以下特点：

1. 稳定性强

社会意识形态都具有相对稳定性，但道德比其他意识形态变化更慢，表现出更大的稳定性。经济关系和政治制度的变革固然使旧的道德失去了存在的客观现实依据，但由于旧道德已经在漫长的岁月中逐步演变成为人们的传统习惯和风尚，而且这种传统习惯和风尚往往与人的信念、情感、民族的社会心理结构整合在一起，因而具有更大的稳定性。

2. 渗透性强

道德规范是从现实利益关系的角度，特别是现实生活中个人对待社会整体利益和其他个人利益态度的角度，调节人们的各种社会活动和社会关系的。也就是说，凡涉及现实利益关系，特别是个人利益与他人利益、集体利益的关系和活动，都属于道德规范调节范围。所以，道德规范涉及人们社会生活的各个领域，与人们的日常生活紧密联系、息息相关。

3. 自律性强

与法律规范不同，道德规范提倡"应当怎样""不应当怎样"，而不是"必须怎样""不准怎样"。它通过社会舆论、传统习惯和人们的信念来维持，通过劝诫、说服、示范等方式起作用，而不是靠国家强制力维持。

从以上道德规范的特点可以看到，由于大学生的日常思想、行为大量地表现为道德品质和行为的调适，道德规范可以成为他们正确处理与他人关系的行为指南。因此，道德规范教育内容与其他思想政治教育内容相比，与大学生日常生活最为贴近，具有其他思想政治教育内容所没有的优势。同时，由于道德规范具有很强的稳定性、渗透性和自律性，它在指导大学生正确处理个人与他人、集体之间的关系上具有持久的效力，这增加了道德规范教育作为思想政治教育基础的牢固性。

（二）道德规范教育的内容

1. 为人民服务

把为人民服务作为社会主义道德建设的核心，是中国共产党人在伦理思想上的一大贡献。中国共产党把为人民服务作为党的根本宗旨，明确写进了党的章程。在改革开放的新的历史条件下，以邓小平同志为代表的共产党人从广大人民的根本利益出发，坚持把三个"有利于"作为衡量一切工作的标准，把"人民拥护不拥护""人民赞成不赞成"作为制定各项政策的出发点和归宿，受到广大人民群众的衷心拥护。经过共产党人的长期实践和倡导，为人民服务不仅仅是共产党人始终坚持的根本宗旨，而且已经逐步成为大多数社会成员普遍接受和认同的一条基本道德原则。

此外，为人民服务也是公民应尽的义务。对他人提供必要的帮助和关心是公民应尽的责任和义务。也就是说，我们在接受他人和社会给我们提供的服务时，也应尽自己的所能为他人和社会服务，并在服务他人、服务社会的过程中实现自己的人生价值。

在新的形势下，必须大力倡导为人民服务的道德观，把为人民服务的思想贯穿于各种具体的道德规范之中，要引导人们正确处理个人与社会、竞争与协作、先富与共富、经济效益与社会效益等关系，提倡尊重人、理解人、关心人，发扬人道主义精神，为人民、为社会多做好事，形成体现社会主义制度优越性、促进社会主义市场经济健康有序发展的良好道德风尚。

2. 集体主义原则

集体主义是社会主义道德的基本原则，体现在社会主义道德规范体系的各个方面。在社会主义初级阶段，集体主义包含着以下三个层次的道德要求：一是全心全意为人民服务、无私奉献、一心为公。这是集体主义的最高层次，是共产党员，先进分子应努力达到的道德目标。二是先公后私、先人后己。这是已经具有较高社会主义道德觉悟的人们能够达到的道德目标。三是公私兼顾、不损公肥私。这是对我国公民最基本的道德要求。社会主义道德建设中集体主义原则的多层次要求，有利于把集体主义精神贯彻到社会生产和生活的各个方面，人人都可以践行集体主义原则，有利于全社会积极主动地运用道德调节功能，引导人们正确处理各种利益关系，自觉地把个人的理想与奋斗融入广大人民的共同理想与奋斗之中。集体主义原则是适应社会主义政治、经济制度发展规律的道德原则，加强思想政治教育必须贯穿集体主义原则的教育。

3. 公民基本道德规范

道德规范是人们根据一定社会的道德要求所制定的具有普遍约束力的行为规则与标准。道德规范是在人们的道德活动与道德意识的基础上形成与概括出来的，它源于对人们道德行为的指导，又指导着人们行为的道德化。公民道德是我国社会主义道德体系的基础，是社会主义道德大厦的基石。

四、爱国主义教育

大学生是国家和民族的希望，他们的爱国情感，将直接关系到社会的进步和发展，关系到整个国家和民族的前途和命运。因此，必须强化爱国主义教育，以增强大学生的民族自豪感、自尊心、自信心和自强精神，增强大学生的爱国热情和报国决心，使之为实现中华民族的伟大复兴贡献力量。

（一）爱国主义教育的作用

爱国主义教育在思想政治教育中有重要的作用，具体表现为以下两点：

第一，有助于大学生培养高尚的道德情操。爱国主义是一种高尚的道德情感，这种情感集中表现为对祖国的山河、同胞、物质财富和精神财富的无限热爱；对祖国历史、文化、语言和优良传统的无比自豪；对祖国前途、命运的真切关心；将个人的前途命运与祖国的前途命运紧密联系在一起，为祖国的独立富强而宁愿奉献一切的志愿。爱国主义又是一种道德规范，它要求人们把爱国、报国、救国、兴国、强国看成崇高的美德。

第二，有助于大学生坚定中国特色社会主义的信念。今天我们讲爱国主义，不仅仅表现为热爱祖国的山河、历史和文化遗产，而且表现为热爱我们的社会主义制度，热爱中国共产党及其领导下的各族人民，热爱社会主义现代化建设，维护国家的团结统一。在当代中国，爱国主义与爱社会主义在本质上是一致的。爱国、爱党、爱社会主义是统一而紧密联系的整体。在改革开放与现代化建设的新时期，建设中国特色社会主义是爱国主义的必由之路，在大学生中开展爱国主义教育可以使大学生更加热爱社会主义，热爱中国共产党，有助于大学生把个人的前途命运与祖国的前途命运紧密联系在一起，为国家的独立富强尽心尽力地付出与奉献。

（二）爱国主义教育的内容

1. 中华民族发展历史

历史是不能割断的，只有懂得历史才能正确地了解现在和展望未来。我们要讲中华民族发展史中的曲折，更要讲近百年来我国的屈辱史，讲现代中国革命史，讲中华人民共和国的艰苦创业史，使大学生懂得新中国来之不易，社会主义建设成就来之不易，让大学生知道我们国家有今天，无数先烈付出了鲜血和生命，亿万人民进行了无比艰巨的劳动和创造。

此外，还应讲杰出人物、英雄模范的奋斗史、贡献史。因为这样的史料最真切、最实际，也最感人，同时又包含着这些人物的世界观，也最容易引人效法，具有潜移默化的作用。大学生学习革命先烈为了共产主义的实现而不惜抛头颅、洒热血的精神，学习新时期各条战线上涌现出来的先进人物和事迹，能够更好地认识过去、立足现在、展望未来。

2. 中华民族优秀传统文化

中华民族是一个有着五千多年悠久历史的伟大民族，我们的祖先通过世世代代的辛勤劳动创造出了光辉灿烂的历史文化，这是我们中华民族的历史瑰宝，是对大学生进行爱国主义教育的重要内容。随着全球化浪潮的兴起，具有不同历史传统和民族特色的文化之间的碰撞和交融将更加广泛、更加频繁、更加激烈、更加深入。一个国家在全球化浪潮中能否保持其优秀民族文化，不仅关系到本民族文化的生存与发展，还关系到国家的命运和前途。因此，引导大学生继承和发扬中华民族优秀传统文化，培养大学生对民族文化的热爱和认同的情感，增强大学生的民族自尊心、自信心和自豪感。

3. 国家安全

当前世界形势动荡不安，地区冲突、局部战争此起彼伏，给世界和平带来了诸多不稳定因素。在新时期必须加强大学生国防意识教育和国家安全教育，并将此作为爱国主义教育的重要内容。爱国主义教育与国家安全教育有着十分密切的联系，爱国主义教育是国家安全教育的核心和灵魂，国家安全教育是最生动、最实际、最有效的爱国主义教育。国家安全、国防意识，从本质上来说也体现着国家意识、国家观念。没有国家安全意识也就没有真正的国家意识，也就很难产生真正的爱国主义情感；没有国防观念，也就很难使朴素的爱国主义情感向科学和理性的层面升华。随着经济全球化的不断深入，国家安全的内涵与以往相比也有了很大不同，不仅包括政治、军事安全，而且更突出了经济安全，同时又包含科技、文化、信息安全。因而，我们应顺应时代要求，对大学生加强国防教育。

4. 民族平等团结

中国是一个统一的多民族国家，对大学生进行深入的民族平等团结教育对维护民族团结和国家稳定是非常重要的。我国有五十六个民族，虽然各民族的人数有多有少，并不均衡，但是各民族之间相互依存、不可分割，并无高低贵贱之分，每个民族都享有相同的权利，履行相同的义务。在对大学生进行民族平等团结教育的过程中，应注意以下几点：

首先，要让大学生明白五十六个民族都是优秀的、勤劳的、富有智慧的民族，民族之间没有优劣之分、贵贱之别，各民族都享有平等的权利，履行相同的义务，还要让大学生明白只有加强民族团结，才能消除民族隔阂，真正地实现平等。此外，民族团结也是实现国家统一的前提和保证，要让大学生了解到民族平等和民族团结是社会稳定、国家昌盛和民族共同繁荣的基础，中华民族是一个同呼吸、共命运的整体。

其次，要让大学生了解民族区域自治制度。在国家的统一领导下，少数民族在聚居的区域内设立自治机关，自主地管理本民族、本地区内部事务，行使自治权，从而体现其主人翁地位，发展平等、团结、互助、和谐的社会主义民族关系。民族区域自治制度是实现民族平等、民族团结和各民族共同繁荣的制度保障。

最后，要让大学生认识到民族地区的现代化与全国其他地区的现代化是密切联系的，各民族的繁荣将使中华民族屹立于世界民族之林，各民族地区的繁荣将使整个国家的社会主义现代化实现；要让大学生认识到各民族共同繁荣是指各民族在政治、经济、文化和社会等各方面得到全面发展进步。

总之，弘扬爱国主义精神既是中华民族的光荣传统，也是每个中国人的责任与义务。高校除了要做好爱国主义课堂教学工作，更应当利用网络媒介建立爱国主义教育示范基地，积极宣传爱国主义精神，面对社会发展多样化的趋势，引导学生坚定自己的社会主义立场。以先进的思想政治教育理念代替落后的思想政治教育理念，使爱国主义精神成为推动祖国走上繁荣富强道路的巨大力量。作为高校思想政治教育体系的重要内容，爱国主义教育体现了社会主义精神文明建设的主旋律，具有划时代的历史意义。

第二节 思想政治教育的工作机制

一、育人渗透机制

自媒体时代，新闻传播以个性化、平民化、即时化、自主化为特点，以普通民众自主提供与自主分享信息为核心，以网络论坛、微博、微信等社交媒体为载体，对政治、经济、社会等各个方面产生极大的影响。自媒体时代的信息传播是一种无屏障的突破时空限制的媒介信息传播，每个人都可以成为媒介信息的接收者、创作者和发出者，这就要求受众具有较高的媒介素养。社会媒体强调"围观就是力量"，很多事件由于网民的围观，迅速成为社会的焦点事件。大学生思想活跃、易接受新鲜事物，其媒介素养的高低直接影响到社会的舆论倾向、社会的安定团结及校园的安全稳定。鉴于此，提升大学生的媒介素养迫在眉睫。

（一）提升大学生媒介素养的必要性分析

当前，每个人都可以主动地成为媒介信息的接收者、创造者和传播者，这就需要人人具有较高的媒介素养，具有基本的选择、辨别、制作信息的能力及善用媒体进行独立思考的能力。大学生的媒介素养是指大学生所具有的选择、认知、解读、辨别、批判及传播媒体信息的能力。媒介素养使大学生能够善于运用媒体接收各类信息并对海量信息进行主体识别和评估，而且能够发挥个人主观能动性创造和制作媒介产品，积极参与社会的发展。因此，提升大学生的媒介素养是顺应社会发展的必然趋势。

1. 媒介素养是大学生自我完善的基本素质

自媒体时代，以微博、微信公众号等为代表的自媒体是大学生获取信息、开展社交、宣泄情绪的主要平台，而他们对世界、对生活、对学习、对工作的基本观点也在很大程度上从这里开始萌芽。大学生作为民族复兴的建设者和担当者，若不能对纷繁复杂的海量媒介信息进行选择、解读和有效传播，就会被信息牵制与左右，甚至失去自身价值观及基本立场。因此，自媒体时代对大学生开展媒介素养教育是促进大学生树立正确的世界观、人生观和价值观，以及不断发展自我、完善自我的迫切需要。媒介素养是大学生认识世界、了解世界、参与社会建设与国家发展的必备素质。

2. 媒介素养是大学生实现终身学习的必备技能

当今社会已步入经济全球化和网络信息化的学习型社会，主要呈现出全民学习和终身学习的特点。在网络信息营造的媒介环境中，媒介使用者的世界观、人生观、价值观都受到极大影响。大学生正处于身心发展的关键时期，能够被媒介环境所影响，媒介信息及媒介文化是其自我发展、自我成长的重要塑型力量。因此，大学生在媒介环境中，面对知识更新、海量的信息源，需要学会如何提炼真实、有效、实用的媒介信息，需要学会终身学习、与时俱进的技能，需要通过媒介信息充实自我、完善自我，而做到这些的前提就是具备较强的媒介素养。

3. 媒介素养是大学生适应社会的现实诉求

大学生的社会化是指大学生成长为社会人，适应社会生活，促进自身发展的过程。大学生只有实现社会化，才能适应社会生活，充分发挥其个性及主观能动性，挖掘自身潜能，实现全面发展。大学生的社会化是大学生融入社会、促进社会进步的过程。当代大学生是实现中华民族伟大复兴的中坚力量，其社会化程度如何将直接影响到中国特色社会主义建设及伟大中国梦的实现。可见，大学生的社会化是大学生成长成才、促进社会进步的重要因素。自媒体的迅速发展使大学生不再受时间和空间的约束，遨游在媒介信息的海洋中，被碎片化的生活所吸引或牵制，这就需要大学生有较强的思辨能力，能够端正态度，坚定立场，形成健康的人格，合理有效地凭借媒介和媒介信息顺利实现从自然人向社会人的转变。

（二）自媒体时代大学生媒介素养的提升路径

1. 开设媒介素养课程，发挥课堂主导作用

高校应发挥课堂的主导作用，开设媒介素养课程，包含理论部分和实践部分，引导大学生从认知入手，正确选择、辨别、分析媒介的各类信息并逐步形成自己的见解。在具备一定理论知识的基础上，通过实践课，指导学生制作媒介产品，将自己的想法通过媒介合理表达出来，在不断地表达思想和传递信息的过程中，完善自我、服务自我和发展自我。

2. 搭建社团第二课堂，增强媒介主体意识

大学生借助微博、微信等自媒体进行交流沟通，彰显了媒介主体意识的重要价值。社团是大学生综合素质教育的重要阵地和载体，可以通过校园广播、校园网络、校园电台等方式宣传媒介知识，组织社团成员讨论新闻事件及热点问题，开展摄影大赛、新闻

采访等形式多样的活动，使大学生逐步增强媒介主体意识。同时，社团应在经费允许或团委的大力支持下，邀请记者、影视人物或优秀校友等走进校园与大学生面对面交流沟通，使大学生对新闻的客观性和作品的制作、传播以及传媒的运营方式有更直观的了解和把握，消除媒介的神秘感，提高大学生参与制作媒介信息的主动性、积极性，使他们能够有效地使用各类媒介促进自身的发展与完善。

3. 加强师资队伍建设，提供媒介素养保障

高校提升大学生媒介素养的前提是培养一批思想道德素质过硬、网络应用能力较强的专业师资队伍。当前，高校媒介素养教育课程的师资队伍薄弱，绝大部分高校只是针对新闻专业的学生设有专门的师资团队，但对于全体大学生尚未建设专业的师资队伍，这种现象与自媒体时代媒介信息满天飞的现象极不协调，亟须高校给予高度重视。高校应积极组建专业的媒介素养教育课程师资队伍，对大学生定期开展多渠道、多形式、分层次的专业理论培训和实践模拟训练。媒介素养教育课程师资队伍应具备扎实的媒介素养专业知识和相关学科的专业知识，能够熟练地掌握媒介信息的制作和传播方式，能够熟悉大学生的网络话语体系，具备较高的组织协调能力和舆论引导能力，熟知媒介素养教育的最新研究成果，能够及时、高效地开展媒介素养教育。

4. 发挥三方联动作用，形成协同教育合力

高校教育是提升大学生媒介素养的关键，而家庭教育是基础，社会教育是保障，三者的联动能够切实提高大学生的媒介素养。家庭是大学生成长的第一环境，父母应从孩子小时候起就给孩子灌输正确使用网络和媒介的基本知识。社会有责任为大学生营造良好的媒介环境，社会大众应积极营造诚实守信、健康和谐、公平公正、民主团结、互助友爱、乐于奉献的媒介氛围和社会环境，给大学生提供良好的世界观、人生观和价值观的导向。

高校、家庭和社会三方应从以下方面强化对大学生的媒介素养教育：第一，高校提供条件，给予学生理论指导和实践训练；第二，父母是孩子的第一任教师，家庭环境对孩子有潜移默化的影响，家长要教育孩子自觉抵制不良诱惑，自觉利用媒介学习及辨别真伪信息，促进孩子健康成长；第三，社会要营造积极的环境氛围，通过网络等媒体给学生传达媒介素养知识，给学生提供积极讨论的平台。

5. 加强网络舆论引导，坚守网络舆论阵地

自媒体时代是以个体传播媒介信息为主体的时代，这在一定程度上改变了过去的舆论格局。在大众传媒时代，官方和新闻传媒承担发布信息的任务，这样可严格控制舆论产生的源头，但在自媒体时代，个体可以发布信息并引起众多人围观进而形成舆论，使

得舆论源头变成多点化状态，社会舆论呈现碎片化、多元化和复杂化的特征。

在自媒体时代，高校需要从以下几个方面加强对大学生的舆论引导：第一，加大舆论监管力度，及时掌握大学生的思想动态；第二，强化大学生依法上网的法律意识，定期对大学生开展法律课堂讲座，及时制止大学生恶意人身攻击、随意乱发谣言等行为；第三，加强网络监控人员、信息管理人员的师资队伍建设，实时监控舆情，加强舆论引导；第四，强化高校网络思想政治教育工作，将大学生网络媒介素养教育纳入大学生思想政治教育的范畴，牢牢把握网络思想政治教育的主动权和主导权。

二、大学生社会实践机制的健全方法

随着大学生群体的规模越来越大，要求社会给予大学生社会实践的保障及支持也随之提高。但因经济、社会及文化观念等因素的制约，我国出现了大学生实习难的问题，这些问题涉及实习经费紧缺、实习生住宿无法解决、实习单位不愿意接纳以及实习生难以参加实习单位的具体工作等。大学生参加社会实践活动是培养全面发展的合格人才极其重要的环节，社会各界都应该积极配合并为之付出应有的努力。这就需要借鉴别国经验，不断健全我国大学生社会实践制度，保障大学生社会实践活动顺利开展。

（一）充分发挥政府的宏观调控职能

要将大学生的社会实践活动视为一项全社会关注的系统工程，涉及社会、高校、用人单位等各方面关系，但各方面的目标、任务、价值观念等不尽相同，这就需要政府发挥宏观调控的功能，调动各方面的积极性，以促进大学生社会实践活动的顺利开展。目前，我国各级政府和各类高校都高度重视大学生的社会实践活动，但尚没有系统的配套政策及法律条款的保障，没有动员全社会关注大学生社会实践活动，没有形成合力，也没有达到预期效果。因此，我国可借鉴别国经验，政府应积极运用并发挥其宏观调控的职能，明确高校、用人单位的职责、权利，给予积极参与合作的用人单位在财政、金融、税收等方面的政策倾斜，充分调动用人单位的积极性，进而为大学生搭建稳定而持久的社会实践平台。

（二）深化多元化的大学生社会实践模式

随着我国高等教育的不断发展和大学生个体成长多元性的不断显现，大学生社会实践模式也呈现出多元化特征，现已形成政策宣讲、志愿服务、农技推广、法律普及、支教扫盲、环境保护、社会调研、企业帮扶、文化交流等多种大学生喜闻乐见的社会实践模式。但这些社会实践模式需要进一步深化，需要与就业有机结合起来。

首先，各高校要完善大学生社会实践的课程设计。高校课程设计要紧密联系学生所学专业，体现对知识的综合运用能力，使学生能够通过考察、实验、探究等环节，及时发现问题、解决问题，提高大学生的实践能力和创新能力。

其次，要善用社会资源，规范管理。社会实践活动要纳入日常管理，明确部门职责并由负责部门积极整合社会资源，为大学生开拓社会实践基地并成立专门的社会实践信息服务中心，负责收集来自企业、事业单位的科技需求和用人信息。

最后，积极推进"试就业"式社会实践活动。大学生应积极利用假期到相关用人单位实习，在实践活动中接受用人单位的考察，熟悉职业要求，培养职业意识，提高职业能力，为将来就业奠定基础。

因此，高校要把握市场规律，及时关注学生的实践需求，整合、调动一切社会资源，不断拓展实践空间，不断构建品牌突出、特色鲜明、服务学生、促进就业的实践育人模式。

（三）不断完善大学生的社会实践考评制度

针对大学生社会实践进行考核评估是一项纷繁复杂的系统工程。各高校要结合本校的实际情况制定具体的考核细则，但必须坚持以人为本的基本原则，结合实践活动的选题、计划的完成度、成果的实效性、大学生能力的提升等内容，从实践活动参与者的角度制定相关标准。

对大学生社会实践的考核评估可以通过"书面审查"和"公开答辩"两种模式进行，既要求实践团队或个人提交实践活动的总结材料并按照总结材料的优劣进行评定，又要求采取公开答辩的形式，对大学生的社会实践进行更为细致深入的了解。通过考核，评选出社会实践先进个人和先进团队，以便更好地促使大学生积极地参与社会实践，使其在社会实践中受教育、长才干、作贡献。

（四）完善多元化的社会保障机制

大学生社会实践是一项系统工程。首先，要将社会实践课纳入大学生必修课，规定每学年大学生必须参加社会实践的总学时量。其次，要有量化的、具体的社会实践时间的保障。时间是保障大学生社会实践教育能否取得成效的关键因素。最后，高校与政府、企业开展合作共建实践基地。产学合作是公司、企业等用人单位与高校在人才培养、技术研发、生产经营、资源共享、信息交流等方面开展的互惠互利、互补互促的联合与协作关系。

在美国，大学与企业之间的合作，往往由企业提供一定的课题研究项目，同时给予足够的经费支持，由高校提供师资及大学生作为科学研究人员并开展研究，这样便使研究成果能够及时地转化为生产力，达到企业、高校、学生的"三赢"效果。

我国也可以效仿这种模式，加强高校与政府、企业的产学合作，既为大学生开展实践活动提供必要的条件，使其在对口的企业获得更多的实际操作机会，提升自身的知识水平和研究能力，同时也依托学生的专业知识，发挥高校的技术优势，为企业解决一些实际问题，从而达到"双赢"。

三、大学生思想政治教育机制创新

大学生思想政治教育的育人目标能否实现、育人功能能否发挥，关键是要建立一个行之有效的运行管理机制。反思我国大学生思想政治教育活动的历程，我们深刻地认识到我们最为缺乏的就是这种机制。因此，在新形势下，必须创新领导机制、沟通机制、保障机制、评估机制，这样才能保证实现大学生思想政治教育的目的。

（一）强化大学生思想政治教育领导机制

领导机制是大学生思想政治教育运行机制的"龙头"，其是否得到完善和加强，直接影响着大学生思想政治教育工作能否有效落实。领导重视是做好一切工作的前提和保证，领导机制创新的核心就是要建立"党政领导共同负责制"。落实党委负总责，校长及行政系统组织负主责的思想政治教育工作领导管理体制，把思想政治教育工作纳入学校工作的总体规划，真正做到把思想政治教育贯穿在教育的全过程，落实在教学、管理、后勤服务的各个环节。努力形成"党委领导、党政结合、强化行政、齐抓共管"的大学生思想政治教育工作一体化运行机制，切实为大学生思想政治教育工作提供组织保障。与此同时，还要建立健全学校内部各职能部门联合协调机制，分工负责、各司其职、协调配合，从不同角度、以不同方式开展工作，努力形成思想政治教育工作的强大合力。

（二）构筑大学生思想政治教育沟通机制

沟通是大学生思想政治教育管理活动和管理行为中重要的组成部分。大学生思想政治教育工作中的沟通包含教育工作者与大学生之间的沟通、高校与大学生家长之间的沟通、家长与学生之间的沟通、学生与学生之间的沟通、社会与学生之间的沟通等多个方面。良好的思想政治教育沟通表现为认识上产生认同、情感上产生共鸣、观念上发生质的飞跃。通过沟通，架起相互理解、信任的桥梁，从而做到相互启发、明辨是非、团结统一、凝聚人心，进而达到思想政治教育的目的。努力构建学校与社会、学校与家庭以及社会与家庭协同运作的沟通协调机制，充分释放三者的叠加效应，以期达到1+1+1＞3的目的，取得良好的教育效果。

具体来说，可以从以下几个方面着手：第一，建立高校领导和校内职能部门领导接待日制度，高校领导和校内职能部门领导与大学生实现零距离接触；第二，建立家长观察员制度，每月请家长代表到学校与学校领导、教师、管理人员面对面交流；第三，建立定期告知制度，学校定期向学生家长寄去学生的成绩单和"致家长的一封信"；第四，尝试建立辅导员24小时住校值班制度，辅导员可与学生吃、住在一起，实现零距离交流和管理。通过沟通制度的建立和不断完善，增强思想政治教育的针对性和实效性。

（三）建立大学生思想政治教育保障机制

大学生思想政治教育保障机制是思想政治教育的"安全阀"。思想政治教育系统的有效运行必须以一定的保障条件为基础。

1. 制度保障

要抓紧制定和健全思想政治教育的法律法规和制度，依据制度加强对大学生社会生活各个方面的管理，把我们倡导的思想道德原则融入科学、有效的社会管理之中，形成良好的社会环境。实现思想政治教育工作的规范化、制度化，保证思想政治教育体系中的各责任单元都能很好地履行自己的职责、完成自己的任务。

2. 队伍保障

按照素质提高、结构优化、可靠稳定的培养要求大力加强思想政治教育工作队伍建设。高标准选聘专兼职辅导员充实到思想政治教育工作队伍中来，通过建立日常培训与专题培训相结合的分层次、多形式培训体系来加强思想政治教育工作者的培养。建立激励机制，切实解决思想政治教育工作者的职称或职务问题，改善他们的工作环境，努力加强思想政治教育工作的组织建设。

3. 物质保障

高校应高度重视思想政治教育的硬件建设，加大经费投入力度，不断改善教学条件，优化教育手段。此外，高校还要充分运用多媒体和网络传媒等高新科技手段尽快实现大学生思想政治教育的现代化发展。

（四）完善大学生思想政治教育评估机制

大学生思想政治教育工作必须讲究效益。对大学生思想政治教育工作的效益进行科学评估，既有助于正确评判大学生思想政治教育工作的现状与效果，也有助于人们树立正确的思想政治教育工作观。大学生思想政治教育评估既是大学生思想政治教育过程的一个基本环节，又是大学生思想政治教育信息反馈的基本方式之一。建立效益评估机制以推进大学生思想政治教育，势在必行。

首先，各级思想政治教育工作的领导部门要建立和完善思想政治教育评估制度，按照制度规定定期对所主管单位进行检查、评估、督导和验收。

其次，要确立科学、合理的评估标准，制定科学、可行、实用的大学生思想政治教育评价指标体系。我们应该始终坚持精神成果与物质成果相统一、近期效益与长期效益相统一、个体效益与群体效益相统一、静态效益与动态效益相统一的原则，通过定性与定量分析对思想政治教育工作的实践结果进行多形式、多角度、多层次、多方面的综合性评估。

最后，我们还需要建立一套较为科学、合理的大学生思想政治教育奖惩机制，对在大学生思想政治教育工作中取得突出成绩的单位和个人给予物质和精神上的双重奖励，并总结先进经验加以推广；反之，要充分利用行政和经济手段对其进行惩罚，从而达到警示的目的。

第三节 思想政治教育的拓展内容

一、创新教育

（一）创新教育的重要性

1. 时代发展的需求

建设创新型国家，科技是关键，人才是核心，教育是基础。我们要进一步营造创新的环境，努力造就世界一流科学家和科技领军人才，注重培养一线的创新型人才，使全社会创新智慧竞相迸发，使各个方面的创新型人才大量涌现。建设创新型国家需要创新型人才，创新型人才的培养在于高校。因而，高校思想政治教育的一项重要工作在于培养大学生的创新意识。

培育和建设高校创新文化，首先必须明确高校的使命。高等教育的任务是培养具有社会责任感、创新精神和实践能力的高级专门人才，发展科学技术文化，促进社会主义现代化建设。从这个意义上说，高校要服从于建设创新型国家的需要，就必须担负起培养创新型人才的时代责任和历史使命，这是高校创新文化的根基。

2. 高等教育改革的需求

所谓创新教育，就是指以培养人的创新精神和创新能力为基本价值取向的教育实践。其内涵是创新意识、创新思维、创新技能、创新情感和创新人格的培养。创新教育以全面提高学生的能力为根本目的，以尊重学生主体、注重开发学生的智慧潜能和促进学生形成健全的个性为根本特征。创新教育是高等教育发展的必然趋势。

高等教育要培养创新型人才，关键是要培养大学生的创新精神和创新能力。传统教育重视传授理论知识,轻视实践能力的培养,阻碍了学生创新素质的发展。高校必须通过教育启发学生的创新意识,塑造学生的创新人格,锻炼学生的创新能力,营造良好的创新环境,促进知识经济时代大学生创新能力的培养,突破传统教育模式的束缚,深化高等教育改革。

3. 大学生成长成才的需求

大学生创新教育是促进大学生成长成才、实现人生价值的需要。大学生不仅要学习和掌握扎实的科学理论知识,还要有创新思维和创业意识,勇于投身社会主义现代化建设,在实践中成长成才。加强创新教育,符合大学生成长成才的需要,有利于帮助大学生树立创新精神、强化创新意识;有利于帮助大学生积累实践经验,增强实践能力,增长实践本领,为成长成才奠定扎实的基础。

(二)创新教育的途径

1. 转变教育观念,树立创新意识

树立创新教育观念是大学生创新教育的第一步。高校教育工作者要把学生当作学习的主体,将教育观从陈旧的、传统的知识型教育转到创新型教育上来,以人为本,建立创新型的价值观、学习观、人才观、课程观、教学观和评价观,以培养具有创新意识、创新思维、创新能力的大学生为教育目标。

2. 重构学科体系,打造创新人才

一方面,注重教育的综合性和完整性,突破专业壁垒,改变过去专业设置过细的现象,建立文理相结合的专业,培养学生适应时代发展的能力和素质。通过课程教学改革,确立有弹性的教学管理制度,开设丰富多彩的选修课、社会实践课,让学生自由地选择课程。建立开放式课堂,允许学生跨专业、跨年级学习课程。引入灵活的学习方式,把自考和成人高考的学习方式引入大学生培养当中,允许学生自学参加考试获得相应学分。

另一方面,要改革传统的考试制度,建立科学的招生、考试制度,使这种制度有利于选拔、培养个性突出、有创新意识和创新思维的优秀人才。高校要建立以测评学生创新能力发展为核心的教育评价机制。考试方法要灵活,将口试、笔试、案例分析、论文、科学实验、社会实践、第二课堂等结合起来,既考查学生对理论知识的掌握,又考查学生分析问题、解决问题的能力,充分发挥学生的主观能动性。学生综合素质测评体系应包括专业基础知识、思想道德修养、身心健康水平、文化技能特长和组织活动表现等方面。

3. 改进教学方法,培养创新思维

传统教学方法强调教师在教学过程中的主导作用,忽略学生在学习过程中的积极主动性。学生学习的核心问题不是掌握知识,而是运用掌握的知识解决相应的问题。大学

生创新教育要更新教学内容，改进教学方法，由知识灌输转向能力掌握。如果按照过去的教学方法，那么创新教育只能停留在纸上。

教师可以采用发现教学法、问题教学法、讨论式教学法、开放式教学法等，引导学生独立思考，培养学生的创新思维。创新型教学方法的特点是教师和学生角色的转变，由教师"满堂灌"转变为情景创设、问题研究、协作学习、意义建构等，达到培养学生创新意识、创新精神和创新能力的目的。教师要把创新教育与教学过程、学科教学、课堂教学充分结合起来，把课堂教学作为实施创新教育的主渠道。

4. 强化师资队伍，增加硬件投入

创造型人才的培养需要创新型教师。创新型教师应具有创新精神，有较强的创新能力，乐于在教学中从事创造性活动并能够随机应变，深入掌握教材内容，探索恰当的教学方法，达到教学过程最优化。高校扩大招生，使得高校现有的教学科研等硬件设施不能满足学生的需要，如学生晚自习因教室不够不得不占座，因实验室不足实验课不得不排到周末。教学科研设施不仅包括教学设施、实验室装备和实践基地，还包括校园网、电子图书馆、多媒体教室等。高校要不断增加硬件投入，通过实践教学培养学生的创新能力。

5. 改革教学模式，加强实践教学

实践教学是相对于理论教学而言的，其侧重点在于知识运用能力的培养，内容包括实验、实习、实训、课程设计、毕业设计、军训、创新创业活动、社会调查、科技制作、学科竞赛等。

实践教学是高校教学改革的重点。一方面，高校应审视传统的实践教学方式，对原有的实践教学方式作出相应的改革；另一方面，高校应积极拓展新的实践教学渠道，通过校企合作、校际合作等方式创新实践教学。实践是创新的源泉，能激发学生的创新潜能。高校应加强实践教学，增加课外学时和实践教学的内容，构建实践教学的完整体系。

二、就业与创业教育

(一)树立正确的择业观

职业选择是实现个人人生理想的基本环节。大学生要以社会需求为基点确立择业目标，正确评价自我，走出择业误区。大学生树立正确的择业观与创业观要遵循下面的原则：

1. 社会需要原则

作为单个的人，在社会历史进程中，不可能绝对自由地实现自己的意向和愿望。这是因为每个人的意愿不仅取决于个人本身，更取决于他们所处的社会生活条件。个人与社会相互依存，个人作为社会的一个成员，有其个人的需要；社会作为无数个人的集合体，也有社会需要。所谓社会需要，广义地讲就是社会生存和发展的需要，如共存需要、储备需要、信息需要、生产需要、发展需要等。其中，生产需要最为重要，贯穿在各种社会需要之中。个人对职业的选择不可能脱离社会需要这个现实。显然，大学生不能选择那些社会不需要或目前不存在的职业。大学生要从大局出发，服从国家需要。这是职业选择的第一原则，也是职业指导的任务之一。

2. 发挥特长原则

所谓特长，是指一个人区别于其他人的特殊才能。一个人的特长是实现自身价值的资本，也是为社会作贡献的前提。发挥特长原则与社会需要原则并不矛盾，越是社会需要的岗位，越能为发挥个人特长提供条件和机会。特长最能反映一个人的职业能力，发挥特长是满足社会需要、为社会作贡献的有效途径。

3. 可行性原则

大学生选择职业仅考虑社会需要和发挥个人特长还不够，因为既符合社会需要又能发挥个人特长的职业并不表明个人就能从事和胜任。从事和胜任职业还受到其他主客观因素的影响，如就业政策、竞争程度、地理环境、职业信息、个人的生理条件等。在现实生活中，人们面对诸多职业却不能实现自己的职业愿望，最直接的原因大致有以下三个方面：①职业期望值过高；②对就业环境缺乏全面了解；③个人的择业能力不足。

（二）树立正确的创业观

创业就是指通过发挥自己的主观能动性，开辟新工作、拓展新的职业活动范围、创造新业绩的过程。

1. 要有自主创业的思想意识

择业是创业的起点，创业才是就业的保证。一个人选择了职业之后，就要以积极的心态去面对自己的职业，以自己所选择的职业为基础去选择创业。

2. 要提高创业的能力

创业需要扎实的能力。只有做好充分的创业准备，才有可能获得成功。大学生在创业的问题上要具有立足创业、勇于创业的心理准备，还要有谋划创业的理性思考；要充分考虑自身的能力、创业环境等现实因素，要不断提高自主创业的能力。

3. 要有敢于创业的勇气

创业的过程艰难而充满风险，只有创业的思想准备是不够的，还需要有创业的勇气。勇于创业已经成为高等教育培养人才的一个目标。破除依赖心理和胆怯心理，勇于接受创业挑战,做一个勇于创业的大学生,这是当代大学生应有的创业观。

(三)就业创业教育的途径和方法

1. 建立完善的就业创业教育课程体系

实施就业创业教育在课程体系的设置上应遵循一个原则,即各学科相互渗透、有效互补。一方面,除开设专门的就业创业教育课程外,更多的是结合现有的教学,在现有的课程中挖掘、开发、渗透就业创业教育的内容,从而加强对大学生创业意识的培养;另一方面,就业创业教育要与专业、学科优势相结合,可以以"挑战杯""创业大赛"等全国大学生课外科技竞赛为契机,把就业创业活动和专业、学科优势紧密结合起来。

2. 建立就业创业教育实训环境

就业创业教育实训环境是围绕就业创业教育而建立起来的,是指导大学生如何创业、提高创业技能的硬件环境或载体。良好的就业创业教育实训环境,有利于对大学生创业理念的培养。学校可以成立创业社团,创业社团可以开展学术报告、创业交流、创业教育课程讲座等活动,为培养学生的就业创业能力搭建平台。

(1)建立学校创业园

创业园是指帮助大学生自主创业的专门活动场所。创业园通过提供基本的商务服务、中介增值服务和资本运作服务等,营造良好的创业环境,吸引高校中具有技术创新能力和科研成果的师生创业。高校还可以通过举办各种创业计划大赛选取优秀的获奖作品进入学校创业园。学校创业园是学生创业者将其创业计划变为现实的业务平台。学生先要提交一份商业计划书和一份完整的意向书说明其创业计划并展现自己的创业能力,通过审核后可以获得一块创业场地,使用时间一般为一个学期。

另外,学校创业园内需要两种支持组织,即智囊团和种子基金。其中,智囊团可以由法律、管理、会计专家等组成,目的是在学生寻找创业机会时为他们提供咨询,辅导并协助学生发展创意、确定商业模式和战略。种子基金可以为学生创办的企业提供初期资金,建立企业原型,支付法律费用,吸引其他潜在投资者。有志于创业的团队可以申请到一定金额的创业基金。这样既为大学生运用所学知识、提高创业能力提供了条件,也有利于大学生将来真正创业积累必要的经验。

(2)鼓励企业家进校园

高校利用校企各自的资源和优势为大学生搭建一个创业实训平台。现在很多高校将企业家请进高校与大学生交流创业经验,但多局限于理论层面。"企业家进校园"是指企业家以多形式、多渠道的途径进入校园,可以充当大学生就业创业的指导者、培训者、评估者、激励者的角色,在项目和资金的支持下甚至可以做大学生的"老板"。

具体来说，高校可以把企业家请进学校做学生的"老师"，从理论和实践上指导大学生；也可以把企业家请进校园做学生的"评委"，评估学生的作品：还可以把企业家请进校园做演讲、办讲座，充当学生的激励者与榜样。

当然，高校也应该为企业家提供有利的政策与措施，大力鼓励企业家进校园办企业，这样做的主要目的就在于让大学生获得企业在项目运行、财务管理、人力资源培训与管理、市场调研、产品开发等多方面的实际操作能力。

3. 建立就业创业支持系统

大学生就业创业不仅要求个人具备较强的能力，而且需要多方的支持。其中主要包括政府、学校和社会群体的支持。三者不可或缺，共同构成一个完整的就业创业支持系统。

政府方面的支持包括"就业创业政策支持""创业金融投入""创业孵化器"等；学校方面的支持包括"就业创业课程支持""大学生创业大赛的举办""就业创业教育模式创新"等；"社会群体"方面的支持包括"家庭支持""社会舆论支持""社区支持"等。

对于高校大学生来说，需要认真审视就业创业现状、分析就业创业的优劣势，并谋求完整的就业创业支持，从而增加就业创业成功的可能性。对于高校来说，应该有针对性地为大学生就业创业提供支持一方面，最大限度地整合已有资源；另一方面，谋求更多的社会和政府支持。对于政府来说，应该加强顶层设计，从多个渠道保障大学生就业创业，特别是大学生的就业创业实践活动。

三、生命教育

(一)生命教育的含义

生命教育有广义与狭义两种：狭义的生命教育指的是对生命本身的关注，包括个人与他人的生命，进而扩展到一切自然生命；广义的生命教育是一种全人的教育，不仅包括对生命的关注，而且包括对生存能力的培养和生命价值的提升。

(二)生命教育的内容

1. 生存意识的教育

对大学生进行尊重生命、珍惜生命的教育，引导大学生正确理解生命、生存和生活的内涵，具体包括生命安全的教育、生活态度的教育以及死亡体验的教育。

2. 生存能力的教育

对大学生进行生存能力的教育，有利于大学生环境适应能力、抗挫折能力以及安全防范和自救能力的提高。

3. 生命价值升华教育

生命价值升华教育不仅要重视培养大学生端正人生态度，认真生活，快乐学习和工作，还要注重大学生的审美教育，让大学生在审美的过程中体验人生的价值和意义。

生命教育属于思想政治教育的范畴，然而，在我国大学生思想政治教育工作中它一直是个盲区。随着我国市场经济体制的建立和迅猛发展，近些年来，大学生在学习、就业、情感、人际关系等方面出现了众多问题，大学生心理问题日渐凸显，高校开始重视对大学生进行生命教育。如何有效地在大学生中开展生命教育是大学生思想政治教育的一项崭新课题。对大学生进行生命教育，目的是帮助大学生学会尊重生命、欣赏生命、珍惜生命，提高生命质量，创造生命价值。

（三）加强大学生生命教育的对策

1. 汲取家庭和社会资源，打造生活教育课程

生命来源于也归根于生活，生命教育就是一种生活教育。日常生活的世界既是大学生充分展现其生命活动的场所，也是他们体验生命存在价值和寻求生命意义的舞台。大学生日常活动场所包括家庭、学校和社会，由于大学生已经长大成人，走出家庭并逐渐走向社会，因此社会生活对大学生生命教育的影响越来越深刻。大学生作为家庭、学校以及社会的一分子，必须在群体生活中找到自己的位置，在社会实践活动中追寻生命的价值，不断增强自己的社会责任感和使命感。因此，家庭生活和社会生活是大学生生命教育最广泛的课程资源。

对大学生进行生命教育，必须积极开发家庭生活和社会生活中的教育资源，如果大学生生命教育课程局限于学校封闭或半封闭的状态，脱离外部的实际环境，那么将无法满足生命主体的实际需要。所以，大学生生命教育需要学校、家庭和社会形成三位一体的格局和育人模式，其中任何一方都无法唱"独角戏"。

（1）校本资源的设计与开发

生命既是一个完整的统一体，又是各具特色的个体。生命课程既要从生命的整体需要出发，又要适应生命的个性化需要。学校是学生生活、学习和活动的主要场所，相对于生命课程系统而言，它是一个大的生态系统，相对于家庭和社会庞大的生命教育体系而言，它又是一个小的生态系统。因此，学校生命教育系统具有中介系统和转化系统的性质，连接着社会的宏观需求和学生的微观世界，它过滤和整合来自家庭和社会生活的资源信息，开发适合自身需求的校本课程，最终作用于学生的生命成长。

具体来说，学校可以因地制宜开发适用于所有学生的统一课程，不同专业可以根据自身的实际情况，开设具有本专业特色的生命教育课程。我国城市和农村、东部和西部，

在经济、文化等方面存在显著差异，各个学校的社区环境、办学条件以及师生文化等方面也存在差别，因此，学校需要对影响课程实施的各种因素进行全面的、系统的思考，合理、高效地利用社会资源，实现大生态系统内各个生态因子的协同发展，关注课程生态系统的整体利益。

（2）家庭资源的互动与配合

生命教育不同于其他学科的教育，它是一种综合性的教育活动。家庭给生命以温暖和慰藉，是生命赖以存在和发展的亲情土壤和温情环境。家庭资源是最直接、最深刻、最丰富的生命教育资源。家庭教育可以使人更直接地体验亲情与责任，是人的个性和人格形成的首要条件和重要因素。因此，家庭与学校的积极互动与密切配合是很重要的，引导家庭参与生命教育，在家庭中营造生命教育氛围，可以巩固学校生命教育的成果。学校生命教育课程内容的选择应该结合学生生命个体独特的家庭生活经历，与学生的日常生活建立直接的联系，了解学生的心路发展历程，能够引导学生超越家庭的自然亲情，正确理解生命共同体的内涵，做到由人及己和由己及人。大学生生命教育应重视家庭生命教育的力量，加强与学生家庭的沟通和联系，及时反馈学生成长的相关信息。

（3）社会资源的支持与保障

任何个体的发展都离不开社会环境。大学生生命教育同样离不开社会大环境的支持，很多国家的生命教育最初都是先由社会组织或团体推动的。社会人士的热心参与和积极介入是生命教育得以发展的重要推动力。

2. 开发生命教育人力资源，形成生命教育对话机制

生命教育内容的实施、课程的开发、实践活动的开展，离不开生命教育人力资源，即生命教育者（在学校表现为教师队伍）的投入。没有生命教育者的执着追求和坚定信念，就不会有生命教育的显著成效。生命教育者和受教育者之间，只有形成平等和谐的对话关系，才能触动生命的灵魂，激发生命的光彩，因此，生命教育的对话机制是生命教育顺利实施的重要保障。

（1）生命教育师资队伍的建设

目前，由于生命教育在我国的教育领域中还是一个新生事物，它的教育对象众多，内容涉及面广，方法灵活多样，所以在学校开展生命教育，需要一支相对稳定的教师队伍。同时，教师的专业素质直接影响到学校生命教育的成效。因此，学校必须建立一支高素质的生命教育师资队伍。

（2）形成生命教育的对话机制

教师与学生是不同性质的个体，具有不同的生活背景、情感体验、知识结构和认知

水平，而且各自与周围的环境构成生存的小环境。教师与学生、学生与学生之间总会发生形式各异的冲突，阻碍教学的顺利开展和师生关系的和谐生成。只有展开师生平等对话并在此基础上共同体验、理解和实践，才能在生命培育上形成合力，不断探索新的生命意义，实现生命的共同成长，进而建立一种整体和谐、充满人性的人际生态环境。

3. 推进教育管理方式的变革

高校需要为生命教育活动做好各项支撑性工作。

（1）提高管理者的素质

第一，管理者要尊重学生的个性，在教育管理过程中，要注意引导生命、感化生命，以良好的观念、态度服务学生成长活动。第二，在管理制度和教育教学制度的制定过程中，要充分融合生命教化的思想，实现管理制度育人功能，不能为了所谓的秩序、管理效率而抛弃对生命的人文关怀。在大学生思想政治教育过程中，"人性化"制度最终要代替"枷锁式"制度。第三，管理者需要建立畅通的沟通机制，实现与教育对象的沟通交流，不断完善生命教育中的不足，促进管理者角色的转变。

（2）规范教学管理

在以知识为核心的课堂中，教学目标、教学程序都是预设的，教师在教学中倾向于采用结构化、封闭化和权力化的控制方式。生命教育强调尊重学生，充分意识到学生生命的本质特征，提倡师生互动和对话。这样就打破了传统的秩序和控制方式，从而成为开放的、动态的、生成的教育。学校应当设计生活化、融入式的生命教育课程，包括教材、活动及资源等，推进研究型教学；改变传统的以教师为主体的单向灌输式教学，转向以学生为主体的参与式教学。

（3）加强实践活动

生命自身不会呈现意义、实现价值，只有通过自身的体验、感悟，才能实现意义与价值。因此，管理者要变"封闭管理"为"开放管理"，让学生更多地走进生活、走向社会，通过实践进行思考、判断和体验，使生命获得感动、震撼。

四、人际交往教育

人是社会中的人，人的生存和发展离不开和他人的交往。大学生生活在大学校园里，必然要和周围的同学、老师等发生各种交往关系。这种人际交往关系会直接地影响大学生为人处世的态度，甚至影响大学生的世界观、人生观、价值观。所以，和谐人际关系的确立对大学生的发展来讲至关重要。引导大学生确立正确的人际交往准则，树立正确的友情观、爱情观，是大学生思想政治教育的重要内容。

（一）人际交往的准则

1. 尊重

人与人之间的关系是平等的，相互之间是独立的。每一位大学生都是以独立的个体出现的，而且处于平等的社会地位。基于这种人格平等的尊重是建立良好人际关系的前提。尊重他人，即尊重他人的人身权利、自尊心、感情，不干涉他人隐私。尊重他人实际上是尊重自己的一种体现，只有在人际交往中尊重他人的人才能获得他人的尊重。

2. 诚信

诚实守信是一种美好的品德，能够很好地促进人与人之间的交流，推动人与社会的良性互动。在现代社会，诚信是一种无形资产，只有在人际交往中"诚而有信"才能得到他人或组织的支持、鼓励，更好地体现自身价值。

3. 宽容

宽容，指心胸宽广，不计较个人得失。大学生在人际交往中，要学会宽以待人，关心人，理解人。

（二）人际交往的艺术

1. 寻找共同语言

任何人都是一个多元性的综合体。人与人之间总能从知识、能力、职业、文化、民族、地域、年龄等方面找到某些共同语言，这些共同语言的存在为人与人的成功交往提供了前提。大学生在与他人交往中要善于寻找双方共同的话题、体验或情感。共同语言的交流是大学生成功与人交往的关键。

2. 向对方有限度地敞开心扉

在人际交往中，大学生要激起对方交往的热情，可以在一定范围内有限度地向对方敞开胸怀，取得对方的信任和理解。大学生要根据交往对象的性质确定敞开心扉的程度。

3. 换位思考

成功的交往者总能站在对方的立场上思考问题，考虑对方的需要、情感、利益和爱好，善于理解对方的想法，总能设身处地为对方着想，减少给对方带来的麻烦。

4. 学会倾听

人在生气、愤怒、陷入困境或兴奋、激动时，总是希望有人能倾听他（她）的诉说，而倾听诉说的人无形之中就成了他（她）心目中值得信赖的朋友。耐心地听他人的倾诉，尊重倾诉人的情感和态度，不仅体现了对倾诉人的关心和理解，还能获得更多的信赖。

5. 学会幽默

幽默可以让人在愉快的笑声中结束尴尬的气氛，可以让人在紧张的工作中获得轻松。

大学生在平时的学习、生活中要试着培养自己的幽默感,如果能培养一定的幽默感,那么在很多情况下就能巧妙地处理人际交往中遇到的尴尬局面。

(三)友情观

1.友情是朋友之间感情的凝结

友情涉及的不是一个人的感情,而是缔结友情的人相互之间共同凝结的感情。友情不排他,拥有同一份友情的可以同时是两个人,也可以是两个以上的人。这些人由于共同的生活经历、共同的兴趣、共同的志向或者其他的共同点走到一起,都把对方看作自己最亲密的人,他们的感情是相互之间认可并努力维持的。大学生必须认识到友情是双方或多方感情的付出,要为获得友情而作出自己的努力。

2.朋友应有高尚的志趣

拥有友情的人在交往过程中会潜移默化地影响对方并受到对方的影响。所以,大学生选择朋友应该选良友、益友。良友、益友是有高尚道德追求的人,是有高尚志趣的人,这样的友情有利于促进个人积极向上。

3.朋友间要能相互扶持

友情是一种特殊而美好的感情,是建立在心理相容基础上的互相依恋。这种感情在人身处逆境时能给予慰藉和帮助。大学生在朋友遇到困难时,要从心理上给对方以鼓励,帮助对方走出困境。

4.朋友间要充分信任

共同经营友情的人会把对方当作自己感情的寄托,希望能够从对方那里获得安慰、鼓励,把对方当作自己倾诉的对象。友情中的一方往往会把他(她)藏在心里不愿意向他人(包括父母)倾诉的思想感情和秘密向另一方袒露,作为朋友的另一方在不违背社会道德和法律的前提下需要为对方保守秘密。朋友之间的信任是友情持续的保证,如果一方失去了另一方的信任,那么双方的这种亲密感情将很难维系。所以,大学生在与朋友交往中要尊重对方的隐私权,要给对方以充分的信任,这样友情才能长远。

第三章　新媒体时代高校思想政治教育实践

　　随着社会的不断发展，传播媒介技术陆陆续续推陈出新，致使新媒体在万众瞩目中孕育而生。新媒体以开放性、个体性、及时性、交互性为特征得以广泛运用和推广，成为社会大众平常生活必不可少的一部分，深刻影响着人们获取、甄别、筛选信息等行为。因其独特的吸引力，使大学生成为使用新媒体的活跃群体。

　　新媒体作为全新的传播媒介，与高校思想政治教育较高程度耦合，在带来机遇的同时，也对思想政治教育提出了新要求、新路径。在新媒体环境下，全面把握新媒体各方面的特性，尤其是与思想政治教育相契合的，充分运用新媒体带来的优势和便利，扬长避短，规避其劣势引起的严重后果。牢牢把握思想政治教育的主动权和话语权，优化思想政治教育的方法、过程、效果，以满足大学生获取知识、知晓路径、取得成功的愿望和渴求，激发他们的政治热情和创造性思维，帮助他们坚定理想信念，确立正确的价值观，辩证地认识社会，提高分析、解决问题的能力，健康成长，这是新媒体环境下，思政教育工作者要担当的责任。

第一节　新媒体与高校思想政治教育

　　在人类的发展进程中，媒体形态也在不断更新迭代，从报刊、广播到网络、数字媒体，经历了由传统媒体到新媒体的转变。在这个发展变化过程中，信息传播速度加快，覆盖面越来越广，尤其是新媒体的出现，信息传播变得更加便捷、高效。

　　新媒体紧密结合社会发展需求，贴近大众生活、工作需要，已经成为国家、社会、个人各方面不可或缺的一部分。在新媒体时代，作为新媒体技术使用的先行者，大学生享受新媒体技术带来的便捷，比如浏览信息、生活娱乐、获取资讯、交流互动。与此同时，新媒体的负面效应也以极其隐蔽的方式无形中影响大学生，深刻影响着大学生的学习方式、为人风格、处事态度、生活习惯等。

新媒体带来的变化清晰可见，为应对变化产生的影响，思政队伍有必要对新媒体概念、特征、现状及发展趋势进行梳理，才能更加熟悉新媒体给思想政治教育带来的新要求、新挑战。有效发挥新媒体优势助力思想政治教育，认清新媒体劣势引起的负面效应，秉承立德树人理念，筑牢思政教育阵地，提升其实效性，服务大学生成长。

一、新媒体内涵

（一）新媒体概述

随着新媒体的发展，新媒体越来越引起关注，并对新媒体概念下定义，但未形成一个统一的概念。不过在与传统媒体对比方面，有了较为一致的认识，认为新媒体基于传统媒体而言是相对概念，是个动态变化的概念，是通过先进信息技术为社会大众提供服务的媒介状态。

长期以来媒体主要分成四大类：报纸、期刊、广播、电视，被划分为传统媒体。随着现代科学技术的高速发展，新媒体发展迅速，信息技术的高速发展，实现了新媒体传播模式的不断更新，也让越来越多的人运用新媒体。新媒体分为网络媒体、手机媒体、数字电视媒体三大类型。

1. 网络媒体

我国互联网与世界相连已许多年。如今，我国网民数量全球最多。阅读资讯、看电影、视频聊天等，与我们息息相关，成为生活的一部分。还有诸如的士打车，除了路边拦车，还能网上提前预约，这在以前是难以想象的。互联网改变了大众生活习惯，随着政务微博、微信、网络问政等形式的出现，对提升政府执政能力、社会治理效能，起着积极促进作用。

就传播角度来说，联合国新闻委员会把互联网列为"第四媒体"，与报纸、广播、电视并列。从报纸、期刊网络化到网络新闻传播，我国互联网日新月异，时刻以新的姿态出现在大众面前。我国政府高度自始至终都十分重视互联网发展，并且制定网络新闻传播法规建设，规范互联网新闻传播，支持加强队伍建设，加快网络信息技术发展。

2. 手机媒体

伴随着社会经济的不断发展，人民家庭生活水平的大幅提高，城乡居民人均收入相应增加，手机已经成为社会大众的生活必需品。围绕手机的沟通渠道愈加宽广，通过手机的信息传播方式更加便捷，除了作为通信方式，更是思想交流渠道的有效延伸。同时，在某种意义上与报纸期刊等传统媒介互相融合,与网络等新媒体互为补充。通过手机平台传播信息,手机媒体在便捷性、交互性等方面,有着得天独厚的天然优势,吸引用户到手机媒体上来。

有机结合人际与大众传播优势的基础上,手机媒体的传播方式成为新形势下创新性的传播类型。依托手机为载体的手机报、手机电视、手机视频,与传统媒体相比,可以肯定的是更具传播优势。一是增强了时效性。没有版面、篇幅的限制,更新信息的速度加快,内容增多,用户随身携带手机,随时浏览相关信息。二是提升了互动性。海量的信息,使手机媒体更注重与用户的互动,开设留言、评论版块,随时与用户互动,了解用户的所思所想,进而改进自身的内容。

3. 数字电视媒体

数字电视媒体是指电视信号的处理、传输、发射和接收过程中使用数字信号的电视系统或电视设备。作为传播媒介的一颗新星,数字电视具备传播快、覆盖面广、易于接收等特征,与其他媒体不一样的是,不仅是用来娱乐、传递资讯,数字电视在政府管理和社会治理领域发挥着重要作用,比如发布城市应急预警、卫生疾病、公共安全等重要民生信息。

随着数字信息技术迅速发展与广泛普及,人们在看电影、视频、电视的时候,对画面的清晰度越来越高,追求完美的音质效果,这些正是数字技术赋予数字电视的独特使命。基于交互性、数字性特性,数字电视媒体在提升人们生活品质方面发挥重要作用,给予全新的生活体验。

(二)新媒体特征

借助新媒体,加强和促进高校思想政治教育,是思想政治教育工作者的必然选择。新媒体具有开放性、及时性、交互性、个体性特征,与多元化的教育环境、时效性强的教育内容、自主性的教育手段、针对性强的教育方式不谋而合,论证了善用新媒体加强和改进高校思想政治教育可行性。

1. 开放性——与多元化的教育环境契合

新媒体依托各种先进的技术形成巨大的网络体系,它拥有着大的信息容量、丰富的资源、快捷的传输和交互性强、广泛的覆盖面、多元的形式等特点,与以往任何一种传播技术和交流工具相比都是不同的。在新媒体世界中,微博、论坛、微信等新的信息传播平台,与传统媒体相比,具有其不具备的且优势突出的多元性和开放性,为思想政治教育提供了强有力的载体。高校通过新媒体进行思想政治教育,以开放的教育理念,吸收古今中外优秀文明成果,分析国内外新形势,借鉴国外思想政治教育的先进理念、成功经验、优秀成果，总结自身思政教育的不足，通过对比分析，形成适合当前大学生的教育内容和教育资源。借助新媒体传播优势，积极传播党和国家新思想、新理念、新政策。认清形势，想方设法积极应对教育环境的复杂局势，为思想政治教育创造和谐团结的环境，给予大学生舒适的学习生活条件。

2. 及时性——与时效性强的教育内容契合

在新媒体面前，教师不一定比学生更了解，因时间、教学任务、家庭负担等因素影响，教师对新媒体的了解有限，对信息的掌握不够及时。形成鲜明对比的是，大学生对新媒体充满兴趣，在兴趣的驱动下，更加熟悉新媒体。因此，接触的内容也多，速度也快。有的思政教师往往是按照课本的内容讲一遍，可对于大学生而言，这远远不够，信息量少，大学生随时关注新媒体动态，也在随时随地查询想获取的信息，导致教师讲的内容很可能是大学生早已知道的，当再听一遍时学生便会觉得索然无味。教师在学生心中的威信也因此渐渐退化，教学效果自然不好。因此，在教学过程中，思政教育必须充分发挥新媒体及时性优势，结合新形势人才培养需要，将最新的知识、信息转换成教育内容。这样，才能足够吸引学生的关注，更加愿意接受思想政治教育内容，形成有趣、生动的氛围，摸索出师生间的默契，达到思想政治教育效果。

3. 交互性——与自主性的教育手段契合

在新媒体平台，有海量的文字、图片、视频，每个新媒体受众各取所需，根据自身需要选择不一样的内容。提升思想水平和综合素养，是前人成功必备技能，是有志之士的追求，大学生为了取得这样的效果，为今后事业的成功打牢地基，在这个程度上会容易自觉接受思想政治教育。信息传播交流的方向是双向的，可以使大学生接受思政教育，由被动到主动进行转变。思政教育过程中沉默不是金，而是需要双方沟通、交流，寻找到一种契合。达成默契之后，师生的信任度也随之提升，有助于提高高校思想政治教育的效果和质量。出于面子和隐私的考虑，大学生不是很想和教师谈心交流，具有思想隐蔽性，这在高校比较普遍。即使是专业的心理教师，大学生也不愿意和他们交流，这成为思想政治教育的一大阻碍。加上高校学生规模大，思想政治教育任务重，人手少。幸运的是，教师与学生之间有共同的新媒体平台，在微博、微信、QQ之间，师生之间至少建立了一种联系渠道，这为思想政治教育打开了一个窗口。大学生往往会在新媒体平台发布学习生活状态、吐露心声，思政教育工作者创新教育手段，拓展交流方式，时刻关注新媒体，寻找到有效的交流方式，了解学生思想状态，主动与学生沟通，为学生答疑解惑。

4. 个体性——与针对性强的教育方式契合

新媒体有真实的一面，也有虚拟的一面，人们的交流方式紧跟着改变，交流中会隐藏个人的身份、职业、兴趣爱好等一些基本的个人信息。网络上的虚拟环境和虚拟人物能够缩短人与人之间心灵交流的距离,与现实生活中不同的是可以减少内心的隔阂,教育者与受教育者在虚拟环境沟通,在隐蔽的世界,受教育者有安全感,更愿意向教育者倾诉心声,表达得更彻底、全面。师生可以在新媒体下通过匿名的方式展开沟通交流,达到切实有效的沟通,获得真实的信息,使思想政治教育准确把握受教育者所思所想,掌握大学生的信息动态。并及时以短信、论坛、网络聊天等形式及时对学生加以关注和引导,有针对性地进行教育,减少了实践中摸索的时间,提高工作效率,增强工作效果,同时,也便于做好网络预警,以防患于未然。

(三)新媒体发展现状及发展趋势

21世纪常说以人为本,要有人文精神。与以往工业大变革不同,新媒体技术被寄予厚望,有着全新的标准和要求。新媒体技术的宗旨是结合人们生活需求,为人们提供信息和服务。人们对生活的追求讲究品质,因此,新媒体技术本着以人为本原则,更多地站在需求的角度,提供更多舒适的体验。

随着新媒体的运用推广,越来越满足人类的需求,成为人类的重要产物。恩格斯曾说社会一旦有技术上的需要,则这种需要就会比十所大学更能把科学推向前进。面对传播和交流的需要,对新媒体的需求更大,对新媒体的标准和要求更加严格,因此,在差异化发展中,新媒体上升空间巨大,发展前景广阔。

1. 新媒体技术越来越完善

作为一种全新的传播媒介,新媒体为人们提供与众不同的内容、独一无二的传播体验。随着消费理念的更新,以及人们对手机新媒体的依赖,以支付宝、微信支付等为依托,以新媒体技术为支撑,人们越来越多地在网上购物,并且通过网上支付。与此同时,人们阅读方式与时俱进,与以往传统的读书看报相比,发现越来越青睐数字化阅读。

2. 新媒体的接受群体普遍化、年轻化

随着新媒体的迅速普及,使用新媒体的人数也随之增加,同时表现出年轻化趋势。相对而言,新媒体是新鲜事物,新媒体内容也是十分丰富,正切合年轻人的猎奇心态,对新鲜事物好奇,加上生活水平的提升,年轻人人手必备至少一个手机,自然成为新媒体使用的生力军。

3. 新媒体发挥越来越重要的作用

新媒体以及其迅猛的发展势头,成为社会向前进步向前发展的重要内容,早已引起国家的高度重视。党和国家领导人一直以来高度关注和重视新媒体的管理运用。

政务媒体也是一大亮点。从"政务微博元年"到"政务微信元年",短短几年,政务新媒体发展迅速，在发布信息、传递价值、对外沟通等方面发挥着越来越重要的作用。国务院继开通微博、微信号"中国政府网"，随着"国务院客户端"的上线，成为国务院加强政务管理的又一重要载体。国务院通过新媒体平台主动发布重大决策部署等重要信息，向公众提供政务服务，拉近了与群众的交流距离，提升了服务效率，极大地方便了群众办理事务，对提升政府形象、维护公信力起到重要作用。越来越多想政策法规通过新媒体平台发布，方便人民群众第一时间获取信息，新媒体成为政务发布的重要平台，足以可见新媒体的重要性。

4.新媒体与传统媒体不断融合

新媒体极速发展，在社会变化发展浪潮下新陈代谢，总是涌现出全新的传播媒介。新媒体发展的浪潮勇往直前，前进的脚步一直未停歇，完全取代传统媒体尚需时间，短期内是无法实现的。在逐渐超越传统媒体的进程，新媒体要准确定位，取传统媒体长处，补缺新媒体发展的短板。新媒体的发展不能冒进，不能走入彻底否定传统媒体的误区，要站在巨人肩膀上，建立在传统媒体的基础上进行创新。在发展进程中，发现问题，解决问题。

二、新媒体与高校思想政治教育的关系

（一）新媒体是改进高校思想政治教育方法的必然要求

教育形式上，传统的高校思想政治教育存在呆板的缺陷，通过座谈、讲座、资料发放等传播教育的内容，这与新媒体内容丰富、视觉美感强、形式多样相比，大学生自然不愿意在传统的思想政治教育下学习，甚至有抵触心理。在这样的情况下，教育工作者要主动而为，全面熟悉了解新媒体，充分有效具体地发挥新媒体优势作用，用多种风格迥异、形式多样的教育方法占领阵地，吸引学生的关注和注意力，进而提升针对性。

新媒体具有交互性特征，实现了师生的双向沟通，由原来的一味灌输给学生，变成思政教育过程中教师与学生共同参与，互为补充，共同促进。思想政治教育工作除了注重理论学习，更要注重实践培育，思想政治教育工作者要以受教育者为中心，根据受教育者学习生活动态，结合当前关注热点，有针对性地开展工作。除了一味地教师在课堂上讲，可以组织小组的形式学习，小组推荐一个人上讲台讲授内容。还可以围绕思政主题，发挥学生创造性思维，积累身边好人好事素材，通过文字、图片、视频等方式进行展示，一来学生在实践中学习，有切身的感受，更能理解教育内容；二来活跃教学氛围，生动有趣。还可以邀请专家学者来校做讲座，面对面与学生交流，现场答疑解惑。

随着社会的发展变化，高校思想政治教育需要载体做出相应的调整、改变，在继承

中国优秀传统文化的进程中，不断锐意进取、改革创新。弘扬社会主义核心价值观，是高校思想政治教育的重要内容，除了心理咨询室，需要开辟新的载体，利用新媒体为其服务。比如在微信、微博等新媒体平台设立专题栏目，开通交流互动功能，实现师生随时随地交流，不受时间和空间限制。在微博、微信平台，精彩的文章配上精美的图片，如果条件允许，还可以加上视频，形成覆盖文字、图片、声音的多媒体画面，形式新颖，内容丰富，足以吸引学生关注，让学生获取到想要的信息。

在新媒体环境下，信息呈现开放性，学生可以随时获取信息，有意思的是，有时候学生获取信息比教育工作者早。由此说明，学生的自主性提升，除了学校发放的教材等学习资料，可以自主寻找获得其他学习资料，制定学习目标、时间安排以及学习方式。海量的网络信息中，信息质量良莠不齐，需要教育工作者引导学生树立正确的思想理念，让学生学会甄别信息真假的能力。

大学生思维活跃，时不时碰撞出新的火花。在思想政治教育过程中，教育工作者可以适当邀请学生加入思政教育某个过程，一起探讨如何有效开展思政教育，谈谈学生对当前思想政治教育的感受，指出优势与不足。让学生参与思政教育的前期设计，提前知道思政教育方式在哪些地方需要改进，有助于问题的解决，尽快寻找出学生乐于接受的教育方式。

新媒体隐蔽性，加上自由度更大，大学生喜欢在这样的平台描述自己的学习生活动态。在新媒体平台上可以尽情地表达、畅所欲言，根据自己的需要调整学习方式，可以选择新媒体平台随时随地获取想学的知识，正因为如此，越来越多大学生青睐新媒体平台学习。实际情况中，老师因教育工作，还有家庭生活事务繁忙，而学生因为上课时间或上课场所受限，这导致师生之间很难有机会畅所欲言、沟通有无。在新媒体则大不同，双方没有那么多限制因素，可以充分在空闲时间加强沟通交流、畅所欲言。利用新媒体开展高校思想政治教育对双方都是有益的，符合学生学习生活实际、心理需求，而且也方便老师，在轻松的氛围中交流，效果更佳。

新媒体的到来，在社会不断向前发展进程中，推动信息技术的更新，促进思想观念的转变，因其独特的优势，成功吸引大学生的目光与注意，致使大学生的学习生活产生了深刻的影响。大学生接触新鲜事物快，更是新媒体运用的主力军，一直活跃在微博、微信等新媒体平台，无论是平时在校，还是校外都是手机不离身，更有甚者，在走路时一边低头看手机，一边看路。新媒体快捷、互动性强、信息量大，深受广大大学生喜爱，可以在新媒体平台方便阅读最新资讯，也爱分享自己的所思所想所悟，即便是一点空闲时间，也会发条微博、朋友圈。

既然认识到了新媒体会对大学生产生影响，要正视问题，深入分析，高校思政教育要紧密关注大学生思想动态，通过新媒体了解大学生的学习生活状态，改进教育方式的基础上丰富内容，贴合大学生的心态，提升思政教育效果，争取开花结果，取得一些成果。

（二）新媒体是完善高校思想政治教育内容的有力保障

汇编传统的高校思想政治教育的材料，需要花费大量的人力、物力、财力，并且教育内容的素材收集是狭窄的、单一的、冗长的，内容大多是很旧的信息，就很难去吸引大学生的关注度，想要达到理想的教育目的更是难上加难。传统的思想政治教育的内容，更受各种时空限制，如速度进程缓慢，工作效率极低，不能满足所提出的政治教育现阶段高校的要求。

新媒体是一个丰富的图书馆。它的开放性和便利功能的新媒体传输和信息交流变得方便有效，人们可以各取所需。教育工作者也可以利用新媒体进行政治教育材料，选择数据，无论是选择优秀的科学和艺术、红色文化、风俗等内容丰富的政治教育，或选择一本小说。

新媒体环境下高校思想政治教育可以根据创意增添更多的内容，校园思想教育工作者利用好新媒体的特殊性与时代信息提高学习效能和提升工作效率。

（三）新媒体是提升高校思想政治教育质量的有效载体

众所周知，教育载体是思想政治教育的重要一环，载体的选择在一定程度上受教育环境的影响大。现如今，大学生在使用新媒体过程中，也受新媒体的影响，改变着他们的学习、生活、思想。信息技术越来越便捷，改变着大学生的学习方式。大学生可以和往常一样在图书馆、教室阅读各种自己感兴趣的书籍，还可以通过远程网络教学在网上听课，从而获取更多知识。在不同的载体获取知识，体验不一样的感受，在体验中达到更好的学习效果，吸收更多知识，更好地运用于实际。

但是，我们也应清醒地认识到网络存在信息传播上的弊端。当互联网为高校学生提供一种新的获取知识的平台时，因为网络信息的复杂性，也冲击了传统的思想政治教育载体，严重挑战了高校思想政治的环境。时代发展瞬息万变，在这种形势下，要跟上节奏，高校学生思想政治教育工作就必须与时俱进，在向前发展进程中，不停地创新改变方式方法，使之更贴近大学生的学习实际、身心发展需要。只有这样，才能确保实效性，保证教育质量。

一是拓展了高校思想政治教育的时空性。思政政治课堂教学、辅导报告、"一对一"交流，这是传统的思想政治教育采用的方式，实践表明，这些形式发挥了作用，取得了一些成效，但是，也存在着很多不足的方面。第一，传统的思想政治教育受时空因素限制大，这也就导致绝大多数时候只能是师生面对面的教育，基于此，很多想参与接受思想政治教育的学生却因为场所空间小、距离远等影响，被拒之门外，失去了学习的机会。第二，传统的思想政治教育形式单一、陈旧，讲座、课堂等教育教学很大程度上是教师对学生的灌输，学生在接受过程中处于被动状态，时间一久，大学生便因为枯燥乏味失去兴趣，这给调动学生学习、思想积极性带来很大难度。第三，传统的高校思想政治教育属于灌输性的教育方式，高校学生处在被动接受教育的位置，这样的教育形式容易使高校学生产生逆反心理，根本不用谈达到思想政治教育目的。借助新媒体，教育工作者能运用更灵活、更有效的方式开展思想政治教育，提升教育质量。相对而言，高校思想政治教育对时空没有特别严格的要求，加上新媒体开放性等特征，高校思想政治教育工作者可以通过引导大学生用新媒体接受教育，达到预期效果。方便学生接受教育的同时，也在侧面扩大思想政治教育在学校的影响力，增强关注和吸引力。新媒体还有一个优势，就是它的隐蔽性、虚拟性，让自尊心强、自信不够的这部分学生避免害羞、尴尬，敢于说出心里想法，更加有利于吸引学生参与到思想政治教育中。

二是增强了高校思想政治教育的互动性。传统的思想政治教育以面对面的方式为主，尤其是讲课、座谈会等方式，在固定的空间、有限的时间内，部分教育工作者根据自己早先准备的讲稿或教材，向在场的同学讲述。至于现场有多少人、学生的主要想法是什么等基本情况，几乎不在乎，沉浸在自己的演讲中。每个大学生都是单一的个体，每个大学生的性格、兴趣、思想、生活习俗都不同，可这种一味地想着将思想灌输给大学生的做法，思想政治教育的效果自然好不到哪去，根本无法保证教学质量。幸运的是，新媒体很大程度上可以解决这些问题，为教师和学生之间提供了轻松、有效的沟通交流渠道。加上新媒体虚拟性特点，学生更愿意在新媒体平台表达自己的心声，告知学习生活状态，这给教育工作者提供了了解观察的便利，可以针对学生描述的动态，有针对性地制定解决方案，加强与学生互动交流，提出建设性意见及可行性方法，切实为学生答疑解惑，疏解学生心中的困惑。

三是丰富和发展了思想政治教育理论。众所周知，实践与理论的辩证关系，实践的发展离不开理论的创新，理论的创新紧接着促进实践的进一步向前发展。新媒体环境下，世界瞬息万变，要想紧跟时代步伐，必须坚持与时俱进，迫切需要加强思想政治教育理论的创新，这也是当前高校思想政治教育的重要任务。高校要集中精力，加大支持力度，组建专门队伍进行新媒体环境下思想政治教育理论的分析研究，丰富和发展思想政治教育理论，形成指导思想政治教育的研究成果，进而更好地指导开展思想政治教育。基于此，高校要研判当前形势，结合目前思想政治教育工作的实际情况，专门组织队伍进行相关内容的课题研究，有重点，突出关键，循序渐进协调推进，特别是要加强对思想政治教育理念、载体、方法等方面的研究力度。加强对新媒体、思想政治教育两者关系的研究，分析两者的特征以及依托新媒体开展高校思想政治教育的可行性和必要性，归纳总结出优势和不足，为思想政治教育路径选择提供建议。研判形势，加强对新形势下思想政治教育质量的研究，通过分析比较，明确做得不到位的地方，为今后思想政治教育提供借鉴。逐步创新发展新媒体环境下思想政治教育的理论体系，增强对实践的指导作用。

（四）新媒体是增强高校思想政治教育实效性的重要支撑

随着思想解放的深入和社会改革的迅速推进，网络技术的发展，客观上要求思政教育运用新的方法来实现其目的，高校的思政教育呈现出多样、复杂化等特点，高校大学生的思想意识也呈现出多元化的趋势，这些都对高校思想政治教育的客观环境以及对象特点进行了改变，从而为思政教育提出了新的要求。

要着力加强高校宣传思想阵地管理，加强校园网络安全管理，加强高校校园网站联盟建设，加强高校网络信息管理系统建设。从某种程度上来看，人类的教育过程可以看作是一种广义上的信息传播和通信的过程，而思想政治教育也正是一种信息传播、获取的过程。由于新媒体也有存储、传播等功能特性，这与思政教育传播、接受信息的过程具有一致性。另外，新媒体可以把教育者以及受教育者联接起来，使他们通过新媒体进行相互交流沟通，信息传播过程同样是这个思政教育的基础。同时，新媒体本身开放性、平等性、及时性等特点有利于思政教育的信息传播和教育者、受教育者双方的互动。因此，通过研究如何充分利用新媒体的传播特性来开展思政教育，将有助于提高大学生思政教育的时效性。

第二节　新媒体环境下高校思想政治教育优势

要适应分众化、差异化传播趋势，加快构建舆论引导新格局。要推动融合发展，主动借助新媒体传播优势，新媒体以其独特的优势吸引受众，推动社会进步与发展，同时，对高校思想政治教育形成巨大的冲击和挑战，因此，要理性分析当前存在的主要问题并加以分析，为促进高校思想政治教育提供参考。

一、有助于拓展思想政治教育新领域

随着移动互联网技术的迅速发展，新媒体以其自身的大数据优势，将高校思想政治的教育资源彻底打开，在大数据的信息量大、资源量大、互动性强方式多变的优势，彻底颠覆了之前的传播手段和沟通方式，具有里程碑式革新。高校思想政治教育既可以依托新媒体技术资源量大、覆盖面广、传播快的特点，进行进一步提升，又可以以新媒体技术为手段、平台，大规模、主动地将高校思想政治教育的思想、内容、理论、政策传播出去，为高校思想政治教育开拓出更为广阔的理论与实践宣传平台。传统教育的理念中，注重尊师重教，师长为上的教育观念，教师与学生之间的差距日益拉大，高校大学生已经成长为了成年人，其思想状况已经非常成熟，具有自身的独立性，不愿和教师沟通交流，成为了当今高校思想政治教育深入的瓶颈。新媒体技术的发展为高校思想政治教育提供了一个多方位、多角度、全领域、平等的宣传平台，而其优势在于打破了教育者与受教育者之间的隔阂，建立起了互动平等的交流地位，可以达到良好的教学效果。在开放互动的环境下，高校思想政治教育是一个完全不一样、充满机遇与挑战的全新领域，而新媒体恰恰可以发挥有效作用，助力高校思想政治教育拓展全新领域。

二、有助于探索思想政治教育新模式

历史长期积累的过程，使得高校思想政治教育的方式落后、古板，常常都是以课堂教学为主要手段，再加以座谈、讨论为辅助，班会、政治教学等其他手段为依托，跟不上时代新传播方式的步伐。在移动互联网技术日益变革的新媒体时代，高校思想政治教育的方式变化多样，不仅仅依托于基本的交流方式，如手机通话、短信等基础的沟通方式，更是可以依托移动互联网的发展，通过微信、微博、博客、现场直播、网络论坛等新交流方式加以传播，新媒体技术能够以其高速、便捷等优势，将图片、文字、视频传递给受教育对象，使其更加便捷、直观、深入地学习、了解、理解。在任何方式、地点、时间不受任何限制获取所需要的知识和教育，极大地丰富了高校思想政治教育的传播效率，帮助思想政治教育探索新模式。

三、有助于开辟思想政治教育新课题

新媒体技术，在层次多样和形式繁杂的资源面前以其主动的互动性赢得了先机，而受教育者通常都愿意选择交互性的学习交流方式，而高校思想政治教育应充分利用这一互动优势，将思想政治教育的内容潜移默化地升华其中，将传统的消极的吸收方式转变为积极主动的交互性方式，更加拓宽高校思想政治教育的宣传教育面。在新媒体时代，每一个人际关系的主体都被虚拟化，与现实世界相区别，其主体的年龄、职业、性别等相关特质被隐藏，不被轻易挖掘，从而逐渐降低了人与人之间的交际代沟，这种隐藏进一步激发了年轻大学生内心深处的想法的表达，更多大学生将自身的苦闷、怨恨、不满诉至于社交网络平台。高校思想政治教育者要充分利用这一机制，发现问题，解决矛盾，促进高校思想政治教育开辟新课堂，提升高校思想政治教育的实效性。

四、高校思想政治教育中限制新媒体发挥作用因素及分析

（一）教育主体媒介素养缺失

新媒体技术快速发展，各种新媒体平台接连更替，从世界上出现第一个远程计算机网络开始，到年代的局域网，人们热衷于网络平台，接着是飞信、QQ、微博、微信等新媒体平台不断涌现。信息的传递也由原来的点对面传播变成了点对点传播，再加上新媒体的互动优势，形成一种链式反应，传播优势明显。大学生群体正值青年，处于价值观形成的重要时期，精力旺盛，兴趣心强，对新鲜事物充满好感，一有新媒体平台出现，总是在第一时间接触，网络词语一出现，一般是他们先了解。而对于高校思想政治教育教育者来说，工作量大、时间紧，加上照顾家庭，对于接触新媒体的时间有限，与大学生相比，有时信息滞后，不够全面。

因此，教育者必须自觉学习新媒体知识，了解常用新媒体平台，熟练掌握新媒体技术，才能与学生更有共同话题，提升思想政治教育时效性和针对性。例如，各个高校的官方微信，很大一部分是学生团队在协助运营，内容新颖，排版风格多样化，使用的排版技术也是常常更新，微信的功能也在时常增加，教育者只有在充分了解微信的基础上，才能更好地与学生互动交流。有高校教师通过使用微信发布学习作业，并开通评论功能，设置答疑栏目，与学生交流互动，有效促进教学效果。

（二）新媒体管理机制有待完善

"没有规矩不成方圆。"对于新媒体环境下的高校思想教育工作而言，必须紧跟发展需求，完善相应的法律法规建设，规范新媒体平台、内容、管理，让大学生在新媒体内的行为受法律保护和制约，有法可依、有章可循，使一些危害国家安全、影响社会安定团结信息的所作所为受到法律制裁，是当前迫在眉睫的任务。

新媒体技术日新月异，网络虚拟环境下催生出负面影响，面对复杂多变的媒体环境，原有的法律法规难以一时有效规范管理新媒体传播内的所有行为，对引导和约束以大学生为主要群体的新媒体用户提出了新的挑战。

一是政府之前制定的法律法规不够完善。现在，人们使用手机的频率高，人手一个手机，有的甚至两三个手机，手机随身携带，为新媒体的传播提供了有效载体，因此，新

媒体在人们生活、工作和学习等各个方面有着至关重要的地位和作用，我国政府也意识到了这一点，颁发了相应的法律法规，规范新媒体运营管理，加大了对新媒体的监管力度，同时，通过舆论痛斥新媒体的不规范行为，提升公众的警觉性。众所周知的是，新媒体发展变化节奏快，也会涌现出新的问题，给政府的监管带来新的挑战，法律法规的制定完善也需要一个过程，形成切实有效的新媒体管理机制任重道远。

二是作为大学生所在的高校也应该对本校大学生的新媒体使用加以规范，制定相应的规章制度。结合学校实际，根据学校所在的学生所处地区、民族、生活习惯、喜好等对相应的学校规章制度修订完善。在监督的基础上加强管理，组建由政治立场坚定、媒介素养高的政工干部和学生党员组成的管理队伍，对学校拥有的网站、微信、微博等新媒体平台加强管理和引导，对新媒体平台、内容严格监管，坚决打击和惩处一些危害网络和个人的行为，绝不姑息。实际情况也不容乐观，高校的法规建设依然存在相对滞后，对舆情处置缺乏统筹规划等，需要高校站在全局的高度，高度重视，加以研究，分析对策，为开创高校思想政治教育提供更有利的支持和帮助。

政府和高校是远远不够的，还需要家庭和社会的广泛参与，关注高校的网站、微博、微信等新媒体平台，实时关注学校动态，及时发现新媒体平台的不足之处。关注与学生息息相关的新媒体平台，了解学生的思想动态，及时发现不良信息的传播，与政府、高校相互沟通协调，共同研究问题，商讨对策，为高校思想政治教育添砖加瓦，为学生的健康成长成才贡献力量。

（三）思想政治教育的针对性与网络的充沛性不对称

马克思主义人性论，不仅说明了高校思想政治教育的必要性，同时指出要突出个性，具有针对性。在思想政治教育工作开展中，存在教育内容共性部分较多，个性部分不足，缺少针对性。思想政治教育工作实际上就是做人的工作，要成功引导学生学习如何做人，怎样成人。最重要的是尊重人的主体性。作为学生这一主体，有学生自身所处的环境、家庭状况、文化背景等，有学生自身的思想，有学生自身的喜好、情感、生活方式、交流方式。受网络的影响，一些负面言论冲击着学生的世界观、人生观、价值观。在这样一个复杂的环境中，需要充分了解学生的情况，尊重学生的合理观念，才能面向多元化的学生价值取向有针对性地开展工作。在新媒体环境下，只有改进教育方式，创新教育模式，根据不断变化的形势需要，根据教育对象的情况、特点，紧密结合教育对象的发展需要，根据大学生的不同专业、不同年级甚至不同民族制定相应的教育规划、人才培养计划，这样才能让高校思想政治教育更有成效，培养学生健康的人格。

与此不一样的是，网络内容丰富，各种信息混合在一起，有些信息是思想政治教育的有效补充，有些则是起着反作用，不利于大学生世界观、价值观、人生观的塑造。思想政治教育的针对性方面，与网络的充沛性不对称，需要结合教育需要，提升思想政治教育的针对性，因材施教。

第三节　新媒体环境下加强高校思想政治教育的对策

明确了新媒体给高校思想政治教育工作带来的机遇和挑战，也分析了新媒体视域下现在高校大学生思想政治教育工作的现状和存在的问题，这就给我们寻找应对新媒体视域下的大学生思想政治教育措施提供了充分的帮助和支持。新媒体本身只是一个信息传播的工具，它所起到的正面功能或负面功能都不由它自己所决定的，而是由使用新媒体的人决定的。这就告诉我们，抓住新媒体背景下的机遇，主动地迎接挑战，利用新媒体技术，趋利避害，取得高校大学生思想政治教育工作更大的胜利。

一、转变新媒体环境下高校思想政治教育的育人理念

（一）树立全面发展的新媒体育人理念

马克思主义认为，人的意识产生于人们在实践中的交往需要，是在实践活动中产生的。理念先行，行稳则致远；理念滞留，远近交困。新媒体以迅雷不及掩耳之势向前发展更新，对思政教育工作理念而言无疑有着很大的冲击，同时也在舍弃糟粕的那部分，在思政教育进程中更新换代，迫切需要树立新媒体育人理念，促进新媒体为高校思想政治教育服务，成为其得力助手。

新媒体对社会产生影响，与此同时也波及到高校，在思想政治教育中，必须关注它带来的各方面转变。显而易见，高校思想政治教育工作者清晰地认识到了这一点，但作为新媒体使用者的一员，迷惑与其功能的新颖、有趣，对于新媒体对思想政治教育的双面影响缺乏深入足够的了解和分析，在其零散的认知体系中尚未形成完整的理念体系，急需充分认识新媒体积极影响的一面，规避其消极影响的不良作用，因此需要树立"新媒体育人"理念。可尝试从这两方面着手：

一是利用新媒体的优势加强高校思想政治教育。新媒体对高校思想政治教育的影响有两方面，一面是正面积极的，一面是负面消极的。新媒体作为社会发展的产物，一定程度上对社会发展起到了重要的促进作用，对于高校思想政治教育也一样。要主动去了

解熟知新媒体的特性，寻找到新媒体与思想政治教育的契合点，发挥新媒体的便捷性、开放性、交互性等优势为思想政治教育服务，提升其实效性、针对性，促进思想政治教育的效果提升。

二是规避新媒体的劣势带来的消极影响。在社会大熔炉中，新媒体受环境的影响，会被不良分子利用，自然而言生成劣势。依托新媒体加强高校思想政治教育的出发点是好的，但在过程中难免会有曲折，会受新媒体的劣势影响，对高校思想政治教育带来冲击，给思想政治教育环境、空间、手段带来挑战。因此，要对新媒体的劣势相当了解，进行调查研究充分分析，并评估其带来的利害程度，尽快做好应对措施，规避风险，达到预期的思想政治教育效果。

树立理念之后，要发挥新媒体的育人功能。高校只有在引导、利用新媒体过程中，准确把握新媒体的内在育人功能，才能有效推进高校育人工作的发展，促进大学生的成长和发展。

整合新媒体资源，形成新媒体育人合力。作为现代化发展的产物，新媒体是高校思想政治教育重要的育人载体。使新媒体有机整合，才能形成育人合力。充分发挥新媒体各平台的优势，形成聚合力。微信、微博、QQ、手机媒体等校园新媒体传播速度快，交互性强，影响力大，深受师生欢迎。可以结合师生的关注，以校园新媒体为依托，精心打造一批有影响力的节目，牢牢把握主流宣传舆论阵地，提高师生综合素养。

净化新媒体环境信息，弘扬校园正能量。一是高校在信息传播过程中要充当"把关人"角色。海量信息中不乏一些负面、垃圾信息，正处于"三观"塑造中的大学生对其甄别能力差，高校要利用互联网技术净化新媒体环境信息，从而减少负面信息对大学生的消极影响。二是准确把握舆情动态。要时刻关注微博、微信、QQ等平台，及时了解校园舆论动态，通过分析研究，预测舆情走向，掌握大学生思想动态。三是培养意见领袖。培养政治素养高的学生意见领袖，通过微博、微信、QQ了解大学生的想法，在新媒体平台以网络语言的形式、大学生的视角发生，主动把握新媒体平台话语权，及时发声，积极弘扬正能量，引导舆论不偏离正轨。

（二）培养思想政治教育队伍的新媒体育人理念

高校思想政治教育队伍需要动员全校政治素养过硬、专业技能扎实的人员，包括两支队伍，一是思想政治教育工作者，有扎实的学生管理经验；二是政治素养过硬的学生骨干队伍，来自学生一线，又比普通学生更优秀，能起到带头模范作用。

培养高素质的思想政治教育工作者。思想政治教育工作队伍是加强和改进大学生思想政治教育的组织保证。新形势下，高校思想政治教育工作者除了具备思政教育基本素质、方式、手段,还需要懂得怎样利用新媒体促进思政教育开展,让思想政治教育更加行之有效,更有实效性,达到效果。一是加强理论学习,培养专业素养。思想政治教育工作者自身必须要思想政治素质过硬,自觉学习习近平总书记系列讲话精神,关心时事动态,自己理解了相关理论、政策,才能更好地向学生讲解,以理服人,让学生信服。此外,思想政治教育工作者还需转变教育观念,与时代同步,努力适应新媒体带来的变化,培养与新媒体环境相匹配的道德法律素质,遵守社会公德,探索新媒体环境下思想政治教育的规律和特征,把握新媒体给思想政治教育带来的机遇,更好地开展思想政治教育,培养合格的大学生。二是熟练运用新媒体,提升媒介素养。新媒体环境下,教育工作者媒介素养的提升显得日益迫切。与大学生有效沟通、掌握思想政治教育的话语权,这些都需要思想政治教育工作者更新观念,转变工作思路,了解媒介知识和使用方法,甄别信息的价值所在。学会使用新媒体的方式和技巧,并依托新媒体探索思想政治教育的新规律,制定相配套的措施、制度,解决存在的问题,一定能为形成网络思想政治教育新生态、取得网络育人新成效添砖加瓦。

建立一支政治素养高的新媒体学生骨干团队。随着新媒体的广泛应用,高校纷纷开通官方微信、微博等新媒体平台,并成立了运用管理新媒体的学生团队。新媒体学生团队掌握着新媒体技术和平台,也是内容的把关人、信息的传播者。思想政治教育工作者除了是新媒体的使用者,还要有懂新媒体技术的成员的加入,携手管理新媒体平台,优化新媒体环境。在一定程度上,这支新媒体学生团队就是一支中坚力量,抵制不良信息的坚定者,也是依托新媒体开展思想政治教育的率先接受者,如果学生团队接受思想政治教育的内容,达到了事半功倍的效果,意味着思想政治教育有效果。再者,新媒体学生团队都是由政治素养过硬、新媒体技术熟练、业务能力突出的学生组成,自觉践行马克思主义新闻观,弘扬社会主义核心价值观,传播校园正能量。其次,要发挥新媒体学生团队的榜样力量。学生团队来自不同的学院和专业,与普通学生相比,在学习、思想等方面都是榜样的,在抵制不良信息方面,需要起到带头模范作用,通过自身的努力,影响身边的同学加入其中,共同维护新媒体的干净、纯洁的环境,让不健康、不合法的信息无处藏身,敢于发声,勇于对不法分子作斗争。还有,新媒体学生团队需积极提高道德水准,有健全的人格,加强自律意识,坚持做到不传谣、不信谣,坚决不播负面信息,杜绝利欲熏心,拒绝通过新媒体侵害别人谋取不正当利益。自此形成人人关心新媒体、支持新媒体的氛围,人人成为维护新媒体环境有责任担当的忠诚卫士。

(三)思想政治理论课教师要发挥新媒体育人功能

在新媒体大背景下,根据教育对象的学习生活状态,围绕思想政治教学规律,坚持以人为本,应及时变革教育方法,丰富教学内容,让学生提升学习效果,学有所得。

一是挖掘教学资源,改革教学资源形态。在课堂教学中,注重互动教学,以问题导入,启发学生思维,在教学互动、研讨中碰撞的难点为生成性问题,并将问题进行梳理,在课后进行研究,将课堂内容引申到课堂之外,让学生除了在课堂上学习,充分把握课外时间和学习机会。课堂时间短暂,在课堂之外,时刻关注思想政治教育动态,尤其是新媒体平台中有关思想政治教育的内容,形成教学资源。

二是开展开放性教学,改革教学组织形式。随着信息技术的更新,慕课、公开课等教学方式随之孕育而生,新媒体环境下,可以将教学范围拓展到新媒体平台,在微博、微信等设置相关栏目,开通留言互动功能,与学生实时互动,解决学生遇到的学习困惑。这就打破了时空限制,教学时间有效延伸,师生之间随时可以根据需要互动交流,形成线上线下教学相互补充。

三是注重绩效检验,改革教学评价方式。新媒体具有交互性、隐蔽性等特点,通过拓展新媒体平台教学,也可以在新媒体平台上看到学生的反馈,从而改革教学评价方式,促进教学针对性和效果。

(四)提高大学生接受思想政治教育的自觉性

大学生自觉发挥学习主动性,促进提升创造性,是高校思想政治教育的重要目标之一。作为受教育者,在高校思想政治教育过程中,要充分尊重大学生的主体性,帮助其正确认识自己,培养高尚品德,培养主动学习的习惯,使大学生愿意接受思想政治教育,敢于接受思想政治教育,自觉接受思想政治教育。

充分尊重学生的抉择。大学期间正是学生人格塑造、兴趣爱好、行为认知等形成的重要阶段,在成长成才路径中,大学生需要面临诸多选择。大学生一旦做出了正确的选择,高校思想政治教育要充分尊重学生的选择,了解学生有哪些需求,有哪些困惑,针对学生的个体差异,为学生的成长因材施教,量身定制培养方式、培养方案,创造适合学生成长的环境。

培养学生良好的学习习惯。习惯是养成的,也是可以培养的,处于青春期的大学生难免有不好的习惯,在高校思想政治教育中,要结合大学生的发展需要,监督大学生树立好习惯,激发大学生学习欲望,养成自觉学习的习惯,使大学生主动学习,真正成为受教育的主人。

塑造学生的自主性。自主性是大学生成长成才的主要品质,大学生的首要任务是学习,只有自主学习,才有动力,才能提升学习效率。教育工作者要多与学生接触,研究学生的学习效果和生活环境,了解学生的所思所想,改变教育方式和手段,形成适合学生的教育模式，促使大学生充分发挥自主性，自觉学习，参与实践。

激发学生的思维创造力。在国家大力倡导创新的大环境下，创造力显得尤为重要，创造力是个人成长成才的重要资源。教育工作者要时刻关注世界最新变化，结合学生关注领域，合理设计教学活动，拓展学生思维，激发学生创造力，在思维的撞击中产生新的火花。

二、完善新媒体环境下高校思想政治教育的内容

（一）加强社会主义核心价值观教育

理想信念教育是高校的重要内容，高校在立德树人方面，必须弘扬社会主义核心价值观主旋律，用主流社会主义核心价值观引导大学生树立正确的世界观、人生观、价值观，让青年学生有理想、有道德、有抱负、有志向，甘愿报效国家，奉献社会。

一是用社会主义核心价值观贯穿人才培养各环节。通过理论学习、校园活动和社会实践等方式，贯穿学生自入校到毕业人才培养全过程各个环节，加强思想政治教育针对性，提升学生学习水平，增强学生思想道德素养，全过程地培养学生成为德才兼备、具有创新创造能力的优秀人才。

二是用社会主义核心价值观贯穿校园文化建设。社会主义核心价值观分为国家、社会、个人三个层次，融合个人梦与中国梦，把社会主义核心价值观与大学教育理念、大学精神、校园文化相结合，通过主题班会、校园文化活动，使社会主义核心价值观的践行路径更加生动、形象，在爱国敬业、其乐融融的和谐氛围中接受熏陶，无形中自觉接受爱国主义教育、理想信念教育。

三是用社会主义核心价值观贯穿师德师风建设。教育工作者是践行社会主义核心价值观的重要实施者，其自身的思想品质显得尤其重要。教育工作者可通过图片、宣传画、视频等方式制作社会主义核心价值观的宣传内容，再通过新媒体发布，在这个过程中，教育工作者也接受了教育，严格约束自己，注重思想道德，同时在开展思想政治教育过程中，也更有说服力，现身说法，让学生更容易接受。

（二）加强媒介素养教育

媒介素养在新媒体时代，已经成为社会成员应该具备的基本素养。作为高校思想政治教育的传播者，教育工作者也需要提升媒介素养，从而帮助提升业务能力和塑造传播者的形象。教育工作者要主动学习媒介知识，使用媒介载体，学会如何从传播媒介中获取有效信息，培养认识媒介和媒介信息的能力，换句话说，就是要具备对媒介信息、媒介组织的批判质疑，分析评价的能力。

大学生正处于世界观、价值观、人生观逐步成熟的时期，是引导学生养成良好的媒介素养，正确对待复杂多变的媒体信息的最好时期。首先，在大学教育中加入媒介素养教育课程，使学生了解媒介环境，积极主动成为自觉使用新媒体的传播者。其次，加强与社会媒体的联系，邀请社会知名媒体知名记者来校做讲座，讲解新媒体的新形势、优势、发展现状和趋势，通过知名记者的现身说法，生动具体形象地了解媒介知识，让学生对媒介有更加直观的认识。再者，让学生参与高校官方微博、微信等新媒体的运营管理，实践是最好的学习方式，学生通过运用管理新媒体，第一时间知道其中遇到的困难与问题，第一时间学会操作新媒体以及用户对其内容的喜爱程度。

（三）突出网络道德教育

在当前新媒体传播的环境下，道德的重要性无需多言，道德不同于法制也不同于强制规范，道德的核心魅力在于自发的约束力，一个道德高尚的人往往会遵守法律法规，无需其他干预或任何的提醒，会远离社会的落后陋习以及被人所不齿的种种行为。良好的道德通常是个人价值实现的基础，良好的道德催人奋进，也能更好地直面挫折。新媒体环境下的高校思想政治教育应当切实把握道德建设的重要指导作用，逐步解决现存的普遍大学生道德缺失问题。

在新媒体环境下的高校思想政治的集体主义价值的引导及学习尤其重要，倡导积极向上的价值观，需要多管齐下，利用高校思想教育的有利阵地。一是完善思政教育课程体系建设，从大一开始就要求思政老师结合互联网的现状进行贴近大学生的授课，把集体主义价值观植入学生们心中，告诫刚刚进入大学课堂的孩子们有哪些是新媒体环境下的常见意识错误。二是提升校园集体价值观的文化氛围，由校团委牵头，举办讲座、知识竞赛等类型的大型集体主义价值观的学习，鼓励大学生更加深入透彻地以自己为检测对象，在思想上建立高不可攀的思想阵地。

（四）丰富校园文化建设内涵

高校思想政治教育要以校园文化的构建为依托，深入挖掘校园文化的物质内涵、精神内涵、制度内涵，全力打造全方位、多角度、宽层次的立体式校园文化体系，充分利用好新媒体技术的传播特点，积极倡导社会主义的核心价值观、激发社会正能量，做到以思想政治教育内容为基本载体，新媒体技术为传播手段，学生喜闻乐见为目标的思想教育形式。

深入挖掘物质内涵建设，通过建造校史博物馆、展览校史图片展、拍摄校史宣传片、邀请校友回校、举行校园开放日等多种形式，打造校园文化扎实的物质载体，以物质载体为依托、为核心，提升校园文化的品牌影响力、实效力。

全力提升精神内涵实质，精神内涵是校园文化活的灵魂，其内涵的实质是每一个人的思想意识的归属，而这正是思想政治教育所以占领的阵地，通过新媒体技术，图文并茂、视频传神地展示校园文化的精神文化内涵，使得每一个人都油然而生形成强烈的归属感。

完善构建制度内涵体系，制度的构建是校园文化的有效载体，通过制定校园网络宣传制度、校园思想政治教育制度等相关制度，形成以制度内涵为保障，物质内涵为依托，精神内涵为灵魂的校园文化建设体系。

三、搭建新媒体环境下高校思想政治教育的平台

（一）坚持新媒体的传播原则

媒体对传播信息具有"把关"的权力。新媒体的内容是由媒体从业者生产劳动出来的，其内容的质量很大程度上取决于媒体从业者的职业素养，提升媒体从业者职业素养，务必要坚持马克思主义新闻观。党性、人民性、真实性是马克思主义新闻观的重要组成部分，只有在科学理论的指导下，高校思想政治教育才会有良好的舆论环境、网络生态。媒体从业者践行马克思主义新闻观，促进新媒体发展，完善新媒体管理机制，从而发挥新媒体优势，增强高校思想政治教育实效性。

一是坚持党性原则。在当前互联网＋的时代背景下，坚持马克思主义新闻观是促进新媒体发展的必然要求。坚持马克思主义新闻观，才能确保新媒体环境是干净、纯洁的。坚持党性原则，提升新媒体管理队伍的媒介素质，坚决抵制西方意识形态渗透，粉碎西方敌对势力通过新媒体西化、分化我国的政治阴谋。

二是坚持人民性原则。要利用新媒体为谁服务？对于高校思想政治教育工作者而言，自然是为学生服务。要利用新媒体更好地为人民服务，就要求教育工作者在开展高校思想政治教育过程中，走群众路线，倾听群众的呼声，让群众有发声的平台、表述心声的地方。高校思想政治教育工作者可以利用学校官方微博、微信等平台，开设访谈交流、在线答疑等栏目，在线上与学生互动，了解学生的所思所想，尽快解决学生在学习、生活中遇到的困惑。

三是坚持真实性原则。新媒体环境下，海量信息随时更新，快速传播，大量不良信息充斥新媒体，对于正处于价值观尚未形成的大学生来说，甄别能力欠缺，对大学生的身心健康造成不良影响。新闻舆论工作各个方面、各个环节都要坚持正确舆论导向。各级党报党刊、电台电视台要讲导向，都市类报刊、新媒体也要讲导向。坚持真实性原则，坚决杜绝造谣信息，不弄虚作假，客观、全面地呈现事情真实的一面，则让新媒体环境下

的世界真实可靠,内容充满正能量,看到的是积极向上的一面,促进人与人之间相互信任,促使学生树立正确的人生观、价值观。

(二)建设健康向上的校园生态网络环境

校园环境具有特殊的育人功能,对学生起着潜移默化的教育,因此,营造文明和谐的校园学习生活环境和健康向上的校园环境显得尤其重要。

建设文明和谐的校园学习生活环境。校园是大学生求学期间的重要学习生活场所,高校要加强校园文明建设,错落有致的校园建筑和绿化环境让学生心情愉悦。同时,人文气息也是非常重要的,除了高高的一栋栋楼,还要加强内涵建设,增强校园文化气息,比如镌刻校风校训、设置名人雕塑、名人名言,构建文化长廊,在图书馆学习的地方设立安静读书的学习标语。在无形中告诉学生该怎么做,要向名人前辈看齐。

营造健康向上的校园网络环境。要依法加强网络社会管理,加强网络新技术新应用的管理,确保互联网可管可控,使我们的网络空间清朗起来。除了学习生活场所的建设,校园网络环境建设不可忽略。一是坚持正确舆论导向。新媒体环境下,大学生在新媒体上花的时间长,但新媒体平台信息良莠不齐,高校要主动加强对信息审核、把关,用先进文化占领网上舆论阵地。二是打造网络文化精品。在网络文化内容上下功夫,开设精品栏目,挑选优秀团队,创新形式,结合校园实际,制作出网络文化精品。三是加强网上交流互动。营造健康的校园网络环境,主动贴近学生,在网络平台上与学生加强交流互动,及时掌握学生思想动态。

(三)拓宽点线面结合的宣传平台

新媒体在信息传播方面的一大优势就是它可以实现交互式的信息传播,这有利于加强信息传授双方的有效交流,增强信息的传播效果,拓宽点线面结合的宣传平台。

点:促进学生自我学习互动性,利用新媒体提高思政教育的辐射力。以微博、微信、QQ等形式的新媒体,其特点之一是能实现个人与个人之间的无时空限制社交,高校思想政治教育搭载新媒体平台,可以实现学生之间的交流互动,时刻分享学习心得体会,探讨时政热点问题,点对点地有效传递扩大思想政治教育内容。

线:促进特色融合及代际传播,利用新媒体提升思政教育的生命力。新媒体以其强大的传播能力和数据共享方式,在传播思政教育内容的过程中必然紧跟时代步伐,以最新、最快、最乐于学生接受的形式传播思想政治教育内容,思想政治教育在这一传播的过程中也必然是不断推陈出新,与时俱进,焕发新的生命活力。

面:新媒体平台全覆盖。在新媒体时代,每个高校学生至少是一种新媒体的使用者,换而言之,新媒体覆盖全体高校学生。利用新媒体进行高校思想政治教育,其受众的广泛性不言而喻。因此，搭建完善高校新媒体平台，利用新媒体做好思想政治教育，无疑是实现思政教育的最佳路径之一。

（四）把握思想政治教育的新媒体话语权

传统的思想政治教育是教育工作者对学生的讲授，教育工作者是主动，学生是被动接受，新媒体技术的发展，带来了思想政治教育对话环境的变化，教育工作者与学生的对话姿态趋于平等。要求高校思想政治教育引入对话教育理念，构建新媒体环境下的平等对话关系，开展良性互动对话交流，增强思想政治教育实效性。

思想政治教育工作者与学生开展平等对话。相互理解是交往行动的核心。在空间转换之后，思想政治教育工作者与大学生是一种平等的关系，在思想政治教育过程中加强互动交流，将思政内容以学生易于接受的语言讲授，结合学生的学习生活状态，采取相应的教育方式和手段。遵循学生的思维方式，引导学生积极面对问题，及时加以解决。

主动设置议题，引导思想政治教育的话语走向。新媒体环境下的传媒生态环境发生重大变革，传统媒体的控制权被消解，传播者与受众之间的互动、双向交流成为可能并日趋频繁，"二重议程设置"现象开始出现。在日益更新的信息中，每天都会产生热点话题，分析其成为热点的成因不难发现，很大程度上是借助了新媒体的传播优势。

构建新媒体平台传播教育机制。互联网是一个自由的技术，但对于自由的运用，完全取决于不同的人和社会。在新媒体技术的浪潮中，高校也不甘落后，纷纷开通官方微博、微信等新媒体平台。这为思想政治教育提供了有利条件，以微信订阅号为例，每天可以发布一期内容，以一期内容是四篇文章计算，发布内容一年（除去寒暑假3个月）以9个月算，即使每期只有一篇是关于思想道德、好人好事、时事政治的内容，一年也有270余篇。日积月累，无形中将思想政治教育贯穿于学生的头脑。

四、健全高校思想政治教育新媒体管理机制

（一）加强新媒体平台的信息监管与规范建设

高校在面对新媒体环境下的冲击和挑战，需要制定严格周密的保障监管体系，以防、控、导为要求的监管体系才能有序地解决突发网络事件。

首先，高校应当完善制度体系，结合学校的章程，把新媒体的环境下的管理机制细化，组织辅导员、班长积极学习管理办法或者管理条例，把新媒体环境下的大学生行为纳入年终考评和纳入毕业档案管理中，使得高校新媒体管控机制有制可循。

其次，高校应当加强网络监控，结合相关部门，对学生在BBS以及百度贴吧等发布不良言论的学生进行约谈，切实关心此类学生的不良举动，排查学生的思想行为异动，

特别是一旦发生传播不良信息以及破坏社会问题及造成社会恐慌的行为要第一时间监管到位。

最后,应当利用新媒体工作,通过校园微博、微信等社交平台,开设宣传校园文化、心理驿站等栏目,引导学生接受积极向上的文化熏陶,并鼓励学生畅所欲言,心理驿站开设值班岗位,进而收集整理学生反馈情况,做好跟着调查调节机制,各相关部门,党委宣传部、学工部、团委安排受过思想教育专业教育老师为学生排忧解惑。

(二)构建高校思想政治教育新媒体平台的联动机制

高校扩招后,高校学生数量大,加上新媒体的影响,给高校思想政治教育带来挑战,单靠思想政治教育工作者显得力量单薄。因此,在思想政治工作方面,高校要切实加强党委统一领导,党政工团齐抓共管、各个部门各负其责的学校思想政治工作联动机制,切实落实工作的目标任务和责任清单。高校要加强新媒体的宣传教育,让全校师生了解新媒体各个平台的特征、优势、传播途径等,引导教师主动到新媒体平台中来,吸引教师加入思想政治教育队伍中来,自觉遵守网络思想道德,抵制网络不良信息。

搭建高校思想政治教育新媒体平台的联动机制,是教育工作者形成的共识。例如高校的党委宣传部主动占领新媒体平台舆论阵地,积极发布正面信息,加强微博、微信等新媒体平台的内容建设,及时处置网络舆情,主动对外发布学校重大事情;网络管理中心开展校园网络安全建设,设置过滤网络不良信息的铜墙铁壁,剔除影响学生健康成长的负面消息;学工部、团委组织开展丰富多彩的校园文化活动,邀请专家来校作专题报告,组织与学生面对面座谈,开展与新媒体有关的比赛,组建学生新媒体团队。马克思主义学院(思政部)结合新形势,主动进行教学改革,积极探索在新媒体平台上开展有趣的教学活动。

与此同时,高校还应该出台与新媒体相关的思想政治教育评估机制,通过规章制度的制定,强化教育工作者的责任感和紧迫感,规范教育工作者开展思想政治教育的程序方法,并将开展思想政治教育最终效果予以考核、评价。

思想政治教育是意识形态工作的重要组成部分,对上层建筑和经济基础的巩固都具有重大作用,因此,古今中外的思想政治教育无不重视对先进传播媒介的运用。马克思主义创立伊始,就把报纸、书刊、广播等当时的"新媒体"作为宣传科学理论、教育劳动群众的有力工具。在马克思主义的传播史上,在无产阶级政党的革命与执政史上,对思想政治教育中新媒体的运用与研究,既有丰富的经验,又有着深刻的教训。在信息技术高速发展的今天,新媒体对高校思想政治教育的影响显而易见,是机遇与挑战并存。

综上,面对新媒体的双重影响,高校要审时度势,创新教育主体建设,加强教育内容建设，提升教育载体建设，完善教育制度保障。引导教育工作者转变教育理念，积极探究新媒体环境下思想政治教育工作的新规律、新方法和新内容，牢牢掌握思想政治教育话语权、主动权，全方位熟悉新媒体，提升运用新媒体的能力，发挥新媒体的优势为高校思想政治教育所用，规避其劣势带来的影响，提升解决问题的能力，切实提升依托新媒体开展思想政治教育的实效性，从而帮助大学生坚定理想信念，提升大学生处理问题的能力，促进大学生的全面发展。

第四章 新媒体传播与高校思想政治教育创新

第一节 新媒体传播下思想政治教育队伍建设

大学生思想政治教育是一个系统的工作，需要人、财、物等各方面的保障。大学生思想政治教育队伍是大学生思想政治教育的主体，是加强和改进大学生思想政治教育的组织保证，在大学生思想政治教育中发挥着非常重要的作用。这支队伍水平的高低、素质的好坏都直接影响到大学生思想政治教育的效果。稳定高效的思想政治工作队伍是新时期开展好大学生思想政治教育工作的前提。在新媒体环境下，大学生思想政治教育主体队伍要不断加强思想政治理论学习，更新完善自己的教育理念，切实提高自身理论素养。同时，要与时俱进，转变观念，积极适应新形势下的思想政治工作，对新媒体环境有正确的分析认识，熟悉掌握使用新媒体，增强适应新媒体的能力，提高自身的新媒体素养，找准新媒体与思想政治工作的契合点，将社会主义核心价值观教育、心理健康教育、理想信念教育等融入大学生思想政治教育中，自觉运用习近平新时代中国特色社会主义思想指导大学生思想政治教育工作。换句话说，建设一支业务精、能力强、素质硬的思想政治教育主体队伍是新媒体环境下实现大学生思想政治教育目标的关键因素。

一、进一步提升思想政治教育主体队伍的新媒体素养

（一）强化政治素质和政治理论素养，坚定立场

过硬的政治素质是做一名合格的现代高校思想政治教育者的先决条件。首先，要使思想政治教育工作者拥有正确的政治立场，无论在什么样的情况下都能认清形势、把握大局、爱党爱国，带头弘扬社会主义核心价值观，身教重于言教，无论遇到多么复杂的环

境，都能坚定自己的政治信仰不动摇，这样才能在面对新媒体中的各种不实信息时做出正确的判断，将党和国家的声音（主流信息）传递出去，遏制不良信息的传播，把正能量传播出去，更好地教育青年学子。其次，要强化思想政治教育工作者的政治理论素养。面对新媒体，思想政治教育工作者要紧跟时代、与时俱进，不仅要加强马克思主义中国化理论知识的学习，还应将这些知识有效地运用到实际工作中，用理论指导实践。只有具备较高的政治理论素质，才能把握大学生的时代脉搏，实现双向沟通，并在他们遇到实际困难和问题时能够给予有效帮助，达到提升思想政治教育的感染力和认同度的效果；只有不断提升政治理论水平，才能把握青年学子们学习、生活、思想、情感等方面的变化，才能应对新媒体带来的各种问题，才能帮助他们树立正确的价值观和政治态度，最终达到育人目的。

（二）加强新媒体认知适应教育，转变观念

伴随着信息媒体的蓬勃发展，新媒体逐渐成为影响大学生思想和行为的重要因素，同时，也成为高校思想政治教育者了解大学生的思想特点、思想变化、个人需求及价值判断的重要渠道，为高校思想政治工作方案的制定提供了重要参考和依据。然而，部分思想政治教育工作者仍然固守传统方式和手段开展思想政治教育，教育还停留在"灌输式""僵硬化"的思维方式和教育方式上，大学生难以接受，也易产生逆反心理、抵触情绪，思想政治教育开展的效果不理想。还有部分思想政治教育工作者虽然对新媒体给思想政治教育带来的作用有所认识，但懒于学习并融入新媒体，认为"学习新技术不如维持现状"，致使思想政治教育工作缺乏生机和活力。新媒体是社会发展的产物，学习和使用新媒体是顺应社会发展潮流。新媒体除了是一种信息承载工具，也是先进科技和优秀文化发展的象征。大学生群体思想前卫，容易接受新鲜事物，成为新媒体使用的主力军；在这种情况下，思想政治教育主体对教育对象的单向教育格局发生变化，通过使用新媒体，教育主体和教育对象都成为双向性的，具有双重身份，教师和学生既是教育者也是受教育者。因此，广大思想政治教育工作者要解放思想、转变观念、顺应潮流，充分认识到新媒体已经成为思想政治教育十分重要的手段，要善于分析当前新媒体环境，对新媒体的传播特点、类型等有深入了解，并立足于服务大学生成长成才需求，正确把握思想政治工作的要素，将新媒体与思想政治教育工作紧密结合。

（三）加强新媒体舆情形势教育，提高认识

目前，许多思想政治教育工作者还未充分认识新媒体舆情对其日常工作的重要性，特别是一些老教师，他们已习惯传统的教育方法，有的甚至还不会使用微信和微博，对于新媒体舆情的变化情况他们也不太知晓。俗话说，"知己知彼，百战不殆"，只有真正

了解新媒体的现状，了解新媒体的形成和发展规律，了解在新媒体环境下成长起来的大学生，才能更好地分析和研判，增强应对、引导和处置新媒体舆情的能力，才能更好更有效地开展大学生思想政治教育。随着高校新媒体娱乐、交际平台的兴起，大学生的校园生活中心正在从有形的舞台向虚拟媒体网络转移。如果大学生思想政治教育者还固守在传统的面对面交流或者教室宣讲上，那实质上是离大学生越来越远。新媒体背景下成长起来的大学生具有其特殊性，只有充分了解大学生群体，才能更好地与之沟通，因材施教，从而增加思想政治教育的针对性。由于通过新媒体网络传递信息的隐秘性和开放性，新媒体的使用让思想政治教育环境更加复杂，思想政治教育工作者要对新媒体信息进行甄别，去伪存真、去粗取精，引导大学生树立正确的价值观。思想政治教育工作者只有加强对当前新媒体舆情形势的全面了解，对新媒体背景下大学生的思想、行为特点和规律有充分认识，了解当前国内外新媒体舆情形势和热点事件，掌握大学生关注新媒体舆论热点的规律和特点，积极拓展或占领新媒体虚拟阵地，才能在新媒体引导中找准方向，才能在习惯了新媒体表达和交流的大学生身上找回思想政治教育主体的部分主导权。

（四）加强新媒体技术培训，提升能力

学生凭借新媒体就可以获取大量广泛的信息，导致教育者信息传播优势弱化甚至丧失，思想政治工作者具有较强的综合素质是开展思想政治工作的重要保证，高校的思想政治教育工作至关重要，而思想政治工作者作为这项教育的直接组织者，需要具有较强的综合素质，只有这样在实际开展思想政治工作中，才能取得较好的效果。新媒体环境下，思想政治教育工作者不仅要充分认识新媒体对思想政治教育的作用，还要熟练使用新媒体技术，要在了解新媒体的传播特点、传播规律和传播技巧的基础上，能够将思想政治教育工作和新媒体有效地结合起来，借助新媒体来丰富教育内容、创新教育方式，使大学生思想政治教育更加多元化、情景化和生动化，才能最大限度发挥多媒体在大学生思想政治教育工作中的作用。当前，思想政治教育工作队伍人员大多数是哲学、心理学、政治学、教育学等学科出身，很少有人涉及信息通信技术相关专业，所以新媒体应用能力不强，从而影响大学生思想政治教育的效果。高校思想政治教育工作者要努力学习教育学和传播学的知识，了解新媒体的类型，根据大学生的实际灵活选择使用新媒体软件，熟悉使用并掌握与大学生沟通的方式。一方面，思想政治教育工作者要克服"本领恐慌"，积极主动了解、学习新媒体有关技术；另一方面，高校要建立思想政治教育新媒体素养培训的完整体系，积极加强校园新媒体思想政治工作队伍建设，有计划、有步骤地对新媒体思想政治工作队伍进行新媒体知识培训，要将高校思想政治教育工作队伍锻炼成既具备思想政治教育专业知识，又精通新媒体技术的复合型队伍，使他们既有思想

政治教育的理论修养与实践经验，又掌握计算机和手机新媒体的基本理论，并能熟练进行新媒体操作。只要坚持网上和网下相结合，有针对性地开展大学思想政治引导工作，就能牢牢把握大学生新媒体政治教育主动权。

二、积极发挥大学生朋辈教育作用

在新媒体环境中，人人都成为信息的制造者和传播者，学生可以自由发布言论、进行网络社交。一些大学生随时随地上网，随时随地发表言论、看法，甚至会发表一些具有煽动性、不实的言论，如果没有很好的引导，就可能在短时间内通过网络传播出去，形成网络舆情，影响学校和社会的稳定。通过加强对优秀大学生朋辈群体进行培训、指导，合理引导，提高他们的思想政治理论水平和分析判断能力，充分发挥大学生朋辈在舆情引导方面的优势，在 BBS、论坛、微信群以及微信好友等平台传递正能量、引导正方向，充分发挥他们在新媒体思想政治教育中的作用。

（一）选拔培养学生新媒体骨干队伍

适应互联网快速发展形势，善于运用网络传播规律，把社会主义核心价值观体现到网络宣传、网络文化、网络服务中，用正面声音和先进文化占领网络阵地。做大做强重点新闻网站，发挥主要商业网站建设性作用，形成良好的网上舆论环境，集聚网上舆论引导合力。据此，在高校新媒体思想政治教育工作队伍中，除了专兼职教师以外，还应该建立学生新媒体骨干辅助队伍，一支优秀的朋辈思想政治教育队伍是高校思想政治教育中不可或缺的重要力量，要严格选拔和培养学生骨干队伍，制定选拔标准，择优重点培养。要注重选拔学习成绩较好、思想政治素质较高、具有较高的政治敏锐性和是非鉴别力，在学生中具有一定的威信，乐于从事思想政治教育的学生组建骨干教育队伍，为朋辈思想政治教育的有效实施奠定较为坚实的基础，使学生骨干队伍真正起到助手的作用。在新媒体环境下，这支队伍在思想政治教育过程中发挥功能更为明显。学生骨干辅助队伍多数是从学生党员、学生干部队伍中选拔出来的品学兼优、思想政治觉悟高的优秀分子，要充分发挥学生骨干的作用，积极鼓励倡导学生"自我教育、自我管理、自我服务"，建立健全学生骨干工作网络，有效增强大学生思想政治教育力量。

（二）分类设置朋辈教育主体

优秀的朋辈队伍关系到朋辈教育的效果。朋辈教育的主体是大学生，开展朋辈教育必须依托和依赖于一定数量的优秀大学生和优秀校友。可以采取分类的方法设置优秀朋辈教育角色，比如针对青年思想引领，在党员中选聘思想引领朋辈辅导员来推进青年的思想政治教育；针对新生进校时关于如何适应大学生活这一主要困惑，可以选聘生活学习朋辈学长来帮助新生适应大学学习生活；针对学生科技创新能力的拓展，可以选聘科技创新朋辈标兵来推进大学生科技创新能力拓展；针对学生在考研和工作方面的选择，可以在研究生中选聘考研朋辈辅导员；针对学生在大学生职业生涯规划方面的问题，可以选聘已经毕业的优秀校友来担任大学生职业生涯规划朋辈指导员和创业朋辈指导员。根据青年的需求，分类别组建优秀的朋辈队伍，能有针对性地开展大学生朋辈教育，提高工作的成效。

（三）培育校园媒体意见领袖

网络新媒体的广泛运用，造就了一批具有舆论影响力的"网红"。他们拥有强大的粉丝群，成为一部分群体的精神领袖和崇拜偶像，通常一个言行就可以对其粉丝产生巨大的影响，通过转载、评论和流量的占据等，形成一定的舆论环境，也就是我们所说的粉丝经济。这样的人群通常称为网络意见领袖。网络意见领袖通常与思想政治的榜样教育、朋辈教育、导向理论相适应。高校思想政治教育中要利用网络意见领袖的优势和影响力，积极培育校园媒体意见领袖，发挥朋辈思想政治教育的作用。这有利于对受教育者产生潜移默化的影响，营造健康、乐观、向上的校园文化氛围，提高受教育者的思想道德素质。要选择具有坚定政治立场和高水平的道德修养，有较强的文字和沟通能力，易与校园学生"打成一片"，有熟练使用各种终端、平台、网站能力，德才兼备的学生典型，主动培育校园媒体意见领袖，实现导向性价值引领，正确引导校园舆论环境的发展。高校要积极培育校园媒体意见领袖，发挥他们对学生群体的引导力和感染力，促进朋辈教育，充分利用校园媒体意见领袖的朋辈教育力量，正确引导学生群体，发挥其在形成良好思想品德中的积极引领作用，帮助思想政治教育在复杂的舆论环境中走出"失语"的困境。

（四）加强队伍统筹和教育引导

在日常工作开展中，要注重提升学生骨干队伍的理论修养、业务素质和工作能力，让他们认识到自己在工作中的角色定位以及注重提升工作的方法和艺术。要统筹好参与进学校宣传、教学、网络管理和日常管理等工作中的优秀学生队伍，建立如学生新媒体宣传中心、学生网络巡视小组、学生自律委员会等平台，定期收集、整理、分析大学生思想动态，从自我角度采取必要措施加以引导。同时，加强对学生骨干队伍的教育和培训。定期组织学生骨干队伍进行专题政策教育，学习党的新的理论观点论述和国家、地方、学校对学生的相关政策规定等，提高学生骨干队伍整体思想、政治水平以及新闻敏感度；通过组建兴趣小组对学生骨干队伍开展新媒体相关技术培训，加强新媒体语境文字编辑知识学习及舆情信息搜集分析等基本媒介素养的培养。在实践中通过开展有针对性、个性化思想政治引导，提升了被教育者的思想政治水平，对于学生骨干自身来说也是一个自我提升的过程。

三、着力提高大学生自我教育能力

在传统的思想政治教育过程中，教师往往处于主体地位，学生处于被动地位，教师主体性的过度发挥，对学生的积极性和创造性产生了较大的影响，使学生丧失了对知识的主动探索，一味地处于被教育的惯性中，导致思想政治教育工作无法深入开展。随着传统媒体和新兴媒体不断发展交融，形成了立体环绕的信息网，扩大了人们的交往空间，改变着人们的思维模式与行为方式。新媒体时代大学生的主体意识不断增强，对于平等的诉求也越来越大，大学生在新媒体网络中自由发表观点、进行平等交流，由此获得认同感，激发学生网络上的活跃性。大学生思想政治教育逐渐从以传统高校教师为主体逐渐转变为师生共同为主体，将线下说教式教育转向线上线下互动式教育。良性的思想政治教育应该是以教师为主要引导，以师生共同体的发展为建构，在此过程中，对大学生的引导就变得尤为重要。

（一）加强大学生新媒体信息辨识能力培养

当代大学生的媒介素养仅仅停留在满足日常需求的经验层面，缺乏进一步求真求证的耐心与要求，对新闻的真伪、价值导向是否有误等问题的判断、综合分析能力不足，对媒介传播科学的、系统的认知不足。他们虽然个性独立，但抗压能力不足；虽然思想活跃、充满自信，但缺少计划性目标和方向；虽然学习能力强，容易接受新事物，但社会实践经验不足。面对信息良莠不齐、鱼龙混杂的媒体世界，大学生不能充分认识理想与现实的矛盾关系，往往导致对许多复杂的社会问题的看法简单化、片面化。从近几年一系列的媒体热点事件的发展可看出，很大一部分大学生的爱国热情、正义感、同情心等本是最珍贵的品质，反被别有用心的利益集团所利用，成为"网络推手"最好的免费雇员。

鉴于此，近年来各高校都在大学生世界观、人生观、价值观教育和媒体信息辨识能力培养上做了诸多努力，如举办防诈骗等讲座，开设典型案例展示，有的学校还引入媒介素养方面的课程，实行有针对性的引导。大学生只有提高辨识能力，才能合理利用媒体资源，理性参与媒体互动，成为新媒体信息资源的掌控者，而不是盲从者；才能有效分辨、理性吸纳，接受正面的教育引导。

（二）推行教育评价方式与自我认知相结合

思想政治教育评价在大学生思想政治教育过程中起到举足轻重的作用，一个准确、完整的教育评价能够成为加强和完善大学生思想政治教育的重要依据。新媒体时代的到来也给大学生思想政治教育评价模式的变革带来了机遇，大学生思想政治教育工作者以新媒体网络作为载体，改变了思想政治教育评价的方法和手段。

评价过程自动化与数字化。思想政治教育网络评价打破了传统方式的界限，在虚拟网络世界里，思想政治教育工作者在拥有评价数据信息的基础上可以足不出户利用网络多媒体对大学生进行评价，大学生也可以进行自我评价，评价工作不再局限在特定场所开展。随着网络技术的发展，评价主体可以利用网络上传评价客体的各种数据，方便在评价时筛选有价值的数据，并以移动硬盘、网页等形式保存。网络评价的即时性和评价信息的数字化，提升了大学生思想政治教育评价信息的时效性。网络信息容量巨大，并且网络具有共享的功能，思想政治教育者只用一台电脑就能查阅所需要的所有评价信息，还能随时随地查阅网络上的相关评价信息数据库。

评价主体多元化与智能化，传统的思想政治教育评价严格限定评价的主客体，评价主体大多是教育行政部门或思想政治教育管理部门人员，评价对象在评价过程中没有任何发言权，这些评价主体所做的评价都是思想政治教育内部的自我评价，受主观意识的影响，评价结果比较片面。在大数据时代，网络的交互性特点，使思想政治教育评价机构紧密联合，评价主客体也能交互作用，为评价主客体提供一个"交互式"的评价工作环境，能够在网上互相交流，保证思想政治教育评价全面、高效运行。传统的思想政治教育者想要搜集评价对象的信息，一般通过观察、问卷等手段；在新媒体时代，大学生思想政治教育工作者可以借助网络进行评价，使用先进数据技术和智能化媒介手段获取全面的教育信息数据，改进大学生思想政治教育的传统方式，如人工统计、追踪调查、计算等评价方式，使大学生思想政治教育评价活动更加灵活、便利，也让大学生的自我认知信息传递更加及时和多元。

（三）加强榜样教育与提升大学生思想意识相结合

榜样是大学生形成良好思想品德素质的标杆，榜样代表着先进思想，具有较强的感染力，在新媒体网络中展现榜样风采，能够对大学生起到隐性教育的作用，引导大学生的思想认知向正确的方向发展。因此，教育者要运用新媒体技术，采用榜样教育方法对大学生进行教育，推进大学生榜样示范下思想意识的提升。无论在哪个年代，榜样的作用是不容忽视的，在传统的思想政治教育方法中就经常向大学生展示榜样事例和历史名人事迹。在新媒体时代，榜样在网络虚拟世界发展过程中起到引领作用，大学生思想政治教育工作者通过利用新媒体和网络现代化技术，可以使榜样的引导力量打破时间与空间的限制，实现多领域、深层次的推崇和宣扬，使现代的大学生在潜移默化中受到榜样的感染，让大学生的认知、思想不断地向榜样靠拢，以之为人生的行动指南，并进行自我锻炼与教育。大学生思想政治教育工作者可以建立榜样事迹宣传网站，收集各式各样的榜样事迹实时新闻在网站中发布和展示，也可以通过采访与视频录制的方式，记录来自身边的学生榜样和教师榜样事迹。这样更能起到鼓舞和感染的作用，让榜样的精神深深地刻印在大学生心中，产生精神与思想上的共鸣，并付诸实践。

在新媒体时代，大学生思想政治教育工作者以网络为媒介进行榜样教育，榜样教育内容必须做到实事求是、符合实际，不能夸大其词和弄虚作假；在宣传榜样光辉事迹的同时，注重选择一些普通平凡人成就梦想的榜样事迹，让大学生学习到榜样走向成功之路所具备的品质和精神，从而激励自我、开拓人生。新媒体环境下，无论是全心全意为人民服务的共产党员，还是关爱他人、无私奉献的劳动模范，或是生活在大学生身边踏实肯干的普通人，都可以被选择为网络教育中的榜样模范。大学生思想政治教育工作者要合理利用网络媒体平台，选取充满正能量的榜样事迹，发挥榜样宣传作用，助推大学生的思想意识提升。

（四）推进法制教育和公共道德教育相结合

由于网络新媒体的虚拟特性，现实世界中的法律、道德规范在这一虚拟空间中很难正常发挥作用。虽然相关部门采取相应技术手段提前介入，或者在痕迹管理中做了大量的工作，但在技术普及覆盖和处置时效上仍显乏力，新媒体应用中行为失德、违法现象仍很严重。新媒体时代所构筑起的新的社会生活方式，对大学生的思想和行为产生了强烈的影响。大学生虽然在文化知识上总体上高于其他网民群体，但其人生观、世界观尚未定型，文化修养、自律能力等综合素质还不高，因此其新媒体失德、违法行为的智能化程度更高，手段方法的技术性更强，违法犯罪的后果也更严重。

鉴于此，各高校在依法治教、依法治校和"立德树人"德育为先的工作中，应该结合大学生实际特点，提出适应我国新时代新媒体网络发展所需的道德规范，着力加强大学生法制教育和公共道德教育，提升广大大学生的法律意识和道德水平。大学时期是人生道德和法律意识形成、发展和成熟的一个重要阶段，大学生只有增强法律意识，加强公共道德素养，才能有健康的身心、完善的人格，才能自由而全面地发展，成为优秀可用之才，才能真正担当起一个知识层次较高的合格公民的角色。因此，只有推进法制教育和公共道德教育相结合，才能让大学生真正做到走社会后不偏离正轨，也才能在应对新媒体的时候做出合理合法、合乎道德规范的反应。

（五）优化校园网络文化环境

思想政治教育阵地逐渐向新媒体网络转移，网上网下相结合的新型思想政治教育格局成为当代大学生思想政治教育的新模式。应加强校园网络文化建设，优化校园网络文化环境，为大学生网上思想政治教育创造一个风清气正、和谐向上的良好环境。

优化网络学习环境，形成浓厚学习氛围。新媒体时代的到来使大学生的学习环境发生变化，教材从书本转向电子书，学习资料来源从图书馆转向网络。大学生思想政治教育工作者不能忽视网络对大学生思想品德和知识技能的培育，要充分发挥网络与大数据技术的优势，让学生自觉规范地在网络检索文献，定期开展网络学术诚信教育课程，进而培养大学生网络道德自律，利用浓厚的媒体学习氛围提高学生的学习效率，形成优良网络文化学风，提高人才培养质量。

强化网络信息管理，提升网络防护意识。网络是信息复杂的虚拟世界，存在大量的违法信息、不实信息和负面信息等，这些信息向大学生传播负能量，将大学生的思想诱导向错误的方向，侵蚀着大学生的身心健康。优化校园网络文化环境能够隔离与消除有害数据信息，因此，大学生思想政治教育工作者要提高网络技术水平，过滤和筛选网络发布的所有数据信息，取其精华，去其糟粕，提升网络监管能力，预防网络诈骗和犯罪势力恶意入侵。此外，还要加强网络管理制度建设，培养网络安全管理人才队伍，对教师进行专业培训，管理信息网络安全，能够及时有效地防止负面信息的侵入，净化大学网络校园文化环境。

第二节 新媒体传播下思想政治教育模式

思想政治教育模式对于思想政治教育而言具有根本的、全局性的作用，思想政治教育形式必须与思想政治教育环境以及思想政治教育主体、客体、载体的情况相融合，才能切实发挥思想政治教育的作用，提升教育效果。当前，新媒体的发展给传统思想政治教育带来了严峻考验，以移动互联网和智能手机为代表的新媒体发展势头迅猛。新媒体的发展使得思想政治教育的环境、主体、客体、载体都发生了变化，给传统的大学生思想政治教育模式带来了挑战。

大学生思想政治教育系统是社会大系统的组成部分，必然涉及思想政治教育与各层级环境之间的关系。课程资源、社会资源、信息资源、文化资源、情感资源是大学生思想政治教育立体化模式的基本结构。如何通过建立多维的资源结构，多渠道、多角度、全方位地实施教育影响，实现资源的优化配置，从而使思想政治教育不受时空限制，有效地覆盖受教育者的学习和生活空间，是进一步提升当前思想政治教育的实效性所要考虑的问题。新媒体传播背景下，应根据新媒体给大学生思想政治教育带来的这些变化，坚持整体育人理念，建立新媒体虚拟空间思想政治教育与现实思想政治教育相结合，新媒体环境下学校、社会、家庭、学生相结合的立体思想政治教育模式，才能有效发挥新媒体优势，形成育人合力。

一、建立新媒体虚拟空间与现实空间结合的教育模式

新媒体为思想政治教育创设了虚拟与现实共存的环境，思想政治教育应在整体育人理念的指导下，建立新媒体虚拟空间与现实空间结合的教育模式，以适应新媒体环境，提升思想政治教育效果。

新媒体的发展使人们越来越多地习惯于在虚拟空间中生活，特别是思维活跃、接受新事物快的年轻大学生，虚拟空间已成为他们的又一个生活场所。虚拟空间的本质就是其虚拟性，是指人的活动从以往以物质实体和能量载体为基础的活动平台，转移到以信息网络为基础的活动平台后所实现的一种生存性状。虚拟空间的出现，使人们在更大范围内演绎着现实中的社会关系，虚拟性与现实性之间的关系是既有区别又有统一。在虚拟空间中，人们的交往形式以间接为主，交往手段符号化、数字化，交往内容以信息为主，摆脱了现实社会中交往的直接性和时空局限性；虚拟交往中可以隐匿自己的身份、年龄、性别、行为目的，可以从事与其扮演角色相应的各种活动。在虚拟社会中，人都是匿名、隐形的，有利于更真实地表现自我；新媒体提供了人和社会沟通的平等性平台，让每个人都能地位平等地参与公共生活。同时，新媒体的开放性使得言论自由更加具有普及性；新媒体的开放性和共享性开启了跨文化交流的新时代，能为不同国度、不同地域的任何一种文化提供生存的土壤，也为人们知识共享提供了平台。在新媒体环境下，创新大学生思想政治教育模式，应以现实思想政治教育为基础，以新媒体思想政治教育为拓展，实现两者在教育目的上的统一、教育内容上的融合、教育手段上的互补。

（一）现实教育为基础下的双向促进

在新媒体飞速发展的时代背景下，应强调思想政治教育以现实教育为基础，使新媒体思想政治教育成为现实思想政治教育的有益补充。在加强新媒体思想政治教育的同时，现实思想政治教育只能加强而绝不能削弱。由于新媒体对高校和社会的影响和渗透，其潜在的建设和破坏能量伴随着不断创新的技术逐渐释放和显现，与大学生的价值观形成越来越显著的互动和冲突。因此，在加强新媒体思想政治教育的同时，现实思想政治教育只能加强，并且要注重新媒体思想政治教育与现实思想政治教育的统一、融合与互补。新媒体极大影响了大学生的学习和生活方式，但是新媒体取代不了学校、家庭、社会的教育功能，特别是大学思想政治教育的教育方式离不开言传身教、耳濡目染，离不开激

励、群体活动等，新媒体思想政治教育可以成为现实思想政治教育的有效补充。思想政治教育工作者在鼓励大学生通过新媒体获取信息的同时，要引导大学生立足现实世界，正确理解新媒体世界，使新媒体空间里丰富的信息成为培养大学生全面素质和良好道德品质的有效补充。就思想政治理论课的教学而言，要努力实现高校思想政治理论课教学的现代化、多媒体化。同时，高校思想政治教育应从"灌输信息"为主转变为"引导选择"和"灌输信息"并重，把新媒体法制教育和新媒体思想政治教育、媒介素养教育作为思想政治教育的新内容，引导学生分析信息的价值，有效地利用信息，在道德判断的基础上进行道德选择，提高道德素质。

（二）在教育目标实现中的融合与互补

虽然新媒体思想政治教育具有一些新特点，但它所遇到的问题往往是思想政治教育的老问题，有很多在现实中早已存在，只是网络的虚拟性和非实体性加大了其后果的影响力。新媒体思想政治教育可以借助传统思想政治教育的理论和原则，实现新媒体思想政治教育与现实思想政治教育目标的统一，实现教育内容的融合、教育方法的互补。

1. 教育目标

在教育目标上，新媒体思想政治教育与现实思想政治教育是一致的。

新媒体思想政治教育与现实思想政治教育的最终目标都是培养社会主义合格建设者和接班人，其基本目标都是将社会主义核心价值观内化为学生的道德观念，外化为自觉自愿的道德行为。但二者的侧重点和教育方法、手段有所不同。现实思想政治教育侧重于培养学生的理想人格，新媒体思想政治教育不仅仅要求学生接受道德规范教育，形成新媒体空间的理想人格，而且注重为受教育者提供帮助和指导，培养学生的思想主体性。新媒体思想政治教育目标内容建设应包括运用新媒体技术实现现实思想政治教育目标，以及适应新媒体社会的价值目标的构建，这一目标的建设重点之一是把媒介素养教育融进思想政治教育系统之中。

2. 教育内容

在教育内容上，新媒体思想政治教育与现实思想政治教育应实现融合。

现实思想政治教育与新媒体思想政治教育都应以社会主义核心价值观教育为主导和主要内容，同时应加强伦理意识和道德责任感教育、网络道德规范教育、网络法制教育、网络安全教育、网络生态文明教育、媒介素养教育。新媒体环境下高校思想政治教育的着力点应定位于通过加强教育提高大学生新媒体道德意识，使大学生认识新媒体道德及其特点，自觉遵守新媒体道德。教会学生选择，提高大学生的道德判断力；倡导"慎独"，增强道德自律能力；培养网德，形成大学生良好的网上行为习惯。培育大学生健全的网络人格，提高大学生的媒介素养。根据教育内容的不同，确定在新媒体思想政治教育和现实思想政治教育中不同的教育方式，对于适宜讨论、互动的话题，可以放在新媒体思想政治教育中进行，发挥新媒体及时、互动的优势。

3. 教育方法

在教育方法上，新媒体思想政治教育和现实思想政治教育可以互补。

现实思想政治教育多运用传统的教育方法，如灌输法、情理交融法、说服教育法、互动讨论法等，实践证明这些都是非常有效的方法。新媒体思想政治教育方法是教育者根据国家的思想政治教育目标，结合新媒体传播特点和规律，有目的、有计划地对受教育者施加思想道德方面影响的过程，是实现新媒体思想政治教育目的的必要条件，是传统思想政治教育方法的一种全新拓展和延伸。而一些基本的方法，如理论教育法、自我教育法、社会实践法等，是现实思想政治教育与新媒体思想政治教育共用的方法。而且许多教育方法在新媒体环境下进行了创新，如传统的说服教育法向新媒体的情景陶冶法递进。新媒体思想政治教育除了具备传统思想政治教育方法的特点之外，还具备新媒体自身的特点，注重针对性、突出隐蔽性。而理论教育法、情理渗透法、典型教育法、隐性教育法、自我教育法在新媒体的环境下都得到了很好的继承和发展。总之，根据不同的教育内容选择相应的教育手段和方法，通过现实思想政治教育方法与新媒体思想政治教育方法的有机结合，可以更好地增强思想政治教育效果。

4. 重新审视虚拟与现实的关系，建立虚拟世界的实践干预策略

在思想政治教育环境的建设中，要把虚拟社区的管理与现实社区的管理结合起来，把新媒体内部思想政治教育资源的开发与新媒体外部社会实践的支持系统建设结合起来，使社会实践活动成为新媒体思想政治教育的重要途径。参与新媒体之外的社会实践活动可以培养学生接触社会、了解社会的兴趣，可以使学生获得最直接的社会实践经验，有助于学生形成正确的判断力，并且，通过新媒体体验和现实生活的对照，学生可以更清醒、更理智地看待虚拟世界里的活动。

二、立体教育模式

建立新媒体环境下学校、社会、家庭、学生相结合的立体教育模式。

创新思想政治教育模式，使学校、社会、家庭参与到大学生思想政治教育中，发挥教育合力作用，已经是学者和教育工作者普遍认可的课题，而在新媒体环境下如何发挥教育的合力作用，却是一个摆在学者和思想政治教育工作者面前的难题。新媒体传播创造了虚拟与现实共存的思想政治教育环境，拓展了思想政治教育的主体、客体、载体，为发挥教育的合力作用创造了条件。因此，应根据新媒体的特点，建立新媒体环境下学校、

社会、家庭、学生相结合的立体教育模式，充分发挥思想政治教育的合力作用，提升思想政治教育的效果。

思想政治教育的综合结构是指思想政治教育是由特定的体系和要素所组成，具有特定结构和运行机制，并能发挥最大教育功能的综合教育体系。它不是指各种教育体和要素的随意相加，更不是指各种教育活动的外在的机械拼凑和叠加，而是一种具有内在特定结构和运行机制的有机系统，具有独特性。新媒体环境带给思想政治教育的挑战之一就是教育影响的多极化和由此产生的教育环境的泛化，新媒体的自由与开放性打破了以往家庭、学校、社会教育之间的界限，使各种教育形式在功能、性质、影响效果与影响机制上变得更加模糊。新媒体环境下迫切需要整合社会各方面的教育力量，构建一个立体化协同作用的教育体系，形成新媒体环境下的思想政治教育合力。

（一）充分发挥学校思想政治教育的主渠道作用

1. 新媒体环境下大学生思想政治教育的重新定位

我国原有的思想政治教育实效较低，主要原因有以下几个方面：重教轻育，重认知轻践行；思想政治教育目标的顺序倒错，造成道德主体对高层次的道德不易接受，低层次的社会公德和文明行为也没有养成；重视集体活动，轻视个人修养，个体缺乏内在的自律和自觉。其根本原因在于忽略了学生的主体性。而在新媒体空间中，学生的自主判断、自由选择、自主行为表现充分，更显示出其主体地位。学校思想政治教育应顺应新媒体的传播特点，遵循尊重、信任的原则探索思想政治教育的新方法，以社会主义核心价值观为指导，注重培养学生正确的价值观、判断力以及自制力，培养自主、理性、自律，有判断力和实践能力的个体，促进学生形成完善的、健康强大的人格。

2. 学校思想政治教育内容的优化

新媒体既是思想政治教育的手段，又是思想政治教育的内容。学校思想政治教育应从思想政治教育目标出发继续优化思想政治教育内容。在原有内容的基础上突出价值观教育，使学生树立社会主义核心价值观，使学生能够"辨别真伪、追求真理、慎于判断"。加强关于新媒体的信息素养教育，尤其是新媒体思想政治教育，让学生掌握新媒体行为规范，强化其新媒体自律意识和责任感。

3. 运用新媒体优化教育渠道方式

学校思想政治教育工作者可以运用微信、微博、博客、论坛、QQ 聊天等方式与学生交流，可以通过建立思想政治教育网站、思想政治教育官方信息交流平台等方式对学生进行潜移默化的教育。新媒体拓宽了学校思想政治教育的渠道，提供了丰富的思想政治教育信息资源。可以充分运用多媒体、超媒体技术，使思想政治教育内容动态化、形象化；

通过新媒体的信息传递方式可以将思想政治教育延伸至学生的日常生活，突破时间的限制；运用新媒体可以把学校的思想政治教育空间与新媒体空间、虚拟社区等开放式的思想政治教育空间整合，使思想政治教育冲破空间的限制，还可以实现学校、社会、家庭、学生之间的良性互动。

（二）充分发挥新媒体环境下社会思想政治教育的作用

新媒体环境的特殊性增加了新形势下社会思想政治教育实践探索的难度，新形势下的社会思想政治教育必须在实践层面进行革命性转变，以应对新媒体的挑战。

1. 完善新媒体立法机制，强化政府的管理职能

立法机制和政府部门管理是新媒体的社会管理中最重要的方面。在建设新媒体环境的过程中，除了加快新媒体立法进程，完善各种政府管理职能外，还必须结合新媒体环境变化的新特点，着重解决法律具体执行过程中的可操作性和政府监督管理的针对性问题，突出体制与具体化方面的创新，注重管理中技术手段的使用。在新媒体环境中，以往行政命令式的管理较难奏效，必须用高科技手段应对各种运用新媒体技术进行的违规经营，如程序监管技术、设置新媒体审计标准、预设防范"滤网"、埋设跟踪程序等，通过技术控制使新媒体控制具有实用性和可操作性。

2. 建立新媒体思想政治教育的社会支持与辅助系统

新媒体环境下的思想政治教育除了正规的社会教育机构参与之外，还必须有社区和公共服务机构的协作与支持。随着城市化进程的加快，社区的影响在逐步加大，社区正在成为大学生接触社会、参加社会实践的重要途径，大学校园也逐步成为相对独立的社区。参加社区的义务服务和公益劳动有助于大学生养成服务社会、关爱他人的优秀品质，抵消因虚拟交往而带来的人格和社会情感方面的消极影响；社会支持和辅助系统的另一形式，就是面向社会的信息咨询机构和心理危机的救助体系。应加大对学生因迷恋网络等新媒体而产生的角色混乱、人际疏离、道德情感冷漠、网络依赖等心理问题的救助力度。

3. 注重社会人文精神的重建，加大人文教育的力度

新媒体环境下社会道德规范体系的脆弱表现，反映出一定程度上文化的缺失。人文精神和人文科学的缺失必然导致社会道德价值取向的失落、人生境界的低俗化与信仰的功利化。因此，新媒体环境下的思想政治教育观念必须重新唤起社会范围内对人文科学的关注，用中华民族深厚的文明沉淀和传统的文化精髓滋润和熏陶学生，加大人文科学在思想政治教育内容中的比例，提高大学生的人文科学水平。

（三）充分发挥新媒体环境下家庭教育的作用

新媒体的发展为发挥家庭在思想政治教育中的作用创造了条件，但家庭往往是新媒体运用管理比较薄弱的地方。一些父母由于欠缺这方面的知识，无法对学生进行必要的指导，也不能与学生通过新媒体进行交流，使得学生与家长在新媒体交流方面存在障碍。因此，要提高家庭运用新媒体对学生进行教育的实效，协调家庭、学校和社会的教育力量，必须加强新媒体知识在家长中的普及。因此，可以酌情对家长进行一些新媒体知识方面的指导，提高家长的新媒体知识和媒体意识，运用新媒体平台建立家长与学校定期沟通交流的机制，使学校教育与家庭教育有机结合起来。

（四）充分发挥新媒体环境下学生自我教育的主体作用

思想政治教育实效性较低的根本原因在于忽略了学生的主体性。在新媒体环境下，应结合新媒体开放、互动、虚拟、隐蔽的特点，注重发挥学生在思想政治教育中的主体作用。在新媒体环境中，学生的主体性特征表现为选择自主性、参与主动性、自发创造性、目标自控性。在新媒体思想政治教育中，学生无论作为新媒体的主体，还是作为思想政治教育过程中"主体化"的客体，都表现出鲜明的主体性。发挥好、引导好学生的主体性是新媒体思想政治教育取得成效的关键。应从以下几方面着手。

1. 尊重学生的主体地位

教育必须培养人的自我决定能力，去"唤醒"学生的力量，以便能使他们在目前无法预料的种种未来局势中根据自我做出有意义的选择。学生作为新媒体主体，其自我特征就是通过独立性、主动性、自尊性表现出来，这就要求教育者摒弃传统的以教育者为主，受教育者被动、服从的教育观，形成教育者与受教育者相互平等自由的关系，建立互动、平等的师生关系。应充分运用新媒体交互性、主体平等性的特征，加强师生的互动交流，建立双向和多向的师生交流关系，把以往被动的灌输变为学生主动的学习，提高思想政治教育的实效性。

2. 增强学生的主体意识

自我意识是对自我存在的认识，对自我的认识活动和实践活动的认识和评估。强化学生的自我意识是运用新媒体育人的前提。学生自我意识的强弱一定程度上决定了在新媒体中自知、自控、自主的程度，决定着其主体性的发展水平。新媒体思想政治教育应定位于唤起和提高学生自我意识的教育，即增强学生自我教育的意识。在新媒体思想政治教育中要使学生认识到他们有权利、有义务进行自我教育，引导他们勇于承担责任，正确认识个人与社会、个体与群体、自身与他人之间的对待关系和结构关系，使他们肯定他人的主体性，使自身主体性的发挥始终有利于增强集体的主体性，始终有利于推动社会的发展。

3. 充分发挥学生的主动性和创造性

师生关系的革新、教育过程的生动使学生能够轻松地学习，有利于激发学生的主动性和创造性。在新媒体环境中，学生可以随意发表自己的意见，甚至可以以自己为中心选择和与人交流，受到了极大的尊重与重视。因此，应充分运用新媒体的特点，在教育过程中充分尊重学生的主体性，使学生成为学习和选择的主人。

虽然建立学校、家庭、社会思想政治教育相结合的大思想政治教育体系概念早已为人熟知，但实践中学校仍然是思想政治教育的主要承担者，而新媒体为构建学校、社会、家庭、学生共同参与的立体思想政治教育体系创造了条件，学校应顺应形势，运用新媒体的特点，主动建设新媒体思想政治教育平台，构建学校、社会、家庭、学生"四位一体"的立体思想政治教育体系。学校应担负起作为思想政治教育主要力量的重任，在新媒体思想政治教育资源建设中发挥主导作用。学校可以和有关教育部门联系起来，建设相应的思想政治教育联动教育资源网站，以学校为中心向周围辐射，形成学校、社会、家庭思想政治教育和学生自我教育相结合的大思想政治教育体系。

第五章 新媒体时代高校思想政治工作创新

第一节 高校思想政治工作的内容结构优化依据和要求

一、高校思想政治工作的内容结构优化的依据

思想政治教育内容即一定社会为了实现其根本任务和目标，在思想政治教育活动中教育者通过一定的方式和手段对受教育者传递的思想政治观念、社会道德规范等。对于思想政治教育的内容结构，学界比较普遍的观点认为，思想教育、政治教育、道德教育、心理教育诸内容构成了思想政治教育内容体系，形成了一定的体系结构。这一结构关系中，各内容具有不同的地位和作用，思想教育（世界观、方法论教育）是先导；政治教育（政治理想、信念、方向、立场、原则等教育）是核心；道德教育（行为规范，道德认知、能力和品行等教育）是重点；心理教育（心理素质和健全人格等教育）是基础。也有学者在此基础上加上法纪教育，认为思想教育是根本性的内容，政治教育是导向性内容，道德教育是基础性内容，心理教育是前提性内容，法纪教育是保障性的内容，五位一体，形成稳定合理的结构，从而最大限度地发挥思想政治教育的整体功能。内容结构状况不同，实施效果就不一样。

（一）理论依据

新媒体时代对高校思想政治教育提出了新的挑战，要求思想政治教育内容结构与时俱进，不断优化。其主要理论根据为马克思主义系统结构理论。马克思主义系统观把宇宙间的任何事物都看作是相互联系、相互影响、相互作用的一个系统。马克思、恩格斯还提出了物质结构层次理论，认为物质结构是存在很多不同层次的，而且是无限大或者

无限小的。马克思主义关于系统结构的理论，对新媒体时代高校思想政治教育内容结构优化有如下启示：第一，要用联系的观点和发展的观点来考察高校思想政治教育内容体系中的各个组成部分，要研究需要通过什么方式结合，发挥出整体功能，并且要考虑到社会存在的发展，适时调整内容结构，推动科学发展。第二，物质结构的层次性，要求对新媒体时代高校思想政治教育的内容进行科学分层，构建合理的思想政治教育内容结构体系。

此外，诸如马克思主义关于社会存在与社会意识之间的关系原理以及关于人的本质和人的全面发展的学说，都是进行高校思想政治教育内容结构优化的理论依据。

（二）实践要求

新媒体时代，高校思想政治教育在实践领域，无论是国际还是国内，都面临着新情况和新问题。就国际层面来说，随着各国政治、经济和文化的频繁交往，各种思想文化相互碰撞，思想政治教育内容随着经济全球化、政治多极化的发展而变得错综复杂；就国内层面来说，思想政治教育越来越渗透到人们的经济社会活动中，不断涌现思想政治教育所面临的挑战前所未有；就技术层面来说，新媒体技术的蓬勃发展，带来的不仅仅是传播技术的变化而引发的内容的不确定性，更多的是观念的变革。我们要有理论勇气回答这些现实问题，不断突破传统框架，勇于创新，使思想政治教育的内容不断丰富。其实，多年来，我国高校思想政治教育历经发展和调整，大多数是形式上的，而内容方面没有发生根本的改变，在实践过程中，内容结构方面存在的问题是导致高校思想政治教育实效性不高的根本原因。

1. 政治主导型思想政治教育

政治主导型思想政治教育将德行塑造等同于政治生活，背离了生活实际。政治主导型思想政治教育，是思想政治教育诸内容的相互关系中，重点突出的政治教育内容，并根据政治教育内容的实施需要来组合其他教育内容，其他教育内容从属于和服务于政治教育内容。这是历史的产物，是当时社会政治、经济、文化共同作用的结果。计划经济体制的集中统一性，从体制上保证思想政治教育只能为政治运动服务，在这样的历史条件下，思想政治教育的功能只能突出地表现为单一的政治功能，以政治运动为中心，使思想政治教育成为政治运动首当其冲的手段。诚然，政治教育在促进公民政治社会化过程中起着重要的作用，因为无论一个人是否喜欢都不能完全置身政治之外。但是，政治性是人的社会性的组成部分，强调政治性而忽略人的自然性和精神性显然是不合理的。思想政治教育的基础和重点是道德教育，形成良好的稳定的道德品行，缺乏道德教育基础的思想政治教育不过是空中楼阁。高校思想政治教育应当承载政治功能，但它却不是政治本身，倘若将思想政治教育的终极关怀政治化，形成政治教育内容占主导地位的内容结构体系，甚至将人的德行塑造等同于政治生活，则无疑是脱离社会实际的。背离社会实际的思想政治教育是没有生命力的。

2. 知识化倾向的高校思想政治教育

知识化倾向的高校思想政治教育强调知识为本，偏离了人的全面发展的终极关怀。作为高校思想政治教育主渠道的思想政治理论课程学习，是一把"双刃剑"：一方面体现了高校进行思想政治教育的重要性；但另一方面，在内容方面明显存在的一个问题就是一直表现出"知识化"的外在倾向，即主要是作为一门课程来学习。思想政治教育往往与其他专业教育等同起来，知识的语言成为支配性的语言，道德的语言越来越弱化，这样的思想政治教育实际上在求真、求知的过程中不求善、求美。知识之外的情感、想象、意志与信仰等遭到了排斥，这实际也是学校的智力训练与道德训练之间的可悲分割，获得知识和性格成长之间的可悲分离，在这种以知识化为本的教育中，很难真正关注人的全面自由发展，因而很难给人以终极关怀。思想政治教育实际上是一种养成教育，掌握了政治理论知识并不等于具备了良好的道德修养和精神涵养，其结果往往是培养出"言语的巨人，行动的矮子"。

3. 预设的理想化的思想政治教育

预设的理想化的思想政治教育着眼于高扬革命理想的宏观目标，脱离现实生活的根基。传统的思想政治教育内容和原则通常具有高度的理想主义，把人设计成理想化的革命者，着眼于高扬人生理想的宏观目标。经济全球化和社会转型时期的中国，社会生活各方面都发生了深刻的变化，新媒体时代大学生的价值观念和生活方式也发生了翻天覆地的变化。高校思想政治内容往往是课堂里或书本上规定的道德原则、思想信念，脱离了现实性生活的根基，未能从思想上解决好与现实的巨大反差，与社会上所盛行的现实现象大相径庭，无法对社会生活中的种种新事物作出应有的回应，从而使理论缺乏说服力，严重影响高校思想政治教育的实效。需要强调的是，由于我国大学生的特殊性（长期的应试教育的竞争熏陶），理想化的思想政治教育只能培养某种意义上的"圣人"，并不能有效地指导人们的行为。而思想政治教育的作用和功能应当以现实的、具体的人为基础，通过改变和提升人们的精神境界、培养人们发展意识和精神，寻求可持续发展，来实现人的全面而自由的发展。

4. 过分强调统一性和规范性的思想政治教育

过分强调统一性和规范性的思想政治教育内容，忽略了思想政治教育对象的层次性和差异性。中国要实现民族的伟大复兴，在日趋激烈的国际竞争中立足，必须占领未来思想领域的战略制高点。新媒体时代，教育者、受教育者以及整个教育环境等都发生了很大变化，其中有些还是根本性的变化。随着新媒体技术的广泛应用，在经济文化全球化进程中，高校师生所面对的是一个更加复杂多变、新奇的世界，社会交往范围的扩大和形式的多样化，各种思想文化观念的冲击，不同角色和行为方式的转换，必然引起思想方式、价值观念的深刻变化。思想政治教育内容不顾教育者和受教育者的基础和需求，注定导致实效性不高。事实上，我国高校思想政治教育特别是思想政治理论课存在内容过于统一和规范的问题，无论是怎样层次的大学（本科教育或高职教育），无论是什么专业的学生（理工科、文科或艺术类），或者不管是怎样的地区（发达或欠发达），思想政治教育内容总是过于统一和规范，对于不同价值文化间的交流与对话予以漠视甚至逃避。因此，当前高校思想政治教育应当允许学校根据各自的特点、专业情况、地区特性、学生特质与需求出发，分析教育情境来确立课程的具体形态和结构，以大学生为主体，以生活经验为中心，适当整合教育内容，更能切合各个学校的教育实践，体现学校、教师和学生的自主性和校际之间的差异性。

总之，新媒体时代高校思想政治教育内容结构优化，需要以跨界思维为逻辑起点，以更加兼容的态度，跨越国家地域和政治、经济、文化界限，以更为坚定的爱国情怀面对多元文化与多样价值观的影响，以积极竞争的勇气和国际化的视野面向国际竞争，以博大的胸怀和对自然及人类社会的热爱彰显人文关怀。

二、新媒体环境下内容结构优化的原则和要求

新媒体时代，信息的海量性和复杂性、资源的共享性与开放性、交往模式的变化等特征错综复杂地交织在一起，传统的高校思想政治教育内容不能完全舍弃，但应该结合时代特点进行充实和重组。

（一）新媒体时代高校思想政治教育内容结构优化的原则

原则是说话、行事所依据的准则。新媒体时代高校思想政治教育内容结构优化，应当遵循以下原则：

1. 整体与局部统一的原则

思想政治教育本身是一个由多个要素组成的复杂的动态系统，这些要素相互联系、相互作用的形式就是思想政治教育的整体结构。目前，学界关于基本结构的提法有"三要素论"（教育者、受教育者和教育环境）、"四要素论"（主体、客体、介体和环体），"五要素论"（主体、客体、内容、方式、目标）等，无论是几要素，有一个共同的特点就是各要素相互影响、相互作用而形成一个统一的整体系统，而在这一整体系统中，又分列为

各子系统，即价值结构、目标结构、主体结构、客体结构、内容结构、过程结构、评估结构和方法结构等。在整体和局部之间的关系问题上，毫无疑问，整体是核心，但是有时候，局部优化和整体优化之间并不必然具有一致性，带有一定的不同步性和不均衡性。因此，我们要坚持系统论中的整体性原理，在整体优化的基础上，坚持二者相统一的原则。在新媒体时代高校思想政治教育的内容结构优化问题上，我们不应该仅仅将思想教育、政治教育、道德教育、法制教育和心理教育等各子系统的内容结构进行优化整合，还要补充和完善每一个子系统内容体系，更应该将这些内容放在整个教育系统中，综合考虑教育价值的实现。

2. 层次性和针对性相统一的原则

在高校思想政治教育实践工作中，教育内容呈现出来的诸如泛政治化、泛知识化和泛统一规范化等弊端，严重影响教育的实效。其实，在高校思想政治教育改革的过程中，层次性和针对性在高校思想政治教育对象、教育目标、教育内容和教育方式上都有一定的体现，这里强调内容方面，思想政治教育内容体系是历史的产物，具有动态的特性。与思想政治教育目标的层次性相对应，思想政治工作教育内容也应体现层次性。一方面，针对不同的群体，思想政治教育内容应坚持先进性和广泛性的结合；另一方面，针对同一个体的不同阶段，思想政治教育内容应坚持历时性和共时性的结合，适当根据时代特征调整教学内容。

3. 提高要素质量和理顺要素关系相统一的原则

优化新媒体时代高校思想政治教育内容结构，不能舍本逐末，对于思想政治教育内容来说，各内容要素都有丰富的内涵，各教育内容在体系结构中都应该具有相应的地位和排列顺序，倘若各要素排列组合不同，则功能便会迥异。假如各内容要素地位不明确，主次模糊，则结构便不合理；即便是地位明确，主次清晰，但忽视个别或某些教育内容，则会造成内容体系的不完整和结构的片面性，结构依然不合理。比如，只重视和维护政治教育的主导作用，则容易限制视野，使得思想政治教育的内容单一，而不具有实效性。

4. 延续性和时代性相结合的原则

时代的发展、社会文明的不断进步和科学技术的影响，对人的素质发展提出了更高的要求，高校思想政治教育的内容结构要与时俱进，不断更新和发展。如社会主义核心价值观（富强、民主、文明、和谐，倡导自由、平等、公正、法治，倡导爱国、敬业、诚信、友善）对核心价值体系进行了高度凝练，充分体现了马克思主义价值观的基本精神和特质，体现了历史继承和时代发展的统一，既有理论的延续性，又有现实的针对性。另外，我们应该看到思想政治教育内容结构的优化会受到诸多因素的影响和制约，如受教育者身心发展阶段、师资队伍、社会国际国内环境等，思想政治教育的内容结构优化最终要经过实践的检验，但受教育者绝不是试验品，一旦调整出现问题，便会影响一代人或者几代人的成长和发展，因此要采取审慎的态度，不能哗众取宠，更不能人云亦云。

5. 时效性和可读性相结合的原则

新媒体时代，高校思想政治教育必须及时收集、整理和解答大学生关注的热点、焦点问题和疑难问题，将其作为教育内容的素材，发掘其中的思想政治教育内涵，以解决大学生的思想认识问题。新媒体时代高校思想政治教育的话语结构已经发生了很大的变化。泛政治化的语言，使得大学生思想政治教育内容不为大学生网民所点击，则思想政治教育本身就失去了应有的意义和存在的必要性。要增强大学生思想政治教育内容的可读性，就要紧密把握地域的特点、校园的特点和大学生的特点，了解新媒体时代高校思想政治教育的内容话语的变化，内容范围要广，内容表达方式要多样而具体，语言风格要活泼生动，说话要接地气。

6. 规划传播与有效控制相结合的原则

传播学认为，正确合理的传播内容有助于优化传播的效果，思想政治教育作为一种特殊的教育传播活动，有其特定的内容与表达方式，并且由于社会经济政治发展和历史条件及其他因素的影响，需要对其内容进行必要的调控和限制。其实，思想政治教育作为特定内容的教育传播活动，本身就具有一定的社会控制力，即为了维护社会秩序的和谐稳定、推动社会文明进步而采取的约束或引导社会成员的手段和措施。首先，这是维护社会稳定的必然要求。思想政治教育作为上层建筑、社会意识形态领域的一个重要组成部分，其内容既要由社会的经济基础决定，又要受制于上层建筑，必须具有鲜明的政治性和阶级性。人是社会关系的综合，社会交往只有遵循一定的行为准则来协调各方面的关系，整个社会才能有序运转。因此，我国高校思想政治教育需要用正确的符合社会发展所需的思想观念、政治观念和道德规范来武装大学生的头脑，指导他们的言行。其次，这也是建设中国特色社会主义市场经济体制的内在要求，也是应对新媒体时代带来的各种文化影响的需求。各类书刊、电影、广播电视节目、新闻报道、互联网信息、（微）博客、手机短信等随处可见的文化产品或服务，所提供的不仅仅是消息和娱乐，同时也是传播社会价值或政治观点的工具，最终它们会对全社会的精神结构产生深刻的影响。各种跨时空的新媒体技术不仅给大学生们提供了接收信息、选择信息和传播信息的自主权和能力，同时还造成党、政府、学校和社会舆论的引导和调控方面的处境困难，尤其是突破了传统的思想政治教育权威部门的话语权控制格局，更加迫切需要加强对高校思想政治教育内容的更新与优化。

（二）新媒体时代高校思想政治教育内容结构优化的要求

新媒体时代高校思想政治教育内容结构的优化或创新不是抛弃基础，否定过往，标新立异，而是在继承传统的基础上，结合时代特征，为教育内容注入新的血液。要全面考量新媒体对高校思想政治教育的影响，在整体要求的基础上，根据原则，进行内容结构的优化。"优"是一个定性的动态过程，表示着方向；"化"则是一个定量的表示，要以思想政治教育的目标和任务的实现为根本标准。因此，新媒体时代高校思想政治教育的内容结构优化，要做到正确把握思想政治教育内容的要素结构与层次结构的关系，既体现内容要素结构的完整性，又体现内容层次结构的序列性，在具体设定上力求做到"贴近社会现实、贴近专业要求、贴近学生实际"。

1. 内容结构的层次方面

①在横向结构方面，坚持主导性和全面性相结合，克服单一化和简单化。新媒体时代，高校思想政治教育内容是多类型、多向度、多层次的统一的有机整体。横向结构层次，主要是指思想政治教育内容同一层次的各要素之间的相互作用及延展关系。思想政治教育内容的全面性，体现在人与社会全面发展的整体联系上。在这个整体联系中，有一个起着主导作用的要素，决定和支配着思想政治教育的其他内容，也决定性质和方向，这个主导作用的要素就是政治教育，之所以高校思想政治教育必须坚持以政治教育为主导，是因为它能实现一定社会阶级或集团的政治目的。同时，一定阶级和社会总是对其社会成员提出政治、思想、道德、法纪、心理等方面的全面性要求，体现人的素质的多维性、丰富性、整体性，从而形成由政治教育、思想教育、道德教育、法纪教育、心理教育组成的思想政治教育内容类型结构。因此，在思想政治教育内容体系的建构中，要从思想政治教育内容的横向联系出发，在主流意识形态的引领下，从人与社会、人与他人、人与自然以及人与自己的关系层面上确定对受教育者在政治、思想、道德、法纪、心理等方面的要求，以整合类型相近的教育内容，解决现存的内容重复交叉和单一等问题，增强高校思想政治教育内容的整体性和系统性。

②在纵向结构方面，坚持层次性和针对性相结合，克服缺乏层次性和针对性的弊端。层次是表征系统内部结构不同等级的范畴，是指系统要素有机结合的等级秩序，表征为次序。高校思想政治教育内容根据教育对象的角色层次、心理层次和接受水平与能力，将思想政治教育划分为三个层次：基础层次的教育内容（道德教育、心理教育等）、较高层次的教育内容（思想教育）和高层次的教育内容（政治教育），这三个层次相互联系、有机统一，呈现出由低到高的递进关系，使教育内容由低到高、由浅入深、螺旋上升、循序渐进，形成从低层次到高层次的递进式的教育内容系列。

2. 内容选择方面

在内容选择上，要体现理论性与实践性相结合，克服教育内容抽象、晦涩和僵化的缺陷。目前的高校思想政治教育内容的理论性与实践性结合得还很不够，在内容结构安排以及语言描述方面，也都较生硬、晦涩，与实际需要有所脱节。受传统政治、经济、文化、环境的影响，高校思想政治教育内容因经典而权威，因权威而导致层次结构僵化，削弱了内容的影响力。在这种情况下，经典的理论一旦被束缚在陈框旧条中，就不能被赋予崭新的活力，不能被大众熟悉的语言所表述，则将无法被认同和内化，更谈不上外化为行动力。因此，只有从实际出发，坚持与时代同步，与青年学生同步，并且紧紧抓住客观运动着的物质世界的规律性与特征，抓住变化的时代脉搏，抓住高校思想政治教育内容与时俱进的要求，才能使思想政治教育入脑入心，以针对性、新颖性的多级层次要求来达到学生积极接受、主动内化的效果。因此，在内容选择上要做好以下几点：

（1）优化高校思想政治教育的内容结构要做到"三贴近"

一要贴近社会现实。当前我国大学生思想政治教育存在的突出问题就是发展的滞后性，即思想政治教育内容结构体系滞后于经济发展，滞后于国内、国外形势的发展和变化。针对这一突出问题，在大学生思想政治教育内容结构体系上，要深入研究与现实相适应的思想政治教育内容。只有这样，才能激发大学生对社会现实的关注，用正确的世界观、人生观、价值观、政治观、道德观和法制观看待我国社会主义现代化进程中出现的一系列社会问题，并且能够运用自己的聪明才智去解决问题。

二要贴近专业要求。以往传统思想政治教育存在泛知识化现象，将思想政治教育和专业理论、专业技能等智力教育等同起来，使得高校思想政治教育处于弱势地位。在新媒体时代，新媒体所传播的海量信息，其中也有许多信息是与大学生所学专业息息相关的，也就是说，是有益于大学生专业学习的。因此，新媒体时代高校思想政治教育应当密切思想政治教育与专业教育之间的相互交融关系，促进高校思想政治教育的内容与专业理论、专业技能的紧密联系，使之有助于大学生的专业选择、学习和素质的提升；同时，在社会生活中，道德是客观存在的，道德是人聪明、完善之本，也是社会和谐、发展之基，进行专业教育也应以培养有道德的人为前提，只有认识到这一点，才能真正实现为社会培养出全面发展的有德行的职业人。

三要贴近学生实际。首先，是与学生的学习相结合。实践证明，人们所处的社会时代、现实环境、现实的直接的实践活动以及密切相关的实际利益，才是人们最关心的，也最能吸引人们注意力的。新媒体时代的高校学生，获取信息的渠道是全方位的，任何脱离实际的教育内容只会让受教育者产生冷漠、反感甚至是逆反心理，所以，高校思想政治教育内容除了马克思主义理论以及党的纲领、路线、方针、政策、法规等以外，还应有一切对身心人格健康有益的知识、道德文化、习俗习气、科学精神、人文精神、生活方式和行为规范、民主和法制意识、社会热点和焦点等，让大学生从被动接受变为主动选择和接受。提高思想政治教育的生命力，要求我们要适应时代，积极拓宽教育视野不断深入地研究新情况、解决新问题，最大限度地吸收最新的理论研究成果并加以学习、研究和运用。比如，增加创新教育的思想、人与自然协调共存的世界观、生态道德、全球意识、媒体素养等教育内容，用新的内容去教育和武装大学生，使他们得到更多实际的、有效的引导和帮助。

（2）优化高校思想政治教育的内容结构要与学生生活相结合

大学生实际上是"半社会人"，正处于成人的关键时期，必然会经历一些成长的蜕变。年轻无极限，张扬是这个时代大学生的个性特点。但他们面临的机遇和困惑增多，需要思考和处理的问题相应也增加，也会不断面临各种抉择。如何科学设计生涯规划以积极参与竞争，如何与人交往以适应现实社会和虚拟社会的复杂环境，如何化解压力以解决各种各样的矛盾，都是他们正面临的具体问题，如果处理不好会影响他们的前途。高校思想政治教育内容既要有利于锻炼学生的现实生活能力，又要培养学生的未来可持续发展的能力。要以生为本，从关注日常生活中的实际问题入手，帮助他们排忧解难；要积极引导学生学会生存，学会尊重和关心他人，学会共同生活；要培养在活动中的积极参与和合作精神；要倡导他们研究人类面临的普遍问题，增强全球意识和人文关怀；要关注人的现实和虚拟生存环境和生活质量，维护人类的尊严，完善道德品德和全面发展问题；同时还要有意识地培养学生具有国际观念和意识，树立为全球服务的观念，具有开展国际合作交流与国际竞争的知识和能力。只有在学生生活的不同领域全方位、最大限度地贴近学生，高校思想政治教育内容才能最大范围地被学生接受、认同和转化，思想政治教育实效性才能实现。

第二节 高校思想政治教育内容结构优化设计

面对着新媒体时代高校思想政治教育内容结构所出现的新情况和新问题，需要在理论、原则和要求的指导下，对其进行主动调整，实现最大程度的优化。

一、政治层面

以政治教育为核心，突出高校思想政治教育的主导性内容。在内容体系中，政治教育居于主导地位，起着决定和支配的作用。政治教育，主要是进行政治理想、信念、方向、立场、观点、情感方法等方面的教育。以政治教育为主导，就必须始终以理想信念教育为思想政治教育的核心内容。面对复杂的国际国内形势，我国高校思想政治教育工作面临的主要任务是，加强爱国主义、集体主义和社会主义教育，帮助学生树立正确的政治观，增强国家归属感和社会责任感。在对待走什么道路、依靠谁来领导、坚持什么样的指导思想等诸多政治问题上，真正"讲政治"，真正坚持党的基本理论、路线、纲领和原则。道路标定方向，道路决定前途。我国高校思想政治教育应引导学生以厚重的理论底气、高远的政治视野和豪壮的实践基础坚定道路自信，自觉认识中国特色社会主义道路，是实现社会主义现代化的必然选择，是创造人民美好生活的必由之路。要通过开展扎实有效的政治教育，使大学生正确认识社会发展规律，认识国家的前途命运，认识自己的社会责任，确立在中国共产党领导下走中国特色社会主义道路、实现中华民族伟大复兴的共同理想和坚定信念。同时，要积极引导大学生不断追求更高的目标，使他们当中的先进分子树立共产主义的远大理想，确立马克思主义的坚定信念。

二、思想道德层面

自觉树立社会主义核心价值观，优化高校思想政治教育的基础性内容。思想教育，主要是进行世界观和方法论教育，着重解决主观与客观相符合的问题。道德教育，主要是进行行为规范的教育，内化道德规范，提高道德判断能力，培养道德情感，养成道德行为，提高道德品质。改革开放至今，在经济全球化局势之下，社会经济成分、组织形式、就业方式、利益关系和分配方式日益多样化的同时，人们思想活动的独立性、自主性、选择性、多变性和差异性也日益增强，社会思想空前活跃，各种思想观念相互交织，各种思潮不断涌现，对大学生的思想产生很大的影响。新媒体时代高校思想政治教育，必须从大学生思想实际状况出发，以社会主义核心价值观为引领，树立科学的世界观、人生观、价值观和道德观，以指导和推动生活、学习和工作。

核心价值观是一个民族、国家、社会及其人民普遍信奉、追求、恪守的基本价值理念和规范，是核心价值体系的精髓。我国封建社会的核心价值观可以说是"仁、义、礼、智、信"，西方资本主义社会的核心价值观可以说是"自由、平等、博爱"。具体到一些国家，则又各具特色，如美国的"多元、创新、乐观"精神，日本的"国民精神"，韩国的"爱国精神"，新加坡的"共同价值观念"等。我们党建立、建设和发展社会主义的历程，同时也是提出和丰富、推广和实践社会主义核心价值观的过程。改革开放以来，我们党在推进中国特色社会主义事业过程中，一直在努力提炼、概括、全民族全社会统一的社会主义核心价值观。

（一）国家制度层面

倡导富强、民主、文明、和谐，是立足于社会主义核心价值观的国家制度层面。

中国特色社会主义现代化建设的总体布局就是经济建设、政治建设、文化建设、社会建设和生态文明建设，"五位一体"的中心或者凝聚力是一个共同的价值追求目标。我们党在过去曾经把这个共同价值追求表述为"民族独立，人民解放""国家繁荣，人民幸福"。当前，社会主义特色建设其价值追求就是要达到"富强、民主、文明、和谐"，也就是说，经济上要越来越富强，政治上要越来越民主，文化上要越来越文明，社会和生态上要越来越和谐。

（二）社会集体层面

倡导自由、平等、公正、法治，是立足于社会主义核心价值观的社会集体层面。

这八个字体现了中国特色社会主义的基本社会属性，是马克思主义的基本要求，也是中国共产党人的一贯价值追求。马克思主义追求的终极目标就是人的自由而全面的发展。我们党自成立起，就把带领人民实现自由、民主、平等写到自己的旗帜上，并为之不懈奋斗。而后，党又把这些目标写到社会主义旗帜上，使之成为激励人们发愤图强建设社会主义的强大精神动力。改革开放以来，随着我国社会主义市场经济体制的建立和社会主义民主政治的深入发展，广大人民群众的民主法治意识越来越强，自由平等观念日益深入人心，维护公平正义的要求也越来越高。正是适应广大人民群众这种新期待、新要求，我们党更加自觉地把自由、平等、公平、法治等理念深入扎实地体现在党的各项理论和实践之中。自由、平等、公平、法治是当代中国共产党人坚持科学发展、坚持以人为本、坚持执政为民、坚持依法治国伟大实践的集中价值体现，也是我们坚持和发展中国特色社会主义的核心价值追求。

（三）公民个人层面

倡导爱国、敬业、诚信、友善，是立足于社会主义核心价值观的公民个人层面。

这八个字集中体现了社会主义国家公民的基本价值追求和道德准则要求。加强对全体公民的价值观、道德观教育是一项长期而紧迫的任务，成为摆在全党和全国人民面前的一个重要课题。要坚持以为人民服务为核心，以集体主义为原则，以爱祖国、爱人民、爱劳动、爱科学、爱社会主义为基本要求，在全社会倡导爱国守法、明礼诚信、团结友善、勤俭自强、敬业奉献。

社会主义核心价值观的三个基本层次是有机联系、内在统一的。"富强、民主、文明、和谐"是中国特色社会主义的基本价值追求，它体现的是我国经济建设、政治建设、文化建设、社会建设和生态文明建设的内在发展要求；"自由、平等、公正、法治"是中国特色社会主义的基本社会属性，它体现的是我国作为中国特色社会主义社会的总体价值趋向和整体目标要求；"爱国、敬业、诚信、友善"体现的是社会主义国家全体公民的基本价值追求和道德准则要求。上述三个层次的核心价值观相互联系、相互贯通，集中体现了国家、集体和个人在价值目标上的统一，体现了国家目标、社会导向和个人行为准则的统一，是马克思主义价值理论中国化的最新成果。

优化新媒体时代高校思想政治教育的内容结构，应体现社会主义核心价值观的具体内容，坚持以社会主义核心价值观为引领，引导大学生转变思想观念，践行道德规范，养成良好而稳定的道德品行。

三、文化层面

弘扬中国传统文化，融入世界文化，奠定思想政治教育的人文精神根基。新媒体时代，是一个信息膨胀的时代。新媒体的迅猛发展及快餐时代的到来，使传统的人伦关系和人际道德面临着非常严峻的挑战。就文化层面来看，在文化多样化的发展大趋势下，包括中国在内的各国传统文化的生存和发展在不同程度上受到了挑战，从而对思想政治工作的文化根基带来冲击。优化新媒体时代高校思想政治教育内容结构，必须大力继承和弘扬中国思想道德教育的优良传统，正确借鉴和吸收世界思想道德教育的优秀成果，赋予所继承内容以时代内涵，使之具有时代价值；赋予借鉴国外思想道德教育内容以中华民族底蕴，使之具有中华民族文化特色，使大学生树立起人文精神，特别是民族精神。

（一）继承和弘扬中华民族优良思想道德教育传统，并赋予时代意义

1. 生态道德教育

文化是维系一个民族的精神纽带，没有文化的民族就没有民族精神。我国思想政治教育内容的建构总是立足于中华民族根基，植根于民族文化沃土，有着强烈的民族性。

所谓生态道德教育，是在横向比较、纵向扬弃的基础上提出的一种新德育观和新德育范型，它教导人们，不仅人对人的社会行为，而且人对环境的自然行为均要受到伦理评价；不仅要正确处理个人与他人、个人与集体、个人与社会的利益关系，还要恰当地对待人与自然的交往行为、利益关系、短期与长期关系，摆正人在自然中的位置。因此，生态道德教育将以一种更为宽阔的道德视野，教育和引导人们学会热爱自然、热爱生活、享用自然、享用生活。同时生态道德教育还是社会公德的重要内容，是否具有良好的生

态道德意识，是现代社会衡量一个人全面素质的重要尺度，也是衡量一个国家和民族文明程度的重要标志。

在新媒体时代，生态道德教育是一种新型的道德教育活动，是指教育者从人与人、人与社会、人与自然的道德观出发，引导受教育者树立一种崭新的人生观、自然观和生存发展观，在社会领域要不断调节人与人、人与集体、人与社会的关系，使人的行为符合集体和社会的需要，营造一种人与人相互尊重、相互依存的人文生态环境，促进社会的和谐发展；在自然领域要扩展社会领域长期所形成的道德原则、道德规范，有意识地控制人对自然的盲目行为，营造一种人与自然和睦相处、互惠互利的自然生态环境，促进人与自然的和谐共生，从而使受教育者在双生态环境（人文生态、自然生态）中自觉养成文明和谐、珍惜资源、保护环境的道德素质和文明习惯，成为既能协调处理人与人、人与社会的关系，又能协调处理人与自然关系的理性生态人。

2. 人伦自觉意识的培养

"人伦自觉"，简要地说，是个体对人伦关系的认识和自觉。只不过这种认识和自觉，不能简单地归结于个体的认识和自觉水平，而是要求个体通过把这种认识和自觉落实于法律、道德规范影响下的身体自觉以及身体间性的互动。也就是说，"人伦自觉"是一个体现对他人的承认、回应、责任和义务的过程，同时又面向他人、尊重他人、理解他人、关爱他人，不断追求与他人、社群融为一体，从而走向更大社会认同的动态范畴。新媒体时代，是在数字技术和网络技术基础之上延伸出来的社会存在形式，它基于现实社会，但同时又是现实社会的延伸，与现实社会有着完全不同的特点。新媒体时代的到来不仅使个体的世界观、生活理念和方式发生了明显变化，而且也极大地改变了人与人之间的关系。复杂的基于现实与虚拟社会的人际关系，迫切需要引导大学生以人伦自觉来回应这种社会需要。作为调节人与人之间关系的道德伦理教育，不可避免地存在于高校思想政治教育的每一个环节及过程之中，包括处理个人与国家、社会、学校、他人及自己的关系。当前，提升大学生"人伦自觉"意识和能力，主要在于激发和调动大学生和高校思想政治教育工作者两方面的积极性，强化对大学生的人伦教育。思想政治教育内容的建构要吸收中国传统道德的合理内核，活化传统思想道德资源，塑造民族共同价值观，同时又注入时代精神，不断提升当代大学生的规则意识、"道德责任能力"以及与新媒体时代相适应的文明上网、诚信上网的意识和能力等。

3. 和谐心灵教育

古人认为心是人的思维器官，因此把人的思想和感情都发自于内心。作为人的生理器官，心其实和人的思维活动是紧密联系的。那么，什么是和谐呢？"和谐"意指系统内各要素秩序井然、顺和流畅，没有抵触冲突和格斗纷争。心灵和谐，就是指人与自身的和谐，人自身的思维、情感与人的价值观念的和谐。在人类社会这个大的系统中，作为社会主体的具有独立特质的人在同外界交往过程中，与物质世界形成了矛盾关系，通常被认为是人与自然、社会和他人以及自身之间的关系，在这动态的关系过程中，人的心智得到了一定的磨炼，形成了具有独立人格的人。这为新媒体时代高校思想政治教育的内容结构打开了又一个思路。

心灵和谐，从个体来说，人的心灵和谐就是人的内在思想中，各种价值观念形成了彼此融合而无分裂的有机统一体；从社会系统的整体来说，指在社会制度的框架内，人能找到心灵的栖息之地，兼容他人与社会，在多元的价值取向中，有效地调整自己的价值观，明确正确的选择，并且充满信心，超越世俗羁绊，协调发展，服务社会。人生最美妙的事情莫过于精神上对现实生活美好渴望的追求，即个人意识的升华，内心世界的和谐是唯一可能进行更长久控制的途径。内心和谐是人拥有的一种特殊的能使人静心和自由的品质。内心和谐是人拥有的一种健全的能使人心理品质完善、知荣明辱的智慧，这种智慧品质教会人能自在地生活，实现人与自然、社会的浑然一体，真正实现从必然王国走向自由王国。和谐的人是全面发展的人，是一种灵性的安宁。在多元的人生道路选择面前能够毫不犹豫地走向正确之路，且充满着信心，这是心灵和谐的体现。理念决定人的态度和行为。心灵和谐的人，能以一种乐观、欣赏和创造的人生态度来经营人生，运作事业，服务社会。高校思想政治教育工作者应该有这样一份意识和责任，在构建社会主义和谐社会的进程中，心灵和谐对协调人与自然、人与社会、人与人之间关系的和谐具有重要作用。面对当前价值的多样化与信仰根基的动摇、利益的多重化与崇尚财富的心理、文化的多元化与文化的不自觉等表现，只有通过求真、求善、求美、求实，用以充实现实的人，实现人的意识变革，才是培育心灵和谐的新路径。

（二）赋予中华民族的文化底蕴，优化教育内容结构

思想政治教育内容的建构总是具有鲜明的开放性，面向世界的思想道德发展，是民族精神与时代精神的统一。我们所说的民族精神是一定时代的民族精神，是符合时代潮流的民族精神，而时代精神实质上是民族精神发展到一定时代的综合表现。新媒体时代高校思想政治教育内容要大胆借鉴和吸收人类社会创造的一切文明成果，以科学的态度正确对待国外思想道德教育资源，把它作为思想政治教育内容建构的重要参照。

作为人类社会普遍存在的一种教育实践活动，世界上其他的国家不仅有着事实上的思想政治教育，而且有着值得我们借鉴的多种思想道德成果。古希腊的"节制、勇敢、智慧、正义"四德的品德要素结构思想，关于知、情、意、信、行的品德过程结构等，对我国

高校思想政治教育的内容结构优化都存在许多可资借鉴之处。研究世界一些国家和地区的思想政治教育还可以发现，它们大都把爱国主义教育、公民教育、国民精神教育、共同价值观教育、法制教育以及政治社会化、道德社会化等作为思想政治教育的重要内容。加强爱国主义教育就不约而同地成为当代世界各国的思想教育的主旋律。

思想政治教育虽然具有很强的民族性和阶级性，但随着经济和信息全球化及我国对外开放的深入发展，思想道德价值也具有越来越多的时代性和全人类性的内涵，对外国思想道德中属于人类共同心理诉求、共同审美意识、共同道德意识和情操等方面的成果，要大胆学习和有效借鉴。这样的高校思想政治教育才是具有博大胸怀和人文关怀的思想政治教育，也才能被广大学生所接受与认同。

四、技术层面

加强媒体素养教育，发挥高校思想政治教育内容结构的正能量。优化新媒体时代高校思想政治教育的内容结构，需要不断更新思想政治教育内容，实现内容结构的升级。时代的发展，社会的进步，技术水平的提高，意味着反映社会发展和人的发展需要的高校思想政治教育的内容也要不断发展和更新。

媒介文化已经把传播和文化凝聚成一个动力学的过程，将每一个人都裹挟其中。新媒体以其强大的辐射力影响着人们的生存方式，对现代文化的塑造和人们价值观念的形成起到不可估量的作用。作为网民中数量最庞大的大学生，因为其知识结构的不完善、心理发展水平出现偏差以及阅读能力、社会阅历、情感特征的局限等诸多因素，导致他们缺乏辨别网络信息真伪的能力，无法准确地解读网上信息，从而容易受到负面信息的误导。生活在新媒体文化所制造的环境之中，我们必须学会生存，注重在思想政治教育进程中持续不断地倡导新媒体素养教育，使媒体素养观念和意识入脑入心，这是新媒体时代推进高校思想政治教育提质增效的一项重要战略举措。

媒体素养教育，就是指导受教育者正确理解传媒及其信息，建设性地享用媒体传播资源，培养他们具有健康的媒介解读和批判能力，使其能够在多元的媒体环境中，充分合理利用媒体资源完善自我、参与社会发展。因此，媒体素养不仅是一种知识体系，而且是一种技能、一种思维方法，是现代公民必备的基本素质。在内容结构上，积极整合资源，在当代大学生中实施媒体素养教育工程。努力提升当代大学生的媒体素养及面对媒体尤其是新媒体的各种信息时的理解能力、选择能力、评价能力、表达能力、创造能力以及批判和鉴别能力。新媒体时代，网络、手机的互动性、随意性等特点在信息传播十分迅速、方便的同时，对广大网民和手机用户的理性思维能力、完善的知识结构提出了更高的要求。在高校思想政治教育内容结构中大力实施媒体素养教育工程，将有助于提升大学生对纷繁复杂的网络信息的准确理解、正确选择、合理评价的能力。通过对大学生进行新媒体道德规范教育，引导他们在遵纪守法、符合道德规范的要求下使用新媒体，增强其法纪观念，提高其道德素质，努力培养他们成为一定范围内有创新性的"舆论领袖"和正面信息的传播者，从而逐步形成"线上"和"线下"思想道德文明建设的合力和良性循环机制。

第三节　高校思想政治教育主客体媒体素养的培养

面对新媒体时代高校媒体素养教育存在的问题，应从现实出发，采取可实施的对策措施，切实提高高校大学生和教育工作者的媒体素养。

一、要引导大学生深刻认识加强媒体素养教育的重要性

在高校开展媒体素养教育，首先要引导大学生深刻认识加强媒体素养教育的重要性，端正学习态度。在一定程度上，学习态度决定了学习效果。在端正学习态度的基础上，明确开展媒体素养教育具有现实意义。

（一）有利于提升大学生的综合素质

大学生对媒体的认识，对媒体的选择与接触，对媒体内容的甄别与判断，对媒体的使用和运作，直接关乎大学生社会生活的质量，关乎他们价值观念的形成。因此，媒体素养必将成为大学生基本的生存能力和生活技能，成为大学生必备的基本素质。只有让大学生树立媒体素养教育终身制的理念，才能真正提高大学生的媒体素养，使他们利用媒体发展自我，提高自己的综合思维能力和创新能力，将自己培养成能够有效利用媒体，具有高度责任感及独立批判能力的高素质公民，尽快成为新时期社会发展所需要的复合型创新人才。

（二）有利于发展大学生的创新能力

创新型国家的建设离不开高素质的创新型人才。21世纪是知识经济的时代，需要培养具有创造精神、创造能力的大学生，以适应社会发展的需要。学生时代是人的思维发展较活跃的时期，是人的品德、素质形成和发展的关键阶段。在大众媒体迅猛发展的当今社会，媒体素养教育对大学生的专业文化素养和创新能力的培养起到积极的作用。高

校大学生接受媒体启蒙已经成为成长过程中的必需。在当今科学技术迅猛发展的信息社会，须具备较强的信息分析、加工、开发能力及接受相关学科的信息创新能力。大学生具备较高的媒体素养是开拓创新的前提，是适应社会信息化发展的需要以及实现终身教育的重要途径。

（三）有利于满足大学生健康成长的内在需要

在新媒体时代，新知识、新事物的出现频率高且更新速度快，这就要求高校学生提高媒体认知能力，增强媒体分析能力，提升个人的文化素养，形成对负面媒体信息的抵制能力，让媒体成为服务学习、生活的工具。在媒体素养教育中，通过介绍媒体的基本知识和主要用途，使大学生了解媒体传播信息的作用；通过分析影响媒体生存发展的各种社会因素，让大学生学会判断媒体信息的多重意义；通过剖析媒体信息的制作过程及其传播技巧，使大学生认识媒体对受众的操控能力；通过引导大学生对媒体进行有选择的接触，培养其利用媒体的发展来为自我服务的能力。

二、要构建完备科学的媒体素养教育工作机制

（一）相关教育部门应重视培养高校大学生的媒体素养教育工作

我国的相关教育部门应高度重视高校大学生媒体素养的培养，设立相应的媒体教育机构，要致力于提高我国整体国民的媒体素养，普及媒体素养理论知识的认知度，定制适合高校大学生媒体素养教育的实施计划和纲要。加大媒体素养教育的投入资金、加强设备建设，增加师资力量并提高师资水平。将高校的校园网络管理规范化、制度化，以确保校园网络的安全稳定。积极组织各专家、学者关于媒体素养教育的深入化研究，增强与相关学科的交流，充分发挥媒体的教育和文化诱导作用。总之，相关的教育管理部门要利用一切可用资源为媒体素养教育的普及服务，积极采用各种措施，努力引导媒体传授知识和文化领域的积极向上的作用，抵制不良资讯信息。

（二）要加强各学科之间的合作

高校作为教育科研和实践的重要场所，在媒体素养教育的实施过程中，占有举足轻重的地位。从我国高校的现状来看，媒体素养教育的研究和实践主要是由新闻传播与教育两大学科的专家学者组织开展的。要提高大学生的媒体素养，不能只依靠新闻传播专业本身，要加强与教育学、社会学以及心理学等学科的交流与合作，进一步加强对媒体素养教育的研究，有计划、有步骤地开展媒体素养教育活动，借鉴已开设的素质课程教育的经验，创新教育模式，加强师资队伍的建设，为媒体素养教育的开展提供可借鉴的意见和建议。

(三)要建立健全校内各部门之间的协调工作制度

高校应该把媒体素养教育当作一个"育人工程"来抓。建立由学校领导带头,宣传部、教务处、学工处、团委等各部门组成的工作领导小组,统一安排、布置、协调工作,将媒体素养教育纳入思想政治教育的轨道。学校应下拨充足经费,配备专门人员,在人力、物力、财力上提供保障。工作人员在充分调研的基础上根据学生实际做好各项细节工作(如建立科学的媒体素养教育管理机制、设计媒体素养教育实施方案、建设媒体素养教育校内外基地、制定考评和操作办法等)。还应建立健全媒体素养教育保障机制,根据学校条件和本校大学生实际情况制订相应制度和评价体系,各院系要有具体的媒体素养教育计划,还应定期进行检查和评估,使大学生媒体素养教育正常化、规范化、制度化。

(四)要建立健全学校、家庭、社会的媒体素养教育体系

大学生媒体素养教育是一项系统工程,必须有效整合社会各界的教育资源,全面建立健全教育机制,努力构建如学校、家庭、社会和大学生自身为一体的教育格局,让各个教育力量都发挥作用,构建全面、立体、丰富的工作网络,实施媒体素养教育。在各高校对学生进行媒体素养教育的同时,社会和家庭对大学生的媒体素养教育也起着至关重要的作用。社会直接影响着大学生的成长成才,全社会都有责任和义务为学生营造一个积极、健康、良好的媒体环境,对学生进行正面的引导和影响,使他们养成乐观向上的生活作风和人生态度,建立健全他们的人格。家长是孩子的启蒙老师,家庭对学生的媒体素养有着很大的影响。学校要关注学生媒体素养的培养和养成,勤与家长沟通,营造一个良好的媒体环境,促进大学生的健康发展。同时,大学生也要自觉地增强媒体素养的养成,树立明确的目标,制定适合自己的媒体素养培养计划,确保自己拥有积极正确的媒体行为意识,掌握媒体的理论知识,加强对新闻媒体的认识和了解,增强自己的评判和鉴别能力。

三、要创新媒体素养教育的载体平台

(一)建立专业的培训机构和平台

依托专业的培训机构,制定有针对性的培训课程,这是美国媒体素养教育的成功经验之一。我国大学,尤其是师范院校、教育技术学院的学科基础普遍较强,有专门的教育技术培训机构。因此,在我国高校媒体素养教育过程中,要充分发挥当地师范院校教育技术学院(中心)机构设置完备的优势。在学习平台的构建上,一方面要依托当地师范院校、教育技术学院(中心)现有的媒体教育资源,另一方面要充分发挥现代远程教育技术发展的优势,在较大的空间范围内,统筹优势的媒体教育资源和网站中的媒体素养知

识的普及栏目,并根据大学生和教师的特点,搭建起基于互联网的长期、稳定、可及、开放性的媒体教育资源载体平台。

(二)充分发挥网络优势,开设校内媒体素养分享平台

互联网具有多媒体的传播优势,由于有数字化的基础,文字、图片和声音之间可以进行相互转换,信息传播成本大大降低。互联网所传播的信息具有传递迅速、更新快、共享性好等特点,可以传递丰富的教育资源。因此,网络可以成为媒体素养教育的重要载体。国外在媒体素养教育方面,积极发挥网络优势,如建立媒体素养及媒体素养教育网站便于国民学习基本的媒体素养知识。目前,我国的许多高校也开始利用互联网来传播媒体素养知识并已有部分高校创办了相关网站。因此,可以考虑在高校进行媒体素养教育的过程中,可以利用校内网络将与媒体素养相关的文字、图片、声音、视频等手段整合在一起形成多媒体的传播平台,汇总资源优势,并利用人才优势建立校内媒体素养网络分享平台,这样,既利于大学生和教师查阅学习使用,又能起到媒体素养传播的功效。

(三)依托和运用好社团主题活动和系列主题讲座等载体平台

大学生媒体素养教育从目前国内高校开展媒体素养教育的现状来看,利用社团组织开展与媒体素养相关的主题活动,受到大学生们的普遍欢迎和广泛参与,诸如青年志愿者协会、校园记者团队、绿色环保协会等社团可以利用微博、QQ群、微信群等网络新媒体,宣传自己学校,推介自己社团活动等媒体行为;组织宣传公益事业和鼓励大学生参与公益行动等,大学生们可以通过社团的组织和活动充分利用这些网络新媒体,参与主题讨论,发表自己的观点。学校可以邀请社会上媒体专家、学者、行业杰出者来校针对相关主题做专题讲座,围绕比较热点的新闻事件,特别是针对由网络新媒体引起的社会热点事件为大学生介绍媒体知识,分析事件发展变化的原因,揭示网络新媒体的作用,提示大学生理性看待各种热点事件,合理合法使用网络新媒体,使网络新媒体变成促进学习、了解时事、关心社会生活、发表个人理性意见的有效平台。通过这些专题讲座使大学生们能够在潜移默化中不断提高媒体素养,促进个人全面发展,丰富大学生媒体素养教育内容。随着网络等信息技术的不断发展,将会衍生出更多种新形式的媒体,但无论传播形式如何演变,都不会改变传播活动的本质和目的,只要我们重视这些新的媒体,尽快研究出对于这类网络新媒体的管理办法,重视和加强大学生群体的媒体素养教育,通过不断更新教育理念和教育方法来提高他们的媒体素养,提高他们的法律意识,使他们能自觉抵制不良信息的影响,提升他们的综合素质,促进大学生的全面发展,为社会发展培养出更多优秀的综合型人才。

四、要提高高校教育工作者的媒体素养

高校开展媒体素养教育，师资是其中的一个关键问题。随着新媒体的迅速发展和广泛应用，不少高校教师已不能很好地适应新的媒体环境，在新媒体使用方面的能力明显不足，出现了教师变学生、学生变老师的现象。同时，由于媒体素养教育涵盖的层面很广，不仅涉及传播学和教育学，而且与心理学、美学、语言学、社会学等学科互有交叉。从事媒体素养教育的教师不仅要有新闻传播专业知识，如有关媒体基本知识、传播媒体运作原理以及媒体产品制作方式等，而且也要有一定的教育学理论基础，了解教学规律和学生的心理，否则难以胜任教学任务。为此，教育主管部门和高校必须采取有力措施，提高高校教育工作者的媒体素养。

（一）要加强媒体素养教育师资培训，让教师懂得如何教、教什么

为了在短时间内培养出大量的适应岗位需要的师资，建设一支质量过硬的师资队伍，有必要创新师资培养的方式：①把相关教师选送出去，对他们集中采取在岗进修、培训的方式，并把这种培训作为现行教师专业发展中的一部分；②每年都对他们进行一次集中培训，纳入相关的考核标准中，并促使这种做法朝常态化、制度化方向发展，以便不断地更新教师的教学理念。同时，要采取一系列的措施，充分调动他们的积极性，激励他们的探索精神，通过摸索不断地积累经验，从而提高整体高校师资的媒体素养水平。

（二）要有针对性地构建高校教师媒体素养教育的内容体系

高校教师的媒体素养教育要针对教师的群体和职业特征展开。一方面，高校教师尤其是中青年教师，由于接受过长期、系统的学校教育，学历层次高，对现代信息技术的接触程度、关注程度和认可程度都较高，具有一定的媒体素养。另一方面，高校教师在与学生的教学互动关系中，实际上处于一个"意见领袖"的地位，教师本身对媒体本质及其特点的认识、批判及其使用程度，即媒体素养程度的高低对受其直接影响的大学生有极强的示范作用。因此，高校大学教师的媒体素养教育必须具有极强的针对性：①提高大学教师的媒体意识和认知能力。前者指的是提高对媒体的性质、特点及其作用的关注程度和敏感程度。后者指的是培养大学教师对于媒体"环境监视、社会协调、社会遗产传承"等正功能，以及媒体创造拟态环境功能的认识。同时，意识到媒体素养教育对于教师专业发展的不可替代性。②培养大学教师多层次的媒体素养能力。这包括3个层次，先是认识并掌握媒体的概念、种属、功能、使用规律等基础知识，尤其要掌握教师教学活动中经常使用的基础媒体工具，如PPT、多媒体制作等；然后是在使用媒体从事教学活动的过程中，在掌握媒体特点和规律的基础上，批判性认识媒体的作用；最后是强化媒体为

我所用的意识，即强调人在与媒体关系中的主动性和主导地位。③正确辨析媒体素养教育的内容与教育技术教育的内容之间的关系。在教育中，需要强调的是要避免将高校教师媒体素养教育简单化理解为教育技术教育，应在教育技术教育的基础上，实现更高层次提升。

（三）要提高高校思想政治教育工作者的媒体素养

新媒体时代，要大力加强高校学生思想政治教育工作队伍的建设，培养一支既懂思想政治教育又懂网络技术，具有良好网络媒体素养的思想政治教育工作者队伍。高校思想政治教育工作者必须与时俱进，深入了解网络社会大学生教育与传统教育的不同，尽快熟悉和掌握常用的网络技术，不断提升自身媒体素养。具体而言，教育工作者应该具备媒体基本理论，深入了解大众传媒内容的生产流程和传播特点，对媒体信息具有较强的判断和评估能力，并了解大学生的网络话语体系，掌握较丰富的网络信息和知识，具备较强网络交往能力。只有这样，高校思想政治教育工作者才能与大学生开展深入交流，在交流中进行有效引导，从而提高大学生思想政治教育工作的实效性。

五、要开设专门媒体素养教育课程

（一）要把开设媒体素养教育课程纳入大学生通识教育的组成部分

目前，我国高校教育中还较少使用媒体素养教育来设置课程，即使是有所涉及的诸如信息技术教育课程或本校课程中，也普遍存在着所编制课程跨学科研究不够，吸收传播学、心理学的研究成果少，在课程目标上偏重现代技术的技能掌握而忽视媒体素养的提升等问题。高校如何帮助大学生在面对不良媒体环境或者媒体信息时形成自我保护，形成抵抗能力，在"强势媒体"面前成为"强势受众"，是高校媒体素养教育应该达到的基本目标。因此媒体素养教育必须进入高校的课程体系，普遍开设媒体素养教育课程，或在有关学科中加入媒体素养教育的内容，成为大学生通识教育的一部分，而课堂则成为大学生媒体素养教育的主阵地。

（二）要构建高校媒体素养教育的内容体系

媒体素养教育涵盖层面比较广泛，涉及到传播学、心理学、教育学、美学等学科领域，大学生媒体素养教育内容体系总体上应该包括媒体知识、媒体观念、媒体能力和媒体道德几方面。开设媒体素养教育课程，重点应突出3个方面内容。

1. 关于大众传播媒体基本知识的教育内容

这项教育内容主要是帮助大学生了解基础性的媒体常识以及媒体环境的产生过程。具体应该涉及到大众传播媒体的类型及特点，不同大众传播媒体内容的制作流程，媒体组织的运行规律，传播者的编码、制码方式，大众传播媒体收入的主要来源，大众传播媒体的基本功能、负面功能和经济功能，以及影响传播媒体和传播者把关的主要因素等。对于这些常识性问题的理解，有助于大学生认清各种不同媒体的运行特点和规律，正确认识媒体的信息和媒体所营造出的"拟态环境"，了解到信息是如何生成和传播的，自己是如何受到媒体信息的影响进而被大众传播媒体所同化的。

2. 关于媒体行为的道德教育内容

在大众传播媒体尤其是网络媒体中充斥着大量不健康的内容，青少年缺乏抗拒的能力，往往会受到媒体内容的负面影响，产生一些极端的行为。除此之外，由于一般受众对网络里的信息难辨真假，通常会对一些信息盲目听信，并毫不负责地将信息转发、传播出去，造成对他人甚至是自己的伤害。更有甚者在网络中肆意窥探他人隐私等。这些行为表面上看起来似乎是大众传媒的负面功能使然，但深究起来还是在于受众的媒体道德水平不高的结果。因此，在高校媒体素养教育的课程中，加入媒体信息道德教育的内容，可以帮助大学生在信息制作、传播和接受等过程中树立和强化道德意识和自律意识，净化大众传播媒体的环境。

3. 关于媒体应用能力的教育内容

主要包括对媒体信息的选择和处理的能力、正确评估媒体信息的能力、参与大众传媒内容生产的能力、主动传播的能力、利用大众传播媒体参与社会管理以及维护自己权利的能力等。教育中主要侧重帮助大学生树立大众传媒的工具意识，淡化消极的媒体应用，帮助大学生树立正确的媒体观念，创造性地利用媒体信息，以实现自我的价值。

（三）要因地制宜开展媒体素养课程教育

在高校教育中引入媒体素养教育课程，是培养和提高大学生媒体素养最有效的途径和方法。可以采取因地制宜或分步进行的办法实施媒体素养课程教育。条件成熟的高校可以直接开设面向全校大学生的媒体素养教育公共必修课程。一定基础和条件的高校可以先在部分专业中开设选修课进行实验，待条件完全成熟后再设为各专业的公共必修课或通识教育课程。暂时没有条件开设媒体素养教育课程的高校可以采取举办学术论坛、专题讲座的形式，开展一些初步的媒体素养教育活动，起到引导、带动的作用。

六、要加强大学生媒体实践锻炼和思想政治教育

（一）将课堂教育与社会实践相结合

对大学生进行媒体素养教育，课堂教育是主阵地，而社会实践是课堂教育的自然延伸，是教育从理论向实践的自然拓展。社会实践具有丰富性、多样性的特点，能够加强

大学生对媒体素养基本知识的真实感受。社会实践有非常明确的目的性，是紧紧围绕着课堂教育的内容展开的。在组织大学生进行社会实践时，一定要按照媒体素养教育的要求，提早做好社会实践的规划，防止出现自由、散漫、无序的现象。实践结束后要撰写实践报告，把一些优秀的实践报告汇编成册。组织媒体素养教育的社会实践不在于多而在于精，能真正有助于大学生的成长。高校要为学生参与社会实践多开辟一些渠道，参与到校内外媒体的活动中，让每个学生都有机会参与到社会实践中去，不但重视自己的实践，而且重视别人的实践，认知学习和领会别人的实践经验。

（二）充分利用校园网络媒体，开展大学生媒体素养教育实践活动

大学校园作为传播科学知识和先进文化的重要阵地，有着较为丰富的媒体资源，这些媒体资源包括校园报纸、校园电视、校园网络、校园广播等，这些传播媒体具有天然的贴近性，信息量也很大，辐射面较广，是校园内师生获得校园新闻的主要渠道，深受师生的喜爱，对于营造适合大学生们健康成长的舆论传播环境有着重要的意义；同时，也可以将校园媒体作为开展媒体素养教育的重要实践平台。目前，国内各个高校都很重视和加强校园舆论传播媒体和文化设施的建设，开展媒体素养教育的高校充分发挥校园网络媒体得天独厚的优势，利用校园网络平台开展大学生媒体素养教育的实践活动，让大学生能够参与到校园新媒体使用和管理当中去，通过管理和使用包括校园门户微博、校园BBS、手机信息发布平台等网络新媒体，掌握网络新媒体应用的基本知识，培养大学生对于敏感信息的识别能力，通过亲身参与，让大学生能够深入了解网络新媒体运行的全部过程，提高大学生的网络媒体素养。

（三）注重媒体素养教育与大学生思想政治教育工作的紧密结合

媒体素养是现代社会高素质人才必备的修养，加强大学生的媒体素养教育是新媒体时代高校思想政治教育工作的重要举措，也是与时俱进地进行高校教育改革和发展的必由之路。所以应当通过思想政治理论课以及在社会学、传播学、心理学、新闻学等相关课程中增加媒体素养教育的内容，来促进媒体素养教育与其他知识教育和思想政治教育途径的相互联系和互动，使媒体素养教育课程接触的学生面更广，以使更多的学生在课堂中接受媒体素养教育。此外，高校辅导员作为对学生进行思想政治教育的主力军，在培育和提升大学生媒体素养教育方面也要发挥重要作用。

随着新媒体技术的发展，不少辅导员也运用QQ、微信、微博等新媒体工具对学生开展工作，其中也不乏一些卓有成效者，通过新媒体定期和学生进行交流，有效地培育了学生运用新媒体进行学习交流以及独立思考的能力。但由于目前还没有系统地开展媒体素养教育的规划，辅导员们往往是从德育教育的角度进行这方面的工作，在工作中还缺

少一定的媒体理论支撑。当前，媒体素养教育可考虑纳入形势政策课程范畴，可通过一些具体的媒体素养案例分析来提升大学生的媒体素养，也可以通过较为系统的媒体素养教育来培育大学生认知媒体和利用媒体的能力，以及媒体批判能力等。当然，实现这一举措的基础是要全面提升辅导员们自身的媒体素养。现在高校对于网络思想政治教育工作都比较重视，但在新媒体迅速发展的背景下，要做好这项工作，只有不断提升辅导员队伍自身的媒体素养，才能真正融入学生的学习生活中，才能更好地引导学生的注意力，从而提升网络思想政治教育工作的有效性。

七、要创立良好的媒体素养培育环境

当前，要从校园和社会两个方面创立良好的媒体素养培育环境。

（一）高校方面

从高校方面来说，要切实改善校园网络环境，为大学生营造良好的媒体素养教育氛围。要充分发挥校园媒体的优势和作用，重视校园舆论传播，运用各种传播形式和宣传手法为学生们营造一个知识、技能和观念全面的文化氛围。针对目前校园网络环境的现状，要着力从两个方面进行改善：①建立好网络素养培育的网页或网站。网络的传播具有交互特性，互联网对大学生的世界观、人生观、价值观等冲击很大，已经成为国际政治斗争中的软实力。建立和完善校园网的网络素养培育网页或网站，通过校园网这一网络平台，宣传网络相关知识。校园网在增强其实用性基础上，要及时更新完善网络资源信息，为大学生提供丰富有用的信息内容，以校园生活内容为信息载体，通过各种有趣的形式呈现在大学生面前。②加强对校园网的监管。现在不少高校的大学生宿舍都接入了互联网，学校的网络管理部门应该在 IP 地址管理、论坛实名制、不良网站屏蔽、网络接入时间上要加强管理，为大学生营造一个安全健康、和谐有序的网络环境。

（二）社会方面

从社会方面来说，要引入媒体、政府、家庭的合力，创造有利于大学生媒体素养提升和培养的社会大环境。

1. 媒体要肩负好舆论引导责任

媒体应从政治导向、社会责任、文化建设 3 个方面发挥功能：①引导不误导。新媒体时代，主流媒体失去独家报道的垄断性、过滤机制的主动性，同类话题蜂拥而至、竞相报道干扰了主流价值导向，应做好新角色定位，完善信息服务性质的革新。为保证内容的真实可信与阅读价值，应利用舆论形成快捷特点，聚焦公众关注，发挥政治导向功能；通过反复播报形成热点话题，吸引公众视线，引导全民范围公共领域的讨论互动，弥合社会裂隙。平时作为社会观察广角镜，应发挥社会监察作用，对违法、不良行为进行曝光，进行权力监督；遭遇危机时，应作为抚慰心灵的镇静剂，以稳定民众情绪，降低恐慌。②鼓舞不鼓动。面对网络环境公共、私人舆论场交叉的新现象，媒体应履行社会责任，完善业内自律。要完善行业内部管理制度，提高媒体队伍的专业素质与服务质量，增强新闻工作者、精英阶层、大众个体发布信息行为，履行法律、道德义务和社会责任。主流媒体应坚持新闻正义，公开辟谣，以深度的思想、权威的声音重新赢得信赖，恢复公信力。网络媒体应以灵活机动报道方式，巧妙议程设置，保障受众的信息共享、管理裁决、交流安全等更多权利的实现。通过捕捉、搜集舆论中可能诱发危机的矛盾因素、隐性情绪，形成预警机制，危机播报在政府管理和公众需求之间寻找制衡点，做健康引导，积极应对信息敏感时期的公众信任危机。③通俗不恶俗。媒体应防止过分追求商业利润、降低水准的媚俗、夸大娱乐功能却忽视知识与道德教化作用。引入社会公共道德教育，整合信息舆论，打造文化教育平台，以健康、活泼、睿智、前瞻而又具备娱乐精神的作品营造文化熏陶氛围，鼓舞团结广泛力量建设和谐社会。

2. 政府要完善好网络监管职能

①法律规范。改善现行信息环境立法滞后、未形成系统的现象，提高网络监督的法律保障力度。政府应加强网络立法规范化、权威性，高站位专项研究，严格程序，完善网络法律体系，保障及时科学、协调划一。构建运营服务法律框架落实责任，执行网络行业市场监管，强化网络从业人员普法意识，创造用户文明上网环境。网络从业人员履行法律义务，依法规范行为，倡导社会为大学生法制教育提供契机，拒绝法律盲区。

②技术控制。增强堵截、过滤技术的研发及应用力度，净化信息纯度，降低网络安全运行风险。寻求技术支持，建立安全防御机制，通过防火墙过滤垃圾、杂陈信息，通过口令设置等加密技术防止隐私泄露，通过数字认证、身份识别技术保护用户信息安全，针对层出不穷的新问题一一化解技术难题。要改善农村与城市、东部沿海与中西部网络管理基础设施的不均衡现状，从中央到地方技术保障层级完善实时监控机制，进行信息情报监测、垃圾信息过滤、有害内容屏蔽，将网络信息环境实时评估情况及时通告相关网络企业，敦促维护青年学生的网络权益，通力合作完善技术控制体系。

3. 家庭要发挥好辅助教育作用

家庭是每个人启蒙教育的开始，应通过家庭氛围影响，发挥言传身教的表率作用。大学之前，家长通过家长会、教师家访、通讯联系等形式重视与学校的联合教育；升入大学后，家长对学业监督有所懈怠，由于地域等因素，从心理上责任缺位。因此，应发挥家庭的寒暑假监督功能，给孩子适度空间，不严厉、溺爱走极端，提供安全上网环境，培养健康用网观念，鼓励多参加有益的社区活动，培养社会适应能力和信息行为伦理。

总而言之，要实现高校媒体素养教育环境的优化，必须充分发挥各影响因素的联动力量，形成有机的统一体，并保证媒体素养教育环境的优化得到社会各方力量的支持，从而实现高校媒体素养教育环境的良性发展。

八、要加强媒体素养教育的理论研究和交流

（一）要加强理论研究和交流

目前我国的媒体素养教育研究没有质的飞跃，缺乏真正有建树、有创新的观点，而且始终没有引起广泛、充分的重视。相关专家学者应该从定性分析和主观评价中走出来，脚踏实地地进行定量调查，认真调研我国当代大学生的媒体素养状况，做出符合我国当代大学生现实状况的分析，并把理论研究成果付诸实践。媒体素养教育研究应当鲜明地反映当前理论在阐释大学生与媒体、媒体素养教育关系方面的超前性，解决实践当中碰到的问题。我们现在急需一些清晰的、权威的文件，对媒体素养教育做出定义，并为媒体素养教育应用提供基本原理与指导，学院派的研究者和直接接触大学生的教育者之间需要有更多的对话与沟通。在组织层面、国家层面，国际层面，需要有更多的交流与对话，这些对话与交流应当持久而不是仅是相隔数年才举行一次会议，形式可以多样。国外发达国家的经验证明，研究和交流是促进媒体素养教育活动持续开展的动力。

（二）要借鉴相关学科知识，丰富理论研究

高校媒体素养教育研究，是一个涉及思想政治教育学、教育学、传播学、新闻学、心理学、社会学等多学科的研究领域。在对高校媒体素养教育路径的探寻中，必然要借鉴上述学科相关的理论知识和研究方法，实现研究的科学化、全面化，正所谓"他山之石，可以攻玉"。重要的是，无论是传播学、新闻学，还是心理学、社会学，都拥有成熟的理论体系和完善的研究方法，这些均值得媒体素养教育研究加以借鉴和研究，从而形成独具自身研究特色的媒体素养教育理论。理论的形成和丰富是指导实践的重要基础和前提，因此，要优化大众传媒环境，首先要构建科学的理论体系。具体而言，一是将思想政治教育与传播学理论有机结合，研究建立一门新兴边缘学科思想政治教育传播学，重点研究新媒体传播对思想政治教育的双重影响；二是借鉴社会统计与调查学科的测量工具和方法，对大学生接触媒体的动机、行为、影响等进行科学的定量调查与定性分析，掌握真实的第一手资料，从而有针对性地进行高校媒体素养教育；三是参照心理学的心理干预机制，制定符合大学生实际的新媒体接触预警机制，减少大学生接触不良信息的机会，降低大学生受媒体负面因素的影响，利于新媒体时代高校思想政治教育的完善；四是借

鉴国外的相关媒体素养教育的研究成果，不断推动高校思想政治教育与新媒体传媒环境的良性互动，培养人们对"媒体环境"的警觉意识，提升其媒体素养。

（三）借鉴国外经验并将之本土化

国外的媒体素养教育研究起步较早，取得了较多的研究成果和实践经验。在发达国家，媒体素养教育不仅在学校教育中形成了从小学到大学的教育体系，而且形成了自下而上的媒体素养教育草根运动，还获得了国家的认可和相应的政策支持。对于国外现有的理论和经验，我们应该取其精华，去其糟粕，结合我国国情和大学生特点加以利用，使之实现本土化。比如借鉴西方流行的媒体素养教育教材，编写我们国家高校的非专业学生的媒体素养教育公共课教材等。

第六章　新媒体环境下高校思想政治教育的资源整合

　　整合的主要含义是指通过整顿、协调重新组合。思想政治教育资源整合是指把纳入思想政治教育活动并有利于思想政治教育的各种要素，根据思想政治教育的需要加以整顿、协调重新组合，以利于思想政治教育目的的实现。思想政治教育是一项社会实践活动，需要丰富的思想政治教育资源作为支撑。然而，新媒体时代人们的思维方式发生了变化，特别是人们的思想教育方式、接受方式发生了革命性变化。面临新情况、新问题，高校在思想政治教育资源开发、利用与优化整合等功能方面还很欠缺，这已成为制约当前高校思想政治教育工作的关键因素。因此，转变观念，提高认识，重视和加强思想政治教育资源整合功能，是新媒体时代开创高校思想政治教育工作新局面的一项基础性工作，这也是深化高校思想政治教育工作的重要途径。

第一节　新媒体环境下高校思想政治教育资源整合的基本依据

一、新媒体时代高校思想政治教育资源整合的必要性

　　新媒体技术的迅猛发展，为高校思想政治教育活动提供了广阔的空间，但无形之中也增加了思想政治教育的价值实现难度。资源整合的最直接意义就是使有限的资源最大限度地满足人们的需要，使资源利用达到最大化。在新媒体环境下，高校思想政治教育工作要突出资源整合意识，从资源的视角来研究和探讨资源整合对思想政治教育价值实

现的意义。实行高校思想政治教育的资源整合，主要基于以下几方面原因：

（一）克服新媒体时代高校思想政治教育资源自身短处的内在需求

长期以来，高校思想政治教育资源存在"三大短处"：

1. 资源短缺

当前，我国高等教育已经进入了大发展时期。大众化教育发展迅猛，一方面是大批中等职业院校升格为高等专科职业院校；另一方面是独立学院的兴起，使得高校数量激增。此外，原有高校不断扩招，促成了庞大的受教育群体。由于高校思想政治教育资源的增长幅度与受教育群体的增长速度不同步，许多高校的思想政治教育资源在短时期内显得相对短缺。因此，实行思想政治教育资源整合不失为解决这一需求矛盾的有效尝试，也有利于促进不同地区思想政治教育公平。

2. 资源发展不平衡

高校思想政治教育资源发展的不平衡，主要表现在两个方面：一是地区性不平衡。由于经济和文化发展的不平衡，不同地区的政府和教育行政主管部门对高等教育的财政经费投入有所不同。经过多年艰辛的努力，高校的思想政治教育学科建设取得了较大的成就。目前，全国马克思主义理论与思想政治教育一级学科学位层次已达到齐备的程度，硕士、博士学位点几乎遍及全国各个大区，数量多，分布广，自20世纪80年代以来培养了大批的硕士生、博士生。但目前这些研究性环节主要分布在经济较发达的东部和政治文化氛围浓厚的北部地区，一大批有理论素养和实践经验的思想政治教育专家、学者相继向其聚拢。二是领域性不平衡。在社会领域内，社会思想政治教育资源主要有网络、影视、新闻、媒体、书刊、博物馆、纪念馆以及各类标志性建筑物等；社区思想政治教育资源主要有工厂、商店、社区、文化娱乐部门、司法机关等单位和部门，这些思想政治教育资源内容丰富但缺乏系统性和理论指导作用。而高校的思想政治教育资源虽然较为系统且具有很强的指导性，但缺乏生活气息和吸引力。在不增加或少增加思想政治教育投入的前提下，实行高校与社会、高校与高校之间的资源整合，可以最大限度地发挥现有的高校思想政治教育资源的作用，提高教育资源的使用效率。同时还有利于高校之间交流研讨，促进高校与社区间双向互动关系的形成，改善和巩固高校与社区间的相互合作关系，提高办学效益和教育教学质量。

3. 资源发展存在差异

高等教育的发展类型和层次具有多样性。从院校的生源层次来看，存在着本一批、本二批院校；从院校的办学性质来看，存在着公办院校、民办院校和独立学院；从院校的办学类型来看，存在着文科类院校、理工科类院校、艺术类院校及综合性大学。各级各类院校在思想政治教育资源方面存在着较大的差别。现实中，各种高校思想政治教育资源分散在不同的地区和不同的单位，受时空的限制无法实现有效聚合。资源整合是通过一定的手段和方式，使资源在一定程度和范围内集中。在思想政治教育资源总量一定的情况下，实施资源整合，也是各级各类高校解决思想政治教育资源差异性问题的有效尝试。

（二）适应新媒体时代高校思想政治教育资源新特点的现实需要

新媒体时代，新媒体以其海量的信息、迅捷的传播速度、"多对多"的传播方式、受众范围广以及影响结果直接显著等特色，使其在高校思想政治教育中所起的资源性作用正逐渐被认识和重视。新媒体在高校思想政治教育中的地位和作用的显现，赋予了高校思想政治教育资源新的特点：

1. 潜在性

如同其他资源一样，思想政治教育资源无论其存在形态、结构，还是其功能和价值，都具有潜在性，必须经过思想政治教育工作者实施主体自觉能动地加以赋值、开发和利用，才能转化成现实的思想政治教育资源。新媒体时代，高校校园媒体的教育功能需要经过思想政治教育工作者自觉主动地加以开发和整合才能得以实现。

2. 多样性

思想政治教育资源的"客观状态"具有多样性，不同地域、不同时代、不同文化背景下，可供开发和利用的思想政治教育资源不同。新媒体时代，知识层面的、活动层面的以及环境与设施层面的高校思想政治教育资源，在概念和外延上得到了拓展。新媒体所承载的内容信息、文化、思维方式及其自身的知识传递的功能性作用，使得高校思想政治教育资源得到了极大的丰富。

3. 动态性

思想政治教育资源是一个与社会资源系统、人的主观价值系统和开发条件等动态适应的子系统，因而不同主体在不同情景下面对可能开发利用的思想政治教育资源是不同的。新媒体的开放、迅捷、及时和海量化信息承载量，赋予了高校思想政治教育资源动态的、开放的和较强情景性的特点，因而必须针对具体的时空条件和情景进行开发与利用。

4. 选择性

思想政治教育资源是客观社会资源经过主体筛选后具有主观性和客观性的资源，其涉及范围广泛，包括制度层面、精神层面和物质层面。新媒体在高校校园的兴盛丰富了高校思想政治教育的手段和途径，扩大了思想政治教育资源的选择性。

（三）加强新媒体时代高校思想政治教育资源利用的必然要求

新媒体时代，加强高校思想政治教育资源整合是为了合理地利用资源，使大学生思想政治教育具有更强针对性和实效性。如今的高校思想政治教育资源整合虽然取得了显著的成效，但是在整合过程中仍然存在着一些不可忽视的问题。因此，必须深化对高校思想政治教育资源整合必要性的认识，深刻认识"四个必然要求"：

1. 提高高校思想政治教育资源使用效率的必然要求

一般来说，教育者在高校思想政治教育实践中遇到和直接运用的都是大学生思想政治教育个别而具体的资源形态。但是，无论哪种资源形态都不是孤立存在的，而是与其他的资源形态相互依赖、相互支撑，有机结合在一起而形成一个整体。在高校思想政治教育资源整合过程中，存在着现有高校思想政治教育资源的有限性和所需资源无限性之间的客观矛盾。只有在现有的条件下，充分把握思想政治教育资源的属性，正确地审视和理解高校思想政治教育资源之间的内部关系，再进行全面的合理整合与配置，达到资源共享，才能更好地提高高校思想政治教育资源的使用效率。

2. 提升高校思想政治理论课实践教学资源质量的必然要求

高校思想政治理论课实践教学资源的质量，是指思想政治理论课实践教学资源作为一个系统，它的各组成要素能否满足实践教学的要求，以及各要素之间能否实现最优组合，形成合力，使之功能效益最大化。实践教学资源的质量也是影响高校思想政治理论课实践教学环节顺利实施的重要因素。新媒体时代，高校思想政治理论课实践教学资源既有人、财、物等有形的要素，又有教风、学风、校园环境、社会舆论等无形要素，这些要素之间的结构是否搭配合理，既反映了资源本身的质量，又直接影响和制约思想政治理论课实践教学的效果。即各种实践教学资源对思想政治理论课实施所起的作用不是一个简单的、直接的、机械的过程，而是一个有机的、综合的复杂过程。任何单个要素所起的作用都是十分有限的，只有将各种实践教学资源的力量联合起来实现资源共享，才能形成教育合力，达到资源综合利用的最佳效果，而这些只有通过对资源的充分整合才能实现。通过整合，可以将所需要的各种思想政治理论课实践教学资源按计划和要求进行调配和优化组合，使其相互联系、相互作用、相互影响，以提高资源的质量和利用效益，从而实现实践教学的既定目标。

3. 推进高校思想政治教育社会化的必然要求

高校思想政治教育社会化是指高校思想政治教育要适应社会发展的需要，贴近大学生的实际生活，以学校为中心，在全社会共同关心支持下，引导大学生适应社会、参与社会、服务社会，实现高校思想政治教育与社会教育相互渗透、相互作用的过程。高校思想政治教育的社会化从本质上来说就是为了促进大学生的社会化,它不仅是高校的任务,也与各级部门和社会各界有密切联系,因此,社会上的相关部门和相关群体都要关注和重视大学生思想政治教育,特别是要树立全员育人、全过程育人和全方位育人的大学生思想政治教育观念。随着新媒体的广泛运用,决定了高校思想政治教育资源整合方式的多样化,只有通过多样化的资源整合方式,才能达到高校思想政治教育资源利用率的最大化和效益的最优化,从而有力地促进高校思想政治教育社会化。

4. 对大学生进行立体教育和综合培养的必然要求

当前,新媒体的发展进程不断地改变大学生的思想、学习和生活状态,一些不良的社会思潮严重冲击着大学生的思想道德观念,高校思想政治教育工作者必须适应时代发展的要求,以社会主义的教育方针为指导,在大学生思想政治教育实践中,将学校教育、家庭教育和社会教育相结合,形成合力,并将各种校内资源和校外资源进行合理整合,充分发挥高校思想政治教育资源的作用,以提高大学生思想政治教育的适应性和有效性。只有这样,才能对大学生进行立体教育和综合培养,规范大学生的思想和行为,引导其走上符合当前社会主义教育事业发展要求的道路上来。

二、新媒体时代高校思想政治教育资源整合的可行性

(一)需求的交互性为高校思想政治教育资源整合打下基础

高校思想政治教育资源整合的指导思想在于"优势互补、相互促进"。各高校既是思想政治教育资源的供给者,又是需求者,这种交互作用使得资源整合成为可能。不同地区、不同类型的高校在思想政治教育资源方面存在着很大差别,这种差别表现为三种情况:一是学校之间存在着思想政治教育资源的差异性。在大批的研究型院校中,思想政治教育资源优势主要体现在理论研究和学科建设方面。不足之处是教学与思想政治教育的实际工作相脱节的现象较为普遍,学校培养出来的博士大多又继而从事学科建设、理论研究,极少有人投身思政教学和实践工作,理论研究优势没有转化成教育实践优势。从长远看,虽然学科建设最终会大力推进思想政治教育的资源建设,但是,近些年来,在客观上造成的现实是大批学者很少直接面对本科生开展思想政治教育工作,脱离思想政治教育工作第一线,思想政治教育资源"流失"。由于马克思主义理论与思想政治教育学科建设,尤其是与思想教育实践相脱节,造成高校思想政治教育资源的结构性"流失"严重;而以教学型为主的大批独立学院和高职高专院校恰恰弥补了这一缺陷,思想政治教育工作者(教师、行政、辅导员队伍)主要从事一线的思想政治教育工作,体验深刻,其优势在于教育观念开放、实践经验丰富以及思想政治教育信息资源密集。缺陷是队伍偏

年轻化，缺乏理论归纳和总结能力不强。从整体发展来看，研究型高校与教学型高校实现思想政治资源的优势互补，既是促进我国高校思想政治教育资源均衡配置的必由之路，也是各高校提高思想政治教育实效性、创新性的现实要求。二是部分高校存在着思想政治教育资源闲置浪费的状况。一些重点院校和有思想政治教育学科设置的文科类院校，其雄厚的师资力量和丰富的实践基地等资源并未得到充分利用，因此愿意以某种方式提供给其他学校使用。三是部分高校的思想政治教育资源不足，存在着共享的需要。以上三种情况使得思想政治教育资源整合存在可行性和合理性。各种类型的高校通过资源整合实现双赢的同时，最终将促进高校思想政治教育整体水平的提高。

（二）有利的政策环境为高校思想政治教育资源整合提供保障

要实现高校思想政治资源教育整合，除了对资源的分布进行分析外，还必须从资源整合的支持系统进行考察。事实上，高校思想政治教育资源能否实现整合，以及在什么情况下能够实现整合往往受环境条件的制约。从我国现有的支撑政策来看，国家思想政治教育司非常重视青少年的思想政治教育工作，为大力支持高校做好思想政治教育工作，连续出台了相关文件，并组织了四门思想政治理论课教材的编写，以及组织骨干教师培训和辅导员队伍培训。各级教育部门也实行思想政治理论课教师全员培训，推行了持证上岗制度。新中国成立以来，如此大规模的思想政治教育培训是第一次，这在高校的各学科领域里也是独特的优势，国家和行政主管部门的政策支持为高校思想政治教育资源整合提供了政策保障和便利条件。

（三）迅速发展的互联网技术为高校思想政治教育资源整合提供支持

20世纪90年代以来，信息网络技术得以迅猛发展，网络覆盖面越来越广。目前，全国高校建设有校园网、互联网已经成为校园生活中不可缺少的重要组成部分。

迅速发展的高校互联网是高校思想政治教育资源整合的技术支持，互联网具有信息量大、信息发布快、可异地传送以及不受时间、空间限制等优点，能够在一定程度上解决高校思想政治教育资源相对分散的问题。高校可利用网络技术来收集思想政治教育的资料，通过网络来丰富思想政治教育资源。目前，全国绝大部分高校都建立了思想政治教育网络或相关的校园网。从硬件设备角度看，当前开展网上思想政治教育在技术上已经比较成熟，我们只需要一些多媒体计算机，开通网络就可以参与高校思想政治教育资源的共建共享，充分发挥各类教育资源在高校思想政治教育中的作用。

总之，高校思想政治教育资源的整合与共享不仅是必要的，而且是可行的。它的必要性会随着高校的改革发展而愈显迫切，它的可行性会随着党建工作内容和技术的双重推进而与日俱增。

第二节　新媒体环境下高校思想政治教育资源整合的理论支撑

新媒体时代高校思想政治教育资源整合需要理论支撑，不仅需要哲学、经济学和教育学等基础理论和最新形势政策的依据，还要充分吸收其他相关学科的理论知识，并密切关注其他学科的最新理论发展，唯有如此，才能使高校思想政治教育资源达到最佳整合，并充分发挥资源整合后的效应，更好地推进新媒体时代高校思想政治教育工作。

一、哲学支撑

（一）马克思主义关于社会存在与社会意识关系的原理

马克思主义从观察社会历史现象的"现实的前提"出发，详细地论述了社会意识从产生到发展的过程及其本质，马克思和恩格斯对社会现象的变化和历史发展与演进都作了全面的概括与分析，从这一前提出发，详细地阐述了有关社会意识的相关问题，主要包括社会意识是如何产生、怎样发展以及它的本质是什么，并且明确提出和系统阐述了意识在任何时候都只能是被意识到了的存在，而人们的存在就是他们的现实生活过程，不是意识决定生活，而是生活决定意识的原理。马克思和恩格斯在历史唯物主义原理中所提的社会存在决定社会意识，指的是社会存在是社会意识的根源，是第一性的；社会意识是对社会存在的反映，是第二性的，社会存在决定社会意识的发展变化。

如果要全面正确地理解社会存在与社会意识的辩证关系，不但要认识到社会存在决定社会意识，还要特别重视社会意识的能动的反作用和其相对独立性。这就要求我们在高校思想政治教育实践中，不但要弄清社会存在与社会意识的关系，还必须正确理解社会意识尤其是先进意识对社会存在的能动的反作用，只有这样，才能充分发挥思想政治教育的巨大作用，从而对高校思想政治教育资源存在的必要性和可行性有个全面的认识和高度的重视。

所以，只有加强对大学生物质生活状况及其变化发展规律的研究，探寻大学生产生思想问题的物质根源，才能较为全面地掌握大学生的思想面貌以及变化发展的趋势。在具体实践中，必须准确把握大学生的生活实际，积极争取社会中的有利力量，抵制和克服社会中的消极影响，从而深化高校思想政治教育资源配置的效率和水平，提高资源的利用率和使用质量，不断增强高校思想政治教育的针对性和实效性。这就为高校思想政治教育资源的有效整合提供了最基础的理论支撑。

（二）马克思主义关于人的本质的理论

马克思主义关于人的本质的论述，为我们科学地认识大学生及其思想提供了基本的理论依据。马克思和恩格斯对前人的观点做了系统的研究和批判，去粗取精，从而吸取了人类思想史上最具有价值的理论成果，批判地继承了黑格尔辩证法的合理内核和费尔巴哈唯物主义的基本思想，创立了辩证唯物主义和历史唯物主义。人的本质并不是单个人所固有的抽象物。在其现实性上，它是一切社会关系的总和。这是马克思主义关于人的本质问题的最经典表述，它不仅是对人的本质的科学论断，还为科学考察人的本质开辟了正确途径。

根据历史唯物主义的观点，马克思主义第一次提出了人的本质由社会关系决定的理论命题，这具有开创性的意义，自此以后，人类研究人的本质具有了科学的思维方法和准确的理论基础。社会关系作为一个整体性的系统，是十分庞大而且非常复杂的。从马克思主义关于人的本质理论看，人的思想的形成与发展变化无时无刻不是受到社会关系的制约，这就要求高校思想政治教育必须建立在社会关系的充分发展基础之上。

以上的论证成为高校思想政治教育资源配置的重要理论依据，为高校思想政治教育资源整合确定了科学合理的目标。这也要求在高校思想政治教育资源整合的过程中应该认识到以下几个问题：首先，高校思想政治教育的主体是人，并存在于一定的社会关系之中，思想政治教育资源是被人所利用的，也一定是蕴含在一切社会关系的总和之中的；其次，大学生的思想以及高校思想政治教育资源都应该具有一定的特点和差异，要对其作出准确的把握和判断，只有将其放在大学生所处的特定的社会关系中去理解才有意义；最后，大学生思想和高校思想政治教育资源的发展变化，必定与大学生所处的各种社会关系的发展变化紧密相关。只有这样，才能充分把握和利用高校思想政治教育资源，用以增强高校思想政治教育的社会性和适应性。

（三）科学发展观理论

科学发展观，第一要务是发展，核心是以人为本，基本要求是全面协调可持续发展，根本方法是统筹兼顾。如何在高校思想政治教育的具体工作中正确运用科学发展观理论，增强思想政治教育的实效性，是当前思想政治教育工作者所面临的现实问题。

高校思想政治教育的培养目标，决定了在大学生思想政治教育工作中必须贯彻"以人为本"的理念。人是高校思想政治教育的主体，高校的思想政治教育工作必须坚持从"以人为本"的基本点出发，不断突破在传统理念上所形成的思想政治教育的既定思维，从理论上为促进学生全面发展和思想政治教育工作改革指明正确的方向，从而使高校思想政治教育工作落实到为学生服务的根本上来，最终贯彻到不断促进人的全面发展。

全面协调可持续是科学发展观的基本要求，也是加强和改进高校思想政治教育的基本要求。必须着眼于实现思想政治教育系统内外诸要素的有机结合，提高高校思想政治教育的针对性，全面协调各种思想政治教育资源，为大学生发展进步创造条件。统筹兼顾是科学发展观的根本方法。高校思想政治教育资源整合也必须掌握统筹兼顾的科学方法，正确、妥善处理各方面的关系。

二、经济学支撑

（一）供需均衡理论

我国经济已由高速增长阶段转向高质量发展阶段。在实践中必须把握三个具体要求。坚持质量效益导向、坚持创新驱动发展、坚持全面深化改革。

供需均衡是一个经济学术语，它涉及两个概念（即供给和需求）和一种状态（供给—需求状态）。经济学中的产品生产是指厂商的行为，产品需求是指消费者的意愿行为。供需均衡理论，指的就是生产者提供的产品只有符合消费者的需求，市场的供求才会达到均衡。如果供给与需求不匹配，即供给者提供的不是消费者所需要的，那么，一方面生产者浪费了为生产其产品所耗费的人力、物力和财力；另一方面，消费者的需求得不到很好的满足。所以，消费者所具有的现实和潜在的消费需求，应该成为生产者在生产过程中的目标基础，只有这样，才能生产出满足广大顾客需求的优质产品，否则，生产者的生产就具有盲目性，生产和消费的供需平衡就不能圆满实现。

高校思想政治教育资源作为一种特殊的商品，其生产者为"教育者"，即高校思想政治教育相关部门、教师和职工；需求者为高校大学生，作为高校思想政治教育重要载体的思想政治教育资源在教育者和大学生之间存在着"供给—需求"关系。按照市场规则，如何配置资源、组织生产都取决于消费者的消费需求。

在高校思想政治教育过程中，大学生的需求状况是分析决策参考的一个最为重要的因素。新媒体时代，高校思想政治教育资源必须与大学生的学习、生活和思想实际紧密结合起来，从人本理念出发，切实做到大学生想之所想、急之所急，只有这样才能使传统思想政治教育过程中教育内容"入耳不入心"的被动局面得到良性转变，从而充分发挥高校思想政治教育的巨大效用，也就能够为高校和谐发展提供强有力的思想文化基础。

在经济生活中，需求和供给是相互独立而又相互依存的，一方面需求带动供给；另一方面供给也创造需求。然而，在高校思想政治教育中强调供求一致，并不是完全按照大学生的需要来提供思想政治教育资源，他们需要什么就生产什么，而是要对大学生的需求进行正面引导和层次提升，使思想政治教育产品的生产不仅遵循了供求规律，而且符合高校思想政治教育的切实需要。因此，我们提供给大学生的思想政治教育资源首先是能够符合大学生实际需求的，绝不能是无原则地、只是随意迎合学生的任何需求，而是要求必须将大学生的个人需求与高校和社会的整体需求进行统一，从而能够最大限度地满足其个人需求。对于那些不符合高校和社会目标的思想政治教育资源，则应当加以引导和纠正。

（二）成本效益分析理论

成本效益分析是一种通过比较项目的全部成本和效益来评估项目价值的方法，成本效益分析是一种经济决策方法，就是将成本费用分析法运用于政府部门的计划决策之中，以寻求在投资决策上达到如何以最小的成本获得最大的效益。需要量化社会效益的公共事业项目价值就经常用这种分析方法来评估。

随着现代社会经济的迅速发展，政府的职能逐渐多元化，政府投资项目也开始逐渐增多，在政府的实践应用和积极推动下，这一理论在经济运行过程中的作用也越来越明显。这促使广大人民也开始更加关注投资，重视投资项目支出的经济和社会效益。在此基础上，成本效益分析理论在实践方面也得到了迅速发展，现如今这种能够比较成本与效益关系的分析方法已经被世界各国广泛采用并运用于各种领域。例如，成本效益分析法运用在高校思想政治教育领域，这种成本包括思想政治教育的实际成本和机会成本，其中实际成本也叫直接成本，指的是以货币支出的教育资源价值，机会成本也叫间接成本，指的是因资源用于教育所造成的价值损失，也就是说，如果资源不用于大学生思想政治教育，它可能获得的最大的收益。

效益是检验高校思想政治教育资源整合水平的唯一标准。从本质上讲，高校思想政治教育工作的效益是一种精神效益，是人的世界观、人生观、价值观以及知识量、信息量等主观世界的某些积极变化。各类高校思想政治教育资源在形式上有很大的差异性，在作用上也有很强的替代性，必须结合高校思想政治教育实际确定使用哪种资源、使用多少以及选择使用的时机和场合，这就是新媒体时代高校思想政治教育资源整合所需要解决的重要问题，它直接关系到高校思想政治教育的效果。高校思想政治教育资源整合是一个动态的过程，主要是组织和支配各类教育资源为大学生教育目标服务。在资源整合过程中，应该遵照成本—效益分析的方法，使教育资源能够得到有效配置，形成合力，达到事半功倍的效果。

三、教育学支撑

(一)邓小平"三个面向"的教育理论

随着经济全球化发展的不断深入,不同国家和地区政治、经济、文化的交融与碰撞也日益增强。我们已经不能再以孤立的眼光来看待整个社会,更不可能与世隔绝搞现代化,办教育事业同样不可能闭门造车。邓小平的"三个面向"的教育理论实质上对教育事业提出了三项要求:第一,教育的发展必须紧密结合社会经济发展的实际情况,与国家的战略目标和战略步骤相适应,按照我国现代化建设的要求培养相应的人才,从而带动我国公民素质在科学技术、文化知识和道德水平上的整体提高;第二,要以世界的眼光和开放的精神来看待教育问题,学会借鉴和吸取世界各国先进的科学文化知识,对于世界范围内全人类共同创造的文明成果要能够为我所用;第三,教育必须在仔细分析自身特点的基础上,认真考虑现代化建设的长远目标,运用发展的思维,使培养出的优秀人才能够适应和满足未来社会发展的需要。

邓小平"三个面向"教育理论具有实践性、开放性和预见性的基本特征。它在很大程度上突破了传统高校思想政治教育资源在空间和时间上的限制,指明了高校思想政治教育资源的开发和利用的正确方向。在新媒体时代,高校思想政治教育资源整合必须遵循社会主义现代化建设的一般规律,运用世界性的眼光和发展性的思维来考虑问题,这样才能实现资源整合的科学化和合理化。如果仍旧被限制在传统陈旧的教育思想观念之中,冲不破影响高校思想政治教育资源开发和利用的制度性障碍,就培养不出社会主义的合格建设者和可靠接班人。在对高校思想政治教育资源进行整合时,只有将其置于开放的环境中,将现实与未来相结合起来考虑,才能充分发挥高校思想政治教育资源的实用性和有效性。

(二)生活教育理论

生活教育理论主要包括生活即教育、社会即学校、教学做合一相互联系不可分割的三个方面。这一理论最主要的特点就是主张教育要同实际生活相结合,反对传统教育中死读书的旧观念,更加注重儿童的创造性和独立工作能力的培养。

教育这个社会想象,起源于生活,生活是教育的中心,教育应为社会生活服务,在改造社会生活中发挥最大的作用。"社会即学校",是"生活即教育"思想在学校与社会关系问题上的具体化。自古以来,社会就是学校,因为所有的教育思想都来源于社会,所以社会应该是人民大众唯一的、共同拥有的大学校。"教学做合一",是"生活即教育"在教学方法问题上的具体化。生活教育理论要求学生在接受教育的过程中手脑并用,劳力与劳心同行,这就大大突破了传统教育上只重视学校教育而忽视社会教育,只重视书本学习而忽视生活实践、劳心与劳力相分离的限制,迸发出强烈的时代气息。

从生活教育理论阐发的观点来看,在新媒体时代尤其强调高校思想政治教育的实践活动必须克服传统教育理念上的错误看法,改变过去那种以学科、课堂、教师为中心的传统教育模式,树立起源于生活、最终还要回归于生活的教育理念。我们要深入发掘现实生活中的高校思想政治教育资源,使现实社会生活中教育资源的作用得以充分发挥,对理论教学和现实生活中的思想政治教育资源进行优化整合,努力实现理论教学和现实生活的相互融合与统一。

第三节 新媒体环境下高校思想政治教育资源整合的路径选择

一、转变思想观念,科学定位资源整合

新媒体时代,高校思想政治教育的环境发生了重大变化,思想政治教育资源整合必须首先从转变思想观念入手,树立整体、全面、开放、效益、发展的新思想政治教育资源观。为此,需要树立"四个资源观":

(一)树立思想政治教育资源辩证观

确立高校思想政治教育资源辩证观,需要正确处理好三个重要的资源矛盾关系:一是思想政治教育资源的有限性与无限性问题,思想政治教育的人力资源、财力资源、物力资源、组织资源等就其物质性而言是有限的,但新媒体所提供的思想政治教育资源以及教育工作者利用资源的潜能是无限的。二是思想政治教育资源的有用性与有害性问题。新媒体所提供的资源海量、鱼龙混杂,既可以成为思想政治教育的有利资源,也可能对大学生造成不良的影响。三是思想政治教育资源量与质的问题。量与质的辩证关系要求在不断丰富高校思想政治教育资源的同时,也要不断提高资源的"质",提升资源的利用率。

(二)树立思想政治教育资源层次观

高校思想政治教育资源是可以从纵横双向划分的矩阵系统。从横向来划分，思想政治教育资源可以分为人力资源、财物资源、信息资源、组织资源、制度资源和文化资源等。就文化资源而言，又可从纵向划分为传统文化资源、国外文化资源与网络文化资源等。思想政治教育资源的层次观要求我们对各个层次的资源进行有效整合，让思想政治教育贴近大学生生活实际，改变过去对有些思想政治教育资源不客观、不现实、理想化过重、人为拔高的情况。

(三)树立思想政治教育资源整体观

新媒体时代高校思想政治教育资源是丰富多彩的，融传统与现代、虚拟与现实、国内与国外、整体与部分为一体。一般来说，教育者在思想政治教育中直接碰到和运用的总是个别而具体的资源形态。然而，无论哪种资源形态都不是孤立的，而是同其他与之相关的资源形态结合在一起的。这就是资源的整体性质。要提高思想政治教育资源的利用效益，就必须树立对教育资源的整体观，协调好思想政治教育工作者队伍内部以及思想政治教育工作者和非思想政治教育工作者之间的关系，既要看到具体的思想政治教育资源的特性，又要看到相关的各种资源的整体优势，避免资源的重复建设与浪费。

(四)树立思想政治教育资源发展观

新媒体时代，由于高校思想政治教育资源是同新媒体的发展和人的发展需要以及教育者的开发能力联系在一起的，因而便具有了历史性质，不仅其品类、数量、规模在不断的变化中，而且其功能也在不断地发展着。思想政治教育是精神文明建设的重要组成部分，客观上应与物质文明和政治文明同步发展。高校思想政治教育工作者应坚持资源化建设导向，主动充实网络思想政治教育资源；同时要善于将各类信息加以系统分类整理，变信息资源为网络思想政治教育资源。

二、坚持整合原则，规范资源整合

新媒体时代高校思想政治教育资源整合是依据一定的目的和需要而进行的信息加工活动，是涉及技术可行性、整合后的知识间的关系性以及高校教育功能、学生的满意度等多方面因素的复杂工作，所以在整合的过程中高校要制定出相关的原则、标准来对思想政治教育资源的整合过程予以约束、规范，只有这样才能充分发挥思想政治教育资源的强大功能和优势，更好地为大学生服务。归纳起来，高校思想政治教育信息资源整合原则有以下几种：

（一）开放性原则

开放性，是新媒体时代的重要特征。当今世界，全球化趋势日益加剧，只有致力于推进世界思想政治教育资源供应体系和需求市场的共同开放，不同思想政治教育资源才能借助于不断扩大的开放发挥互补效应。任何一个实行闭关锁国、地方保护主义政策的国家和地区都不可能在开放的时代背景中领先。要保证思想政治教育资源开发成果辈出，必须以开放的眼界，放眼整个人类资源市场。具体而言，就是要学会利用国际、国内两个资源市场，加强区域之间的思想政治教育资源整合，实现合理开发，有效使用。思想政治教育资源系统本身是一个开放的体系，它不断地同外界的其他不同系统之间发生着信息交流，实现不同地区之间资源的互补和动态交流。但同时也应当看到，新媒体技术的发展使得高校处于一个开放的信息环境之中，也使高校思想政治教育环境日趋复杂。因此，高校在构建思想政治教育环境中必须坚持社会主义的政治方向，开放高校校园媒体信息，在学生自由的选择接受和发布信息的同时，学校应给予积极的、主流的引导和约束。

（二）创新性原则

创新是一个民族的灵魂和生命力所在。创新就是要突破已有的、不合时宜的旧框框，建立起符合时代新需求的新方法、新体系。新媒体时代高校思想政治教育资源的整合也离不开创新，创新是思想政治教育资源整合应坚持的重要原则。人们总是希望能够看到新闻传媒中有新的东西出现，千篇一律的事物很容易让人产生审美疲劳，导致人们对校园媒体所传播的内容关注度下降，校园媒体的作用就随之减弱。因此，校园媒体思想政治教育资源在进行整合和利用的过程中，应该坚持创新的原则。

（三）系统性原则

高校思想政治教育资源整合是一项系统工程，按系统论基本原理，一方面，高校思想政治教育资源整合系统自身的动态平衡，是维持该系统可持续存在的基础；另一方面，各高校思想政治教育资源系统之间彼此释放的功能应互相契合，建立良性的互馈机制。在教育中，最忌讳的是各种教育因素的无系统性、不协调性所导致的各种教育影响的相互冲突，使教育的效果被抵消，甚至使被教育者产生思想混乱，导致负效应。因此，在系统整合高校思想政治教育资源过程中，应在充分开发和利用人力资源的基础上，使优秀的高校教师掌握和采用最有效的介体资源，创造最有利的环境资源，充分利用雄厚的网络资源、文献资源，有效协调高校教育系统内部各部门、各单位之间的关系，使高校思想政治教育系统的内部各要素，目标一致、紧密配合，实现高校的各种思想政治教育资源的最佳整合，以充分发挥高校思想政治教育系统的整体功能。坚持系统性原则，最优化是系统论的一个组织原则，可以理解为选择解决某种条件下各种任务的最好方案，使之在资源整合过程中尽量高效、合理、协调。总之，保证高校思想政治教育资源整合系统的功能契合，保持系统内部的动态平衡，是新媒体时代高校思想政治教育资源配置环境协调发展的最基本原则，应严格遵循。

（四）实效性原则

高校思想政治教育资源整合应以学生需求为出发点和落脚点，只有紧紧把握学生需求，以学生满意的方式提供给他们所需要的信息资源，提高信息资源整合的全面性、综合性、时效性和准确性，才能真正确立在新媒体环境下经得住考验的思想政治教育资源体系。所以，在整合的过程中高校必须站在学生的角度去分析、设计和规划，尽可能地方便学生使用，增强思想政治教育资源检索系统的可操作性和实效性。

在整合高校思想政治教育资源过程中，还应兼顾各种校园媒体的经济性和效率性之间的平衡。根据资源本身的属性特征，高校网络媒体思想政治教育资源的整合必须遵循经济性的原则，充分体现实效性。所谓经济性原则，就是指要追求资源整合能实现的最佳效益，能用最少的投入来追求德育资源价值的最大化，要尽可能用少的物质支出和精力支出，达到最理想的效果，具体包括开支的经济性、时间的经济性、空间的经济性。整合高校网络媒体思想政治教育资源要立足经济性，追求实效性，实现效益最大化。在经费上，要用最节约的开支取得最优化的效果。在人力资源上，要充分发挥学生个体、学生团体的力量，让学生积极主动、有质有量地参与到校园媒体的运作过程中。

（五）科学性原则

在高校思想政治教育资源整合的过程中，高校要对信息资源的整合对象、整合内容、整合方式等进行科学的论证，运用一定的技术手段和方法，确定不同类型、不同层次的信息资源整合的范围、比例，并且制定出明确的计划，科学有效地开展整合工作。只有这样，才能使高校思想政治教育资源得到合理的组合，使整合后的思想政治教育资源取得最好的组织结构和功能，最大限度地发挥新媒体时代高校思想政治教育资源的总体效用。另外，还要看到，由于思想政治教育资源本身以及学生需求都具有明显的层次性、差异性，所以高校思想政治教育资源整合过程中还要按不同类型、不同层次、不同方式进行多维的整合，切忌随意拼凑。

（六）超前性原则

思想政治教育的功能不仅在于处理人们已经表现出来的思想问题，纠正其行为偏差，更重要的是要善于预测人们的思想走势，可能出现的思想问题，防患于未然。同样，在新媒体环境下,整合高校思想政治教育资源,也必须以超前性原则为指导,根据当前社会的发展趋势和人们思想发展态势,前瞻性地开发未来思想政治教育所需要的资源,从而提前做准备,增强思想政治教育对受教育者的影响。例如,鉴于新媒体技术的发展和互联网用户激增的趋势,当前应该加强对网络技术资源的利用,率先将其引入思想政治教育活动中,抢占思想政治教育网络阵地,让网络成为思想政治教育资源开发的重要内容。

(七)增效性原则

高校思想政治教育资源整合应切实体现以效益为主的原则,即高校思想政治教育资源整合要有利于重新合理地组合现有资源,使其发挥更大的合力作用,实现1+1＞2的增效效应。经济活动讲效益,高校思想政治教育资源整合也要讲效益,任何设定目标的社会实践活动都必须讲求效益。只有重视效益,合理整合资源,避免造成资源浪费,才能达到比整合前增效、增量的目的,最大限度地避免各种资源浪费,提高思想政治教育资源的利用率。

(八)可持续性原则

随着人们对资源稀缺性特点的认识,可持续发展战略逐渐被各国作为国策加以贯彻实施。在思想政治教育资源整合系统中,思想政治教育自然资源、社会资源和人才资源开发都必须严格遵循可持续发展原则,贯穿始终。因此,贯彻可持续发展原则,就是要求思想政治教育资源的整合既要满足当代人进行思想政治教育的需要和愿望,培养有平等公正意识的、能与自然协调的、可持续发展的新人,又不至于违反思想政治教育规律和社会发展的规律,影响下一代人和未来社会的发展。具体来讲,合理整合思想政治教育资源,就是要及时确保教育资源的补偿和再生,避免教育资源的缺乏和枯竭,从而保证思想政治教育的"再生产"和"扩大再生产"。在这一过程中,必须注重发展的持续性、稳定性、整体性、协调性等。此外,不仅要求节约利用,合理配置资源,而且要求对资源进行保护和更新建设,做到在整合中保护,在保护中整合。总之,不利于整合的保护是无价值的,不作保护的整合是不可持续的。

三、加强网站建设,充分发挥资源共享的功能

当前,为适应新媒体时代的要求,要通过高校思想政治教育资源整合,突出抓好以下"五个网站"建设:

(一)思想政治教育主题网站建设

高校思想政治教育主题网站,常称校园"红网"或"德育网"(简称主题网站),它以

大学生为主要服务对象，以中国特色社会主义理论为构建网络内容的理论支撑，以学生熟悉的网络软件和信息技术为手段，通过开辟喜闻乐见的栏目，弥补现实思想政治教育手段的不足，有目的、有计划、有组织地全方位渗透马克思主义世界观、人生观、价值观，准确传达党的路线、方针、政策和政治主张，帮助学生排除干扰、辨别是非，提高政治思想素质，为实现伟大中国梦而勤奋学习科学文化知识。主题网站是高校思想政治教育的重要载体和集中表现形式，是高校传统思想政治教育的补充和延伸，是传播红色思想的平台、提供师生交流的平台、实现信息共享的平台、引导心理健康的平台、创新思维方式的平台。正因为如此，各级教育行政主管部门和各高校均非常重视加强主题网站建设。从实施的情况看，不少高校建成了有特色的主题网站，网站栏目和网页设计较新颖，内容紧贴时事和学生生活，更新较及时，特别是新媒体技术的充分运用，使网页愈加生动，吸引力进一步增强，网站点击率高，学生受到先进文化潜移默化的感染和熏陶，收到润物无声的效果。这些成功经验值得总结推广。

（二）党校、团校网站建设

高校的党校是在校党委直接领导下培养党员、党员领导干部、教学理论骨干和入党积极分子的学校，是高校学习、研究、宣传马列主义、毛泽东思想、邓小平理论和"三个代表"重要思想、科学发展观、习近平新时代中国特色社会主义思想重要讲话的主要阵地。高校团校是高校对团员骨干和学生干部的培训机构，是高校团组织的一种重要教育组织形式，是加强和改进大学生思想政治教育的重要阵地，对于加强共青团的思想建设、组织建设和能力建设起到了十分积极的作用。积极分子的党性教育，具有特殊的教育优势和不可替代的作用。新媒体时代，高校党、团校要充分发挥自身优势，通过开展政治理论的专题课堂教学、以时政热点为主题的研讨会、辩论会、知识竞赛等活动，在提升大学生的思想政治素质上发挥重要作用。一方面，高校的党校、团校是大学生进行理论学习的重要平台；另一方面，大学生参加党校、团校学习，还带有一定的学习任务性质，是促进大学生学习理论知识的重要途径，因此，应大力加强党校、团校网站建设，尤其应不断丰富其内容，增强其吸引力和实效性。

（三）内设教学、科研机构网站建设

高校内设教学、科研单位包括内设行政机构、科研机构和教学单位。现在高校校园网络的建设，除了专题性的网站外，多属于工作平台性质。在这样的架构下，高校内设行政、科研机构的网页建设，多数均没有思想政治教育价值取向的内容设计，但在事实上，这些内设机构网页上的内容，作为一种隐性思想政治教育资源，也应从思想政治教育视角进行建设，使其充分地发挥作用。高校的教学院系，作为教育教学的基层单位，

其网页建设的学科专业特色较强，与学生所学专业关联度高，学生关注度高，实际浏览次数多。因此，教学院系网页中的党建栏目、学生工作栏目、团学活动栏目等，也应承载大量的思想政治教育资源，成为新媒体时代高校思想政治教育资源的重要阵地。

（四）其他专题性网站建设

在高校开展党建和思想政治工作的过程中，总会结合一段时间的中心和重点工作建设专题性网站，如在"保持共产党员先进性学习教育""学习实践科学发展观""创先争优"等活动中，建设保持共产党员先进性教育活动专题网站、学生党员科学发展观学习实践活动专题网站等。在新媒体时代，这些专题网站建设，应特色鲜明、主题明确、学生集中关注度高，使其成为开展高校思想政治教育活动的重要载体、高校思想政治教育资源的重要补充。

四、优化资源整合，提高资源利用率

当前优化高校思想政治教育资源整合、提高资源利用率，可从以下几个方面入手：

（一）扩大整合主体范围，充分发挥微观资源和宏观资源的作用

1. 从微观资源方面分析

首先，马克思主义理论课教师应该成为新媒体时代高校思想政治教育资源的主要整合者。马克思主义理论课教师具有丰富的思想政治教育理论知识，具有一定的教学经验，熟悉本校及所属地区的思想政治教育资源分布情况，熟悉学生的思想状况，加之熟练掌握新媒体技术，他们是整合思想政治教育资源最合适的人选。同时，教师本身具有的思想、知识、经历等，其言行、教学方式等都是重要的思想政治教育资源，教师本身是这种资源的拥有者，当然应该是这种资源的整合和利用的主体。其次，大学生应该成为开发的主体。现代社会的发展，使得新媒体成为大学生生活中不可缺少的部分，新媒体在大学生之间的交流和学习中所起的作用越来越重要，他们在相互交流的过程中既受到新媒体传播的信息影响、也受到对方思想的影响，他们的思想、经历、生活经验等都成为思想政治教育资源，所以，大学生不仅是高校思想政治教育资源利用的主体，同时，也应该成为整合的主体。

2. 从宏观资源方面分析

高校领导者和教师（马克思主义理论课外的其他教师）都应该转变各自为政的思想，尤其是学校领导的思想关系到整个学校及校外思想政治教育资源的整合，学校领导首先要重视新媒体时代高校思想政治教育，只有从思想上重视，才能谈资源的整合和利用。学校领导是思想政治教育决策系统的核心，只有重视思想政治教育，才会在制度、规范

的制定上有所体现，才会在奖惩等方面进行合理分配，所以，学校领导既是制度层面的静态资源的开发者，也是高校思想政治教育人力资源的整合利用主体。学校领导也是校内、外资源整合的协调者。新媒体时代，建立学校、家庭、社会"三位一体"的思想政治教育网络，形成全员育人的局面已是大势所趋。

（二）创新整合模式，实践探索高校思想政治教育资源整合

从技术操作层面探索高校思想政治教育资源整合模式，有学者提出有"三种整合模式"可供参考。

1. OPAC 整合模式

OPAC，即 Online Public Access Catalog，联机公共检索目录，是高校图书馆进行信息资源整合的最基本方式，值得高校思想政治教育资源整合借鉴。OPAC 书目系统资源整合包括馆内资源整合和馆际间的资源整合两种方式。馆内 OPAC 系统资源整合主要指OPAC 书目出处与其电子全文图书、电子全文期刊、视听资料的对应链接以及书刊与其评论信息、来源信息的对应链接。学生检索到书目信息后，可以立即阅读书刊的全文，还能浏览与之相关的文字、音频、视频等资源。馆际间 OPAC 系统资源整合主要是通过执行"Z39.50"协议，聚合不同平台上的异构 OPAC 数据库，建立书目整合检索系统。整合后，学生只需通过一个 OPAC 系统界面即可检索到相关思想政治教育的 OPAC 资源。这里的"Z39.50"协议是一个对于整合数字信息资源有重要意义的计算机网络协议，它在信息资源的整合中正发挥着越来越大的重要作用。

2. 跨库检索的整合模式

由于不同的数据库有着不同的编码结构和表达方式，每个数据库使用的检索技术和数据存放格式不同，各数据库以不同的检索界面呈现给学生，学生要掌握这些检索系统的使用方式并非易事。因此，对不同的思想政治教育资源数据库的信息资源进行整合，构建同一个检索平台，实现多数据库的跨库检索。跨库检索的实现机制，就是学生登录到同检索界面提交用户名和密码，指定检索配置，提交检索词，选择要检索的数据库和站点、检索方式等，然后提交选择，系统调用每一个选定的数据库和站点，并把检索表达式转化成系统可识别的表达式，让每个数据库自主完成检索过程，数据库返回的是包含有相应记录信息的静态页面。同时，系统还要对各静态页面进行格式转化以及信息解析工作，提取所需要的信息，转化成统一的格式，最后再对检索的记录进行整合排序，把整合好的统一结构的记录提供到统一的检索界面。

3. 指引库建设的整合模式

在网络思想政治教育资源整合过程中，要把杂乱庞杂的信息资源整合成用户易于接

收的形式提供给学生，就必须开发出具有二次信息检索功能的指引库。但指引库实际上只是采用超文本技术建立的虚拟数据库，从物理上并不存储各种实际的信息资源，但学生通过对其访问却可以检索到有关思想政治教育的实际资源，即它可以指引学生到特定的网址获取所需要信息。指引库的建立首先要搜索相关网站，这种搜索可以采取自动搜索技术、用户登录和手工查找等方式，然后集成相关站点的相关页面信息和数据库信息，确定检索体系以及所使用的检索语言，同时建立各种索引，如关键词索引、分类索引等，最后建立便于用户使用的人机检索界面，可使用户直接点击或浏览所要查询的主题。

（三）有效运用资源，增强高校思想政治教育的效益

1. 适用人力资源

人力资源是从事高校思想政治教育的专兼职人员。整合新媒体所提供的高校思想政治教育资源，需要有专门的队伍进行专门的研究和操作。要增强思想政治教育的效益，首要的还是必须充分发挥好人力资源的优势。

2. 善用财物资源

财物资源是构成高校思想政治教育所需要的物力和财力的各种成分的总和。高校思想政治教育的网站建设和技术维护都要依赖于具体形态的物力资源，也离不开高校思想政治教育的经费投入与支持。物力资源与财力资源一起在高校思想政治教育过程中起着一种物质基础和支撑作用。因此，必须确保资源投入的总量与实际需要相适应。

3. 巧用组织资源

新媒体时代高校思想政治教育是高校党政工作的一个重要组成部分，加强和改善校党委的领导，是做好思想政治教育的关键：需要强调的是，大学生党员应以身作则，在思想、道德、作风上自觉成为其他同学的表率。思想政治教育只有在党委的统一领导下，党、政、工、团共同努力，齐抓共管，各部门密切协作，构建一个纵横交错的思想政治教育网络，群策群力，才能使大学生的思想政治教育有声有色。

4. 活用文化资源

新媒体时代高校思想政治教育内容是思想政治教育文化资源整合的结果，没有思想政治教育文化资源就没有思想政治教育内容，思想政治教育也就无从谈起。思想政治教育文化资源越丰富，思想政治教育内容的选择性也就越广越充实。因此，我们要善于借助新媒体技术，大力开发整合思想政治教育的文化资源，为其教育内容改革提供充足来源。

（四）以校内资源为中心，优化整合校际资源

各高校的思想政治教育资源各有所长，应该在整合利用本校资源的基础上，优化整

合校际资源，促进资源共享。新媒体的发展为高校思想政治教育资源共享提供了可能。首先，加强校际合作，促进教师资源共享。教师资源共享形式多样，可以互聘教师、交流思想政治教育经验、跨校选课、进行远程教育等。其次，加强校际资源共享，创造新的资源。各高校思想政治教育资源的整合主体具有各自的思想和智慧，在校际合作情况下，不仅可以整合利用本校资源，还可以利用外校资源，从而可能产生新的想法，形成新的资源。最后，建立以中央网站为中心的高校思想政治教育网络平台。可以建立以中央网站为枢纽、各高校思想政治教育网站为支撑的网络系统，共同组成网站网络，自己作为网络的子系统，可以共享其他网站的资源，这既体现了统一性，又体现了多样性。

五、建立健全管理体制，为资源整合提供保障

（一）要整合好传统媒体与新型媒体资源

网络则是报纸、广播、电视等传播媒体的延伸。高校校园媒体在高校文化建设，特别是高校思想政治教育中的作用是通过它的导向性和影响力来实现的，而这种导向性和影响力又要通过校园媒体的整合和延伸来实现。因此，传统媒体作为承担校园宣传工作的首要因素当之无愧。在新媒体技术高速发展的今天，新媒体已经成为我们生活的主流媒体，它不仅对大学生的学习和生活产生重大影响，而且在高校思想政治教育中所起的作用也越来越显著。无论是传统媒体还是新型媒体，每一个媒体都有对自己的定位，即对自身传播的性质、任务、传播对象的规定。如何充分利用各个媒体的资源，充分发挥各个媒体的传播优势，以达到最佳的思想政治教育效果，是高校媒体联动和整合的主要目标。因此，我们要整合好传统媒体与新型媒体资源，通过极强的视觉吸引力和声音感染力，充分发挥两者在高校思想政治教育中的作用。

（二）要实行管理模式的变革

高校的媒体管理工作多由学校党委宣传部或共青团组织、学生工作部门以及学生社团负责，这体现出高校媒体运作中的政治把关性和操作主体的学生化倾向，学生在校园媒体中的主动权在提升，这一趋势有其存在的必要性和合理性。但在新媒体时代，文化多元、信息激增、受众兴趣和选择方式日益多样化，如果一味固守现有管理模式，势必影响到高校思想政治教育资源的进一步优化整合。因此，高校校园媒体有必要实行管理模式的变革，实质性的变革措施就是依据校内各大媒体形态已经基本完备的现实状况，组建校内媒体的综合管理协调部门，统一负责全校各种媒体的有机配合和协调运转，从而形成校内新闻宣传的整体系统合力，打破以往高校报纸、校园广播、电视或校园网络分别由多个部门分散管理、各自为战的格局。只有这样，高校媒体才有可能获得一个较

有利的、有序、有效的发展空间，并依托其中，扬各自优势，避各自不足。目前，我国许多高校已在实践探索中组建了能较好地实现上述功能的校园传媒统一管理机构"新闻中心"，有了这个机构，党委宣传职能部门对媒体的管理相应转变为对媒体传播内容上的必要指导和要求，相关具体运作则交由新闻中心去实施，从而实现真正意义上的宏观舆论调控。这样，高校校园媒体传播就可以获得更多的、能遵循自身运作规律的发展空间，为其顺应时代发展争取到一个较为有利的环境。例如，将各媒体的新闻资料综合起来，由负责报纸的媒体编辑出版报纸，由负责网络的媒体发布网上新闻，由负责广播的媒体播出一些时事的新闻，由负责电视的媒体制作视频新闻。新闻中心负责新闻采写和平衡协调各媒体，新闻中心的采编人员在熟悉全面工作的前提下，具体负责某项工作，从而使媒体整合的广度和深度得以延伸。新闻中心的运作可以有效地解决稿件的综合处理、相互传递、技术手段、时间差等问题，统一策划和采访新闻、撰写通稿、编排版面，制作节目等相互配合、相互补益，使理论和实践更好地结合。即是说，整合后，新闻中心的采、编、播、制作、管理、发行等工作融于一体，成为统一的信息集散地。

（三）要建立健全运行管理的相关制度

高校校园传媒主管部门要统一制定媒体运行、管理的一系列规章制度，保证校园传媒工作的制度化和规范化，以制度建设推动思想政治教育资源整合。第一，重视队伍建设，突出专业化，通过建立人才引进制度，规定校园传媒的用人标准和选拔程序，保证通过竞争选拔专业知识牢固、专业技能扎实的新闻传播人才。第二，建立一套完整的工作制度和纪律，制定校园传媒传播工作中的具体行为规范。第三，建立培训制度，定期或不定期举办业务培训班，以提高校园传媒工作队伍的实际工作能力。第四，建立绩效考评制度，定期对校园传媒工作者的工作进行考核，对在宣传工作中表现突出的，给予奖励和表彰。最后，强化网络监控，有效引导网络舆论等基本内容，从而为高校思想政治教育资源整合提供保障。

六、加大投入，为资源整合提供支撑

加大资金投入，增加高校思想政治教育资源的总供给量。如果没有相应的资金投入，是难以取得所需要的思想政治教育资源的。一些地方思想政治教育资源储备较为丰富，但整合利用不够，其原因常常是缺乏必要的资金投入。因此必须加大投入，以增加高校思想政治教育资源的现实供给量。随着经济的发展，国家应加大高校思想政治教育投入比例，并且要有计划地逐年增加；地方应结合本地经济发展状况和思想政治教育发展需要进行投入，制订切实可行的投入计划，保证投入到位；每个单位应根据自身思想政治教育活动开展情况来加大投入，进一步完善新媒体技术硬件建设，为高校思想政治教育资源的有效整合提供资金支撑。

第七章 基于网络背景与 VR 技术下的高校思想政治课程

第一节 基于慕课的高校思想政治教育课程

一、慕课与传统思政课

新时代思政教育工作要想真正打动学生，将思政课真正上到学生心里去，就要提高思政课的亲和力、时代感、实效性和学生的获得感，而不仅仅是一种简单的纯理论和说教，就要将思政课与新的教学手段、教学媒介相结合，借助融媒体和移动互联网等学生熟悉的新技术、新方法开展思政课，做到在慕课的新手段下，在不改变思政课育人功能的前提下，从配方、工艺、包装上以学生喜爱的方式改进思政课。

（一）思政慕课与传统思政课的区别

慕课是一种新兴事物，要想让其促进思政课教学改革，将其优势发挥到思政教学中去，就要分析慕课与传统思政课的区别与联系，继而分析这种区别的利弊、如何发挥不同之处的革新作用，来进行思政课改革和思政课教学。剖析比较思政慕课与传统思政课，至少存在以下几个方面的区别值得研究。

1. 时间和空间上的差异

传统思政课要求学生到教室完成一节课的学习，学生和老师采取每周见面的方式进行思政课教学；思政慕课采取碎片化的学习方式，在一台电脑或者一部手机前就可以完成课程学习。虽然思政慕课没有传统上课的那种"仪式感"，但是学生可以以自己比较舒服的方式进行学习，地点可以在宿舍里、家里、公交地铁上或者咖啡厅里。

2. 教学核心上的差异

传统思政课堂基于思政课的公共课特性和课程本身的政治理论的严肃性，在教学环节中通常是以教师为核心，教师主导教学的过程，以教师讲授为主，即使不乏一些讨论或者小组活动环节，最终落脚点还是理论的阐述。不仅如此，由于课程本身的严肃性，学生来上思政课也往往表现得很严肃，也许是因为大班教学人比较多或者对于理论的敬畏，学生参与课堂讨论远不及专业课那么积极。慕课依靠技术手段隐去了面对面的"尴尬"，采取边看慕课边在旁边讨论框或者弹幕参与讨论的方式，可以使学生在上课的过程中有任何想法都可以畅所欲言，在一定程度上实现了以学生为中心。

3. 教学主体上的差异

传统的思政课有着明确的大纲和教案，其假定前提是学生处于一个蒙昧或对相应知识的无知状态，教师以其理论储备为学生灌输传播理论知识。在教学中，教师以传授为使命，顺带解决学生一些问题。如果学生并不提问，教师也就不知道学生对理论掌握得如何。慕课由于技术的引入，教师在线边讲或者边讨论的同时，学生的问题或者疑点就能反馈给教师，教师可以边看各种反馈边安排整个教学过程。有的问题学生特别感兴趣，或者结合当下特别紧密学生希望多听，教师就可以安排后面的教学进度多讲；有的问题学生可能手里有更好的佐证资料，可以在慕课系统上共享，真正做到以学生为主体，改变了思政课教学的"供给侧"，提供学生所需要的内容。这种主体的转换也改善了思政教学师生的人际互动。

4. 培养目标上的差异

传统的思政课认为，课堂除了传播理论知识、帮助学生树立理想信念和"三观"等以外，还要提升学生的人格魅力，这种提升是和老师的身教和传导、感化不可分割的。思政慕课在理论传授、立德树人等"言传"方面的教育上是丝毫不落后的，但是缺乏一种"身教"的平台。"身教"是需要面对面接触形成的，并不是隔空的电脑、手机或者技术手段能进行的。

5. 评教体系上的差异

传统思政课的教师评价体系（在一些普通高等院校将其简称为"评教"体系）是单独适用一套标准的，既不同于专业课，也不同于外语、体育等其他公共课。思政慕课必然要采取与之不同的评教标准，除了评价指标中的一位或多位老师的教学态度、教学内容、教学效果或者印象之外，还要评价慕课的制作效果、互动及交互效果、界面是否友好等。

6. 载体上的差异

传统思政课除了某时某刻在某个教室现场讲授以外，并无什么载体将其固定下来以供事后重听或者复习。因此，传统思政课如果遇到学生请假缺勤或者学生期末对一学期中的某一点、某个问题不明白想重新听一遍老师的讲解，则只能找教这门课的老师重复讲解，或者课上用录音笔等录下来，但这种方式毕竟不甚方便，因此不可持续。

现实中经常出现的情况是，一个问题想再听一遍老师是怎么讲的，如果学生不好意思问，一般就听不到。思政慕课利用技术将每一节思政课固定下来，通过网络可以回放收看、收听，这就极大地方便了学生请假想补课或者课后复习。老师也可以通过回放自己的授课完善自己讲课的不足，不断提升思政课教学水平。

（二）慕课与传统网络公开课

慕课是不同于传统网络公开课的，虽然这两者有一些相似之处。慕课是一个完整的教学过程、一种与融媒体和"互联网＋"融合的教学方式，但是传统课堂的环节慕课丝毫不会缺少。在线进行课程的同时，正常教学环节中的课堂讨论、课堂交流互动、课堂问答、课后作业及测验一个都不会少。慕课建立起一套系统完备的学习过程管理、质量监控、成绩评价体系，作业通常采取主观题教师在线评、客观题机评的模式，成绩由课堂参与在线听课互动，课后作业和期中、期末机考测试等组成。而网络公开课仅仅是录下来上课的一部分实况，以便更多的人在其他时间观看"录像"，其他人再看到的就是"录播"而非"直播"，往往也不具备课堂交流等交互环节和课后作业环节。

二、慕课在思政课教学中的作用

如前所述，既然慕课和传统教学方式不尽相同、各有千秋，近几年中国慕课迅猛发展甚至慕课总量居世界第一，必然有其客观需求和原因。思政慕课在解决师生比、大班授课等长期困扰普通高等院校思政课教学的"老大难"问题方面的确发挥了独到的作用。

（一）为传统思政课课堂教学弥补了不足

纵观全国大部分普通高等院校，传统的思政课教学采取的是大班教学授课的形式，由四到六个教学班合并在一起，一两百甚至更多学生一起上一节思政课。这种教学通常在大的阶梯教室中进行，一名思政课教师在讲台上卖力讲课，上百学生坐在教室里面听，教师要借助扬声器才能将声音传播到每个学生耳朵里面。而往往坐在后排或者边上的学生要看到大屏幕上的课件或者教师的板书则比较费劲，如果大教室侧面没有屏幕，单靠看教室前方黑板旁边的大屏幕往往看不清楚。这种靠扩音才能听清老师讲课，难以看清黑板和大屏幕的上课方式，从手段上就造成了师生之间的疏离，给学生以思政课"飞在天上"的感觉。

慕课则可以很好地解决这一教学形式的问题。还是以一个年级至少一两千学生为例，一门思政课通常配有至少四名思政课教师。一个不争的事实是，一个老师同时管理几十个学生的教学效果，远比同时管理一两百甚至更多学生的效果好。如果采取小班面授与慕课相结合的方式，由一部分学生接受思政课教师面对面在小教室里面授课，由于师生配比更科学，一个老师面对几十个学生，既可以关注到每个学生的课堂反应，也可以正常进行交流、提问等环节，而且开展一些思政课教学环节中的角色扮演、问题研讨、翻转课堂等活动也可以得心应手的进行。与此同时，另一部分同学在机房或者宿舍电脑前甚至是手机前，采取慕课远程同步在线直播的形式、每个学生面对屏幕中的老师，可以清楚地看到老师讲课的动作和表情。同时，可以采取创新的师生互动交流的方式，比如学生提问可以采取"弹幕"等视频网站流行的年轻人喜闻乐见的方式，教师或者同时听课的学生可以对"弹幕"提问进行实时解答。在在线慕课过程中，为了增添其趣味性还可以设置一些小的"关卡"，比如中途弹出一些小题目，或者点击一些课程过程中的积分框增加积分，或者每一节课结束的积分抽奖等，并且为了调动学生的积极性，还可以设置一些参与度排名榜之类。总之，传统思政课课堂教学的这些不足都可以借助"融媒体＋慕课"的形式加以改善。慕课可以轻而易举地完成讲解、互动、交流、反馈、答疑等环节。

（二）全国范围内思政教育解决了公平问题

一个学生要想接受一节"985"或"211"名校的传统思政课学习，不是一件容易的事。除非去旁听，否则这个学生就必须要有这所名校的学籍，这对于中国很多大学生来说已经遥不可及。但是一个学生如果想听一节"985"或"211"名校的思政慕课就非常容易了，只需要支付极其廉价的学习成本或者零成本就可以实现。这极大地打破了教育资源的壁垒，更有益于缩小地区教育差距，实现教育公平。毕竟思政课关系着培养什么人的问题，全国范围内各级、各类大学生都应该接受优质的思政教育，补精神之"钙"，为成为担当民族复兴大任的时代新人提供思想基础。

（三）为思政课过程考核实现了设想

课程考核是一门课重要的一个环节，也是一门课"教"与"学"状况的反馈。课程考核可以加强学生对一门课的重视程度，备考的过程也是对一个学科的知识进行集中梳理的过程。当前思政课改革提倡更加注重过程，实现从教材体系向教学体系的转化。慕课可以做到将这门课学生学习的每个环节"留痕"，比如登录出勤都会有所记载，记录学生在某时某刻在线学习这门课，并在其中进行了哪些互动环节，一个学期提交了几次作业和测验。这样考核平时成绩比课堂点名抽查更为科学，点名只是点到学生出勤与否，而慕课的过程痕迹化管理不仅使教师了解学生有没有在线出勤，而且了解到其整个学习环节。课后作业和测试在慕课系统提交，既便捷又便于系统自动批阅成绩记入平时成绩，真正实现客观公正的过程考核。而且批阅后的作业可以很迅速地反馈给学生，不像传统思政课期末交了作业师生基本就不再见面，并且避免了一个教师一学期教几百人，作业也很难返回到学生手中的局面，毕竟思政课理论传授和育人才是最终目的，在这个过程中作业的订正其实是至关重要的。

这种过程考核的方式会使学生更加注重学习思政课的整个过程，而不仅仅是期末考试这个最终结果，注重过程才会沉浸其中，沉浸其中才有可能真心喜爱、终身受益乃至毕生难忘。

三、慕课对思政课的新要求

（一）对思政课程提出了更高的要求

慕课改变了纯课堂思政课教学"我讲你听"的模式，在"互联网＋"融媒体的背景下，实现了学生随时随地可以借助科技媒介学习思政课。但是随时随地可以学习思政课，并不等于学生随时随地想要学习思政课。慕课是一把双刃剑——如果学生本身对思政课感兴趣，慕课借助手段的创新，使思政课学习讲授与视频、媒体融合而"声情并茂"，锦上添花；如果学生本身对思政课并不感兴趣，而是迫于老师的督促和签到的压力去课堂，那采取慕课的方式就会给学生逃课以可乘之机，他们可以"灵活"地打开慕课界面，然后做其他的事情。所以，实施慕课教学的前提是要提高思政课的吸引力和学生的获得感，使学生至少是大多数学生认同并愿意上思政课，这样才能保证他们在教室外、屏幕前能够主动地听课并完成学习。这就需要思政课本身的配方要更先进，包装要更独特，工艺要更精湛。更加贴合学生的实际，更有时代感，使学生自主自愿地坐在电脑前参与思政慕课的学习，这就对思政课的吸引力提出了更高的要求。

（二）对思政教师提出了新要求

从传统课堂到慕课教学，从线下几百人的大教室里到互联网或者移动互联网线上，这种时空的转换对于在传统课堂授课若干年的思政课教师来说，必须进行技术的跟进和角色的调整，这就对传统思政课教师提出了新的要求。

首先，思政课教师在备好本职课程的同时，还要掌握好融媒体慕课的必须技术。教师不仅仅要能讲好思政课，还要掌握在线回复学生问题、回应学生讨论、随时发布测验、发布课件及有关视频、在线布置小组作业并进行跟进指导等手段，这不仅要求教师在镜头前能自如讲课、熟练使用慕课软件，还要求教师熟悉一些配套辅助软件的使用，如抖音、视频、剪辑软件等。这种媒介素养的新要求，对于一些"80后""90后"中青年教师来说，并不太难，但是对于一些不善于使用融媒体的老教师来说，的确是一个不小的挑战。

其次，思政课教师要处理好"线上"与"线下"教学的关系。虽然慕课教学大大弥补了传统思政课课堂教学的不足，但是我们必须始终牢记思政课的育人属性，切忌过于沉迷于五花八门的技术，而忽视内容本身、忽视了思政课本身的育人属性。再新的技术手段、再多的好看、有趣的视频也不能替代理论本身的讲准、讲透。良好的课堂讲授能力，得体的教风、教态，扎实的理论讲授基本功，无论何时都是思政课教师立足的根本，在此基础上，实现传统课堂与慕课、线下教学与线上教学的互补。

（三）对学生提出了新要求

普通高等院校思政理论课都是在大一、大二，也就是低年级大学生中开展。低年级大学生迈出高中校门时间不长，一些学生还习惯于我国中小学长期施行的政治课应试教学模式。很多学生本身对学习思政课并没有真心实意的兴趣，只是迫于考试和学分的要求，他们习惯于中学政治那种老师盯着学、看着背、反复督促的学习模式。一些学生在老师的不断监管下，高考或者会考的政治科目也能取得一个较好的成绩。如果在普通高等院校思政课中实施慕课教学，就需要学生有较强的自主学习能力，至少具备能够按时登录并观看完课程的自觉性，并且完成课后作业、讨论等环节。这对于国内相当一部分普通高等院校大学生来说，并不是一件容易的事情。他们可能一开始出于好奇可以按时完成课程，但是坚持一学期自主观看、自主完成作业就需要一定的定力或者辅助手段。

四、慕课在思政课教学上的应用路径

（一）充分发挥公共图书馆的作用

慕课是"互联网＋思政课"的一种有益探索。什么是"互联网＋"？简而言之就是将互联网和其他传统行业或者传统事物进行有机结合。思政慕课就是融媒体互联网时代和主阵地、主旋律的思政课的有机结合。这里面的是加速发展、破旧创新的意思。在融媒体时代，人人有终端、处处可上网、时时有连接、物物可传播。图书馆在融媒体时代起到信息源的作用，应当对接当前思政慕课，将图书馆中关乎人类智慧结晶的馆藏资源用于思政慕课中。比如将传统文化诸子百家的馆藏资料，用于思政慕课中的中华民族传统美德的部分；将抗日战争、解放战争的馆藏资料用于思政慕课中弘扬中国革命道德的部分；将思政慕课在线资料、在线课程或者院校图书馆在思政慕课中发挥的作用是精英教育的模式，主要针对的是普通高等院校大学生的思政课教育；而社会公共图书馆则在思政慕课中发挥大众教育的模式，主要针对社会公众或者全民思政教育。

此外，图书馆可以搭建起思政慕课的在线检索平台。如何让学生或者想学习思政慕课的人在这么多的慕课中寻找到最适合自己的课程，这就要求图书馆应该搭建起方便易用的检索平台，发挥其助攻大众终生学习、终生思政的作用。

随着融媒体的发展，数字阅读成为广大公众特别是年轻人最为常用的阅读方式，碎片化的阅读已经成为很多人的阅读习惯。图书馆提供的慕课检索平台也必须符合大众这种阅读和检索习惯，毕竟"易检索到"才是坐下来参与思政慕课的前提。

（二）创建独具特色的思政慕课

近几年，在高等教育领域，的确出现了"慕课热"现象。基于慕课的便捷性和其在促进教育公平中发挥的作用，我们可以断言，慕课将在未来相当长的时间内继续"热"下去。然而，正如多媒体幻灯片及 PPT 课件代替传统板书一样，技术手段的运用将弥补传统教学的不足，但是不会完全替代传统的教师讲授，思政慕课也是一样。它可以作为适应新时代，上"活"思政课的一个手段，但不会完全替代思政教师对学生的面对面指导。我们如何做避免跟风，切实发挥思政慕课的作用，做出思政慕课独有的特色呢？

首先，融合而非替代传统的思政课堂教学。思政慕课是大学思政课教学手段的一种融时代有益尝试，但并不能等于思政课全部。普通高等院校思政课除了理论传播的"教书"属性外，还承载着思想教育的"育人"属性。这是思政课与其他专业课或者外语、高数类公共课的最大区别。思想教育功能如果离开了面对面交流，效果是会大打折扣的。技术的优势是有目共睹的，但是传统课堂也并非一无是处，否则也不会在我们高等教育发展历程中经久不衰。因此，要辩证地将思政传统教学与思政慕课融合起来，使两种方式实现优势互补，针对每所院校自身的情况，承担起大学生思想教育的使命。

其次，可以用翻转课堂的理论改善思政慕课，形成"思政慕课 + 翻转课堂"的模式。传统课堂遵循"先教后学"，先认识后实践的逻辑顺序，采取典型的教师课堂讲授，学生在课堂内学，课后完成作业的模式。翻转课堂遵循"先学后教"的模式，由学生课下自主完成学习并提出问题，课上和老师一起交流、研讨事先发掘的问题，并探寻解决方案。思政慕课可以学习翻转课堂的理论，比如一所普通高等院校一个年级的学生采取思政慕课的方式完成一门思政课的学习，可以在学生每周在线观看思政慕课并且完成在线相关环节的基础上，在期中和期末或者每个月，选取固定的时间，由本门课本校的思政课教师集中采取面对面上课的方式，解决这段时间学生在思政慕课学习中的问题。其过程不仅仅是答疑解惑，还有理论和相关问题的研讨，这种形式类似于翻转课堂。这样，既发挥了思政慕课本身的技术优势，解决了师生配比不足的问题，又弥补了师生缺乏面对面"言传身教"的弊端。

（三）完善慕课教学平台建设

第一，加强顶层设计，打造覆盖全国高校的慕课平台。慕课平台建设是一个综合的、系统性的工程，包括网络教学传输和交互系统、网络教学资源系统、网络教学管理系统等要素，其搭建需要资金、技术、人才等多种支持。因此，首先，高校必须要加强顶层设计，重视慕课平台的开发和建设，要积极投入人力、物力、财力进行物质支持。其次，慕课的建设具有开放性，不能局限于少数学校开发，国家应积极推动不同层次的学校自由进入并共同开发建设维护。要遵循由重点建设到普遍建设的战略。先由具有较高科研水平的"双一流"高校带头开发平台，然后以此为中心由点及面地向省重点高校及其他地方高校辐射，推动慕课技术的普及、建设和推广，最终建成覆盖全国的高校思想政治教育慕课平台。

第二，健全激励机制，提升教师网络教学水平。高校思政课教师是推进思想政治教育改革的原动力，要呈现慕课在教育教学中的价值，首先需鼓励教师学习新媒体新技术。高校要健全教师进行教学创新和教育改革的鼓励激励机制，加强对思政课一线教师的网络技术培训，邀请慕课课程研发的专家来校进行交流座谈、分享经验。同时，对于积极参与、探索慕课课程开发的教师，要给予表彰和奖励，这样才能真正调动教师参与网络课程制作、应用网络课程的积极性，形成崇尚创新的氛围。

第二节 基于翻转课堂的高校思想政治教育课程

一、翻转课堂的定义

"翻转课堂"教学模式，顾名思义，即把传统课堂进行翻转，变教师主体为学生主体，变传统讲授为充分利用新媒体等技术开展开放性和多样性课堂，最终都是以实现思政教学的最终目标为出发点和落脚点。现阶段，学术界对翻转课堂的概念界定总体上体现在以下几个方面。

（一）课前预习

课前，学生对学习内容的选择具有充分的自主权，可充分运用新媒体技术进行"淘课"预习。

（二）课堂学习

课中，学生通过教师引导对课堂进行主动学习、讨论和总结，运用教师讲授、视频音频学习、小组讨论等形式对课程主体内容进行学习和掌握。

（三）课后复习与考核

课后，学生回顾总结相关知识点并主动完成线上考核，教师在考核学生时充分体现人性化和主体性的特点。

二、翻转课堂的特征及要素

翻转式的思政教学模式在很大程度上体现了合作学习、信息化学习和个性化学习的基本特点，将教学立足点放在学生的"信息获得与加工""协作学习""自我提升"等能力的培养，其特点主要体现在以下三个方面。

（一）个性化

"翻转课堂"教学模式的个性化体现在课程设计、课堂安排和课程评价，都是以学生主动学习的过程和自我能力提升的目标为价值导向。

（二）协同性

翻转课堂的协同性主要体现在课前预习、课中学习和课后复习三环节的协同、教师与学生双主体的协同，以及学生学习知识和内化知识的协同。

（三）数字化

翻转课堂最早出现于美国高中化学教师在教学实践中，发现用屏幕捕捉软件录制讲课视频，之后发布到网上，可供缺席学生和学习有困难的学生自主学习，反复通过自学和课堂讨论来解决疑难问题。显而易见，现代化信息技术的广泛兴起是翻转式教学方式被广泛应用的重要基础。

三、翻转课堂运用到思政课程的作用

（一）提高了教学实效性

思想政治课程在高校的所有课程中的地位并不显著，一方面与高校领导的重视程度不足有关，另一方面与思政课的教学时效性不明显有关。思政课传统授课模式由教师单一传授为主，教师教学水平的高低、教学内容的吸引力、课堂管理效果直接决定思政课堂的教学效果。"翻转课堂"教学模式一改传统由教师主导的教学模式，让学生在课前、课中、课后各大环节充分参与课堂，依靠信息技术给予学生多种学习模式和丰富的学习资源，开拓了学习的阵地。因此，开展"翻转课堂"教学模式，有利于将课堂的主动权还给学生，帮助学生开拓学习阵地、丰富学习资源、创新学习模式。大量的事例表明，自从我国实行新的课程标准以来，翻转式教学模式的出现顺应了我国教学改革的潮流，是对传统教学模式的深刻变革，该教学模式无论从理论还是实践层面，都起到了提升高校教学成效的显著意义。

（二）提高了学生的参与性

大学生作为高校课堂的主体，其自身特点是对思政课进行课堂改革的主要考量因素，个性化强、有独立意识、原始知识丰富、网络时代原住民等均是当今大学生的显著特点。传统思政课堂教师在课堂的权威性和科学性强，教师传授知识、学生接受知识是已形成的特点，但这种方式不适用于当今的思政课堂。一方面，从学生的个性化强和有独立意识上看，现在的大学生以"00后"为主，其更倾向于以自己的方式和角度思考问题，而不是一味接受教师的传授。思政教师在应对学生的思考角度和结果时，应以引导和鼓励为主，在开展课堂教学时也应积极调动学生参与到讨论的队伍中来；另一方面，从学生网络时代原住民和原始知识丰富的特点来看，思政课堂不应仍是对学生固有知识体系的简单重复，也不应单是以讲授、提问和讨论的传统方式展开，而应充分利用信息技术手段，引导学生广涉猎、勤思考，并在充分了解与思考中得出自己的见解。"翻转课堂"教学模式在增强学生课堂参与度上应用最广。课前主张学生自主学习教师上传和自己搜索的内容，在翻转课堂的教学实践环节，教师应利用多种教学方式和教学思维构建系统化的教学体系；在课后环节，教师应引导学生进行自主复习和测试；在翻转课堂的考核评价环节，考核主体应注重增强考核内容的多元化发展，方方面面都体现了思政课堂不断增强学生课堂参与度的要求。

（三）改变了教师的教学理念

高校思政课作为大学生思想政治教育的主阵地，其课堂效果的发挥一定程度上决定了高校开展思想政治教育的成效。我国教育部门针对思政理论教学颁布的相关政策和文件中明确提出，要切实推进思政理论教学方法和教学模式的变革。教师角色由知识传授者向学习引导者转变，教师教学方法由传统讲授向教学视频的筛选、制作与上传转变，引导学生建构主体知识体系。"翻转课堂"模式的着重点是教师在教学过程中发挥好自身的引导角色，引导学生在该模式下进行自主探究和自主学习，从内心增强对思政课程的兴趣，并不断培养自身的实践能力和创新能力。简单来讲，思政教师利用该模式教学应做到将学习的主动权真正交到学生手中。

四、高校思政翻转课堂的发展路径

"翻转课堂"教学模式名义上虽是对课堂进行翻转，实际应用却体现在课前预习、课中授课、课后复习及评测的全过程中。高校应及时做好信息技术完整性和教学资源的整体性建设工作,这是开展翻转课堂教学的前提和基础,同时还要保证教师及学生都具有学习先进技术与手段、创新教学方法的意识和能力。

(一)构建师生双主体

思政教师在开展教学中应一切以学生的根本需求为主,以促进学生的全面自由成长为基本立足点,因此在利用翻转课堂教学模式进行思政教学的过程中,需要将教师和学生共同确立为教学的主体地位,制订合理的人才培养方案和思政教学任务。首先,学生主体不可逆。基于建构主义理论和人本主义理论的"翻转课堂"教学模式,充分尊重学生这一课堂活动的主体,在充分尊重学生认知能力和学习结构特点的基础上,科学设置思政课程的教学内容和教学课程。由于学生独立意识强且热情主动,高校思政课堂以学生为主体,其课程设计可以以学生主动完成学习为主。其次,教师主体不可弃。教师传统教学授课形式虽使思政课略显枯燥,但不可否认,高校思政课仍是一门传授理论知识、传递价值理论、塑造学生世界观、人生观和价值观的课程,要想使大学生形成正确的"三观",必然离不开思政教师的正确引导。最后,教师学生双主体是选择。宏观地进行分析,利用翻转课堂模式开展教学需要教师和学生形成合力。构建师生双主体,既可以使思政课摆脱枯燥与理论性强的固有思维,又能充分发挥学生的主体性,同时教师仍能传道授业,从而真正实现思政教学和翻转课堂模式的有机融合,进而达到高校开展思政教学的最终目的。

(二)提高教师的自身素养

与传统的教学模式相比,翻转式的教学模式要求教师开创全新的教学体系。首先,教师应坚定自身理想信念。教师应明确自身的教学任务,用习近平新时代中国特色社会主义思想不断充实自身。在新媒体和信息技术在教学过程中得以广泛应用的今天,思政教师必须在纷繁复杂的信息内容中坚定自身的理想信念,并引领学生树立正确的价值观。其次,在信息化教学的大形势下,高校的思政教师也应加强自身的信息化素养,掌握基础的计算机知识和技能。在开展翻转式的思政教学过程中,思政教师应对该模式与传统教学模式进行合理的比较,并不断学习制作视频、搭建网络学习平台、与学生在线互动、甄别优质网络学习资源等技术,提高自身的信息化教学水平。最后,思政教师也应注重提升自身的科研能力,从而最终达到"以研促教、研教一体"的目标。理论知识和教学方式都不是一成不变的,思政课教师必须不断提高自身教学的专业性,从历史维度、现实维度、理论维度、实践维度等多角度为学生阐述理论、分析理论、提升理论。与此同时,教师应在教学过程中加强对教学方式的研究,通过对教学过程的分析总结和对相关研究的学习提炼，进一步提升自己的课堂教学能力。

（三）注重课前、课堂和课后环节的紧密结合

"翻转课堂"教学模式的最大亮点就是将学生的课前预习、课堂表现和课后复习等三个环节进行广泛结合，以此实现思政教学的全方位育人、全过程育人特点。首先，在翻转课堂教学的课前预习环节，教师通过将本节课堂教学需要掌握的知识点和教学重难点制作成小视频，让学生提前进行自主观看和学习。教师鼓励学生在中国大学生慕课、智慧职教、知名大学网络学习平台、网易公开课等信息平台自主"淘课"，选择自己感兴趣的视频进行自学；教师要求学生将自学成果整合成自己的知识体系，并上传到平台或以书面形式在课堂上呈现。其次，在翻转课堂教学的课堂教学环节，这一环节要求学生自主探究。传统意义的思政课最大的不足在于教师全盘灌输、学生被动接受、普遍教与学的特点。翻转课堂主张针对不同学生的特点开展差异化教学，学生通过成果展示、学生讨论、案例分析、视频学习、归纳总结等环节进行互动学习；通过展示自学成果、讨论课堂主题、归纳习得的知识建构自己的知识体系；教师对学生学习过程及成果进行引导，并对知识点进行梳理和呈现，使课堂效果实现质的提升。最后，在思政翻转式教学的课后复习环节，该环节要求学生巩固提升。思政教室应充分运用第二课堂，这是高校思政课教学改革的一大要求。思政教师应注重学生课堂学习的巩固提升，一方面要求学生按时完成平台的测评任务，查验自身理论学习的效果；另一方面主张学生走出课堂，即走向社会，通过拍摄微电影、参观实践教育基地等实践教学形式在实践中将理论落地，在实践中升华理论，又走向网络，通过微信公众平台、网页、手机 App 等进行延伸阅读，丰富自己的知识体系。教师在利用该模式进行教学的各个环节都需要做好对学生的考核评价工作，考核方式、考核内容和考核主体的设计都应本着调动学生学习自主性的根本目的。

（四）注重思政重、难点知识

首先，在将翻转式教学引入课堂时，教师应强调视频学习只是一种方式，其内容不是课程学习的主要内容，将学生从课前的分享与讨论中抽身，进入真正内容的学习。其次，在课堂环节，教师应着重针对教学的重、难点进行教学设计，成果展示、课堂讲授、课堂讨论等都要围绕教学的重、难点展开。最后，在课后反馈阶段，教师可基于学生的实践表现进行主观性考评。在利用翻转课堂进行思政教学的过程中，教师能否对整个教学课堂进行合理引导、学生是否能最大限度吸收课堂教学知识点，成为衡量该教学模式是否有成效的关键因素。

（五）教师统一管理思政教学课堂

利用翻转式的教学模式开展思政教学对教师提出了更高的要求，教师必须有效负责整个教学课堂的准备工作，比如根据学生学习特点筛选教学内容、制订教学方案、使用合理的教学手段等，同时还需在平台及时查看批改学生的自学成果，这对教师课前组织和管理能力是一大考验。与此同时，利用"翻转课堂"教学模式的最大特点就是让学生学在课前，在该模式的课堂教学环节教师主要为学生解答疑难问题、组织学生展开课堂讨论，并引导学生掌握相关理论，提升相关能力。为进一步提升课堂有效性，教师应组织小班讨论，将学生以小组形式进行相关内容的分享、讨论与展示，教师针对性进行点评，这既考验教师的知识水平，也考验其课堂管理水平。最后，考核和评价环节尤其是对教师和学生的考核评价，是该教学模式的重点内容。思想政治教育课程是对学生价值观进行正确引导的重要武器，因此，对学生的考核评价不应集中在理论知识层面。高校思政课是立德树人的关键环节，是大学生思想政治教育的主阵地，其对学生的考核与评价不应只是学生对理论知识的掌握程度，更应是思维能力的提升、正确价值观的养成、自身素养的提升等。这就要求教师应进一步探索学生考核方法，考核学生在翻转课堂整体教学过程中的表现及核心价值观的养成，以此有效调动学生的学习自主性和学习自觉性。

（六）线上与线下相结合

教育领域构建线上线下双渠道，即实现现实教学与网络教学的结合。高校思政课开展"翻转课堂"教学模式，其前提正是信息技术手段的广泛应用，因此构建线上线下双渠道是必然选择。在利用翻转课堂进行思政教学的过程中，思想政治教师应明确"颠覆课堂""翻转课堂"和"对分课堂"三者的异同点，进而将现代化的教学设备和教学方法充分利用起来，从而带动学生的思政学习积极性和学习主动性。第一，教师应分专题研究"翻转课堂"教学模式的适用内容，并提前组织集体备课，教师分工完成课前自学微课内容的录制。第二，思政教师应充分尊重学生的身心发展特点和认知能力特点，为学生制订个性化的学习方案。第三，教师要帮助学生筛选适合的网络视频和文字材料。第四，教师要合理分配微课内容、自主探究内容、讨论内容和课后实践内容，不同环节学习内容的设置都要给学生留白，启发学生思考。综上所述，教师在进行翻转式的思政教学过程中，应做到统筹兼顾教学方法、教学内容、教学模式。

（七）灵活设置思政课程

具体来讲，高校的思想政治课程包含近现代史、毛泽东思想、马克思主义哲学、法律、思想政治、形势政策等多种内容。不同课程对知识目标、情感目标和能力目标的要求不同，在课程内容的理论性上也有所区别。因此，利用"翻转课堂"教学模式开展思政教育必须根据此课程设置的具体情况而定。对于理论性强的课程，教师在课前自学阶段可提倡学生多学习知名大学的视频课，为课堂讨论阶段奠定理论基础；对于思想舆情教师可推荐学生多看相关视频、多搜集相关案例，既为课堂学习提供案例依据，也为学生价值观的培养与塑造打下基础；对于时事要求较高的课程，比如"形势与政策"课，教师可推荐学生多看新闻、刷学习强国、多查阅网页和微信公众平台的推送，了解当今的时事热点，为课堂学习提供现实指引。

第三节　VR 技术在思政课教学上的应用

一、VR 的概念

VR 全称 Virtual Reality，其中文名字叫虚拟现实，从狭义和广义的角度对其进行划分，狭义的 VR 技术是指：借助于电脑或者融入式设备模拟出虚拟世界，提供给用户视觉、听觉、嗅觉、触觉的真实体验感，让人身临其境，达到一种超模拟的效果。广义的 VR 技术不仅涵盖狭义的内容，主要是泛指一切与之有关的能够实现模拟仿真的软硬件，以及所使用的技术与方法，例如"人工现实""虚拟环境""赛博空间"等。借助人机交互，达到现实与虚拟空间的有机转换，使人沉浸于逼真环境之中，实现部分或全部此效果的技术统称为 VR 技术。

二、VR 技术应用于思政教学中的作用

（一）促进了师生双主体的形成

将 VR 技术应用于思政课教学契合了建构主义学习理论，具有相应的理论基础。学生通过主动建构知识的意义，生成自己的经验、解释、假设，教师从环境上予以支持。学生和学生，学生和教师，对共同关注点进行交流、探索和质疑，关注彼此的想法，完成知识意义的建构。VR 技术应用融入思政课教学中，使教师和学生成了思政教育的双主体，教师创设好了虚拟的环境，学生在设定好的虚拟环境中主动思考、构建知识和情感表达，达到对思政知识的理解和掌握。

（二）突破了时间和空间上的局限

高校思政课教学，尤其是实践教学，往往受到时空限制，教学资源分配不均等诸多

因素影响。VR 技术视域下高校思政课教学对于打破时空限制，为更好地节约教学资源提供了可行方案。VR 技术的应用完全使学生置身于一个沉浸式 VR 世界中，在这个虚拟现实的世界中完全打破以往时空的束缚，可以使教师足不出户就完成相应的教学任务。与以往传统的实践教学相比，VR 技术视域下的实践教学更加方便实效，有利于节约教学资源，并且能够使学生完全沉浸其中，接受逼真的教学信息。VR 技术的应用可以使教师在天津的课堂上带领学生参观南京中山陵的庄严肃穆，让学生对伟人肃然起敬；在北京领略泰山之巅的雄伟，让学生感受祖国山川景秀壮美；在河南接受井冈山红色文化教育，让学生接受革命文化熏陶。VR 技术拥有强大的构想力、创造力、超现实力，远程虚拟现实强大功能，这就为打破时空限制，节约优化教学资源，提高学生学习效率奠定了基础。

（三）丰富了教学内容，提高了教学效果

随着时代变迁、科学技术地飞速发展，VR 技术虚拟现实场景更加信息化、逼真化、人性化。教师通过 VR 技术虚拟书本上的人物事件，操控客户端，有重点、有计划、有目的地引导学生开展课堂教学。学生则完全可以通过 VR 设备与历史人物对话、参与历史事件。学生在虚拟现实的世界中以自然的方式与虚拟世界中的舞台进行交互，相互影响，从而产生身临其境的感受和体验。VR 技术的操作实施依附庞大的数据库，学生在沉浸式 VR 情境中，可以通过 VR 设备主动检索大量信息，提高自身的动手动脑能力，大大提高了思政课教学的实效性，达到"思政＋信息技术"的创新。同时，针对思政课课程中含有的抽象难以理解的内容，VR 技术还能够变抽象为具体，将枯燥乏味的理论知识转化为通俗易懂文字图片，从而大大降低学生理解难度。通过化文转图，可以有效实现降低思政课堂单调性、乏味性，缓解学生视感疲劳。

（四）提升了学生的学习兴趣

传统思政课教学，老师主要采用的是讲授方式，学生通过阅读和聆听来获取知识。这种获取知识的方式只调动了学生听觉和视觉功能，学生兴趣不大，很容易陷入疲劳状态。VR 技术具有交互性、沉浸性和逼真性的特点，使思政课的教学环境、教学方式和教学主体发生新的变化，给学生带来视觉、听觉和触觉等感官的刺激，使枯燥无味、艰深难懂的教学内容生动化、可视化和具象化，产生一种身临其境的感觉，提升学生学习的兴趣，提高学生对思政课的心理接受度。

（五）充分体现了以学生为本

高校思政课教学以人为中心，在教学设计、教学过程中，注重突破传统教学模式的弊端，构建适应新时代下的大学生求知特性，不断赋予高校思政课的新特性与新模式。

随着"两微一端"地迅速普及，互联网和移动新媒体正逐渐改变着青年人的生活方式。"无人不网，无日不网，无处不网"的现象依然成为主流社会常态。将思政课融入 VR 课堂，能够有效刺激学生动手、动脑、动嘴能力，不断激发其学习热忱，充分调动学生在思政课堂上的积极性、主动性、创造性。同时，"VR+ 高校思政课堂"将改变传统单调乏味的课堂教学模式，打破"一言堂"现状，时刻以人为本，绕学生开展教学，将以师为尊转变为师生双主体，充分尊重学生主体地位。VR 技术应用于思政课教学的过程中，教师借助于 VR 技术，可以通过操控平台及时掌握学生动态，便于加强师生之间良性互动，让思政课堂更加接"地气"，更具活力。

（六）调动了学生的主观能动性

将 VR 技术应用于思政课教学中具有明显的现实性。现在的学生大都从小开始接触互联网，对新技术和新媒体有一种亲切感，利用这种方式学习新知识，具有较好的效果，VR 技术将"看不见"的理论转换成"看得见"的场景，正符合学生学习的心理。当今时代是一个创新者的时代，VR 技术以创新思维和全新的视角，激发出思政课活力，契合时代的发展需求，将真实的社会关系场景重现在屏幕之中，这让思政课教学如虎添翼，充分发挥了学生学习的主动性。VR 体验是一种新的教学形式，通过创设具体的教学情境，使学生虽身在学校，却能体会资源所提供的虚拟情境之中，具有趣味性和参与性，学习由单向传递转化为双向互动，使用心学习变为身心并用，充分调动了学生学习的积极性。

（七）促进了思政教育资源的均衡发展

VR 技术具有虚拟现实性，打破时空限制，已然不是梦。未来高校思政课教学将实现足不出户完成相应的实践教学任务，相较于以往长途跋涉、跨区域进行的实践教学形式，VR 课堂形式对学生可控性更有保障，可以避免意外事件的发生，将危险系数降到最低，时刻坚持以人为本的教育理念。同时，VR 技术在某种程度上具有均衡不同高校、不同区域教育资源分配的优势。教师利用 VR 技术可以实现区域之间教育资源的共享化，使不同区域、不同高校教育资源的均衡化成为可能，实现教育的协调化与均衡化发展。目前，我国区域经济发展水平不均衡，势必造成东西部教育资源差距悬殊的现实问题，同时，高校之间师资力量分布不均匀等问题也较为严重。面对这些客观的现实问题，VR 技术完全突破了时空限制，打破了传统实践教学模式。在这虚拟学习环境中，不同高校、不同区域教学资源实现共享已然成为可能，进而实现协同发展，共建和谐高校思政课教学环境。

三、VR 在思政课教学的实施原则

（一）VR 技术教学形式多样

在新媒体新技术大环境下，"互联网＋教育"盛行于世，极其火热。VR 融入高校思政课堂更是被大力提倡，实现技术与思政教育地高度融合，达到思政教学效果最大化的效果。在日益激烈的竞争环境过程中，诸多高校争相发力寻找自己的立足点，群策群力，搞科研、兴教育，打造独特精品课程。高校在思政课教学科研领域，注重立足现实，在创新中抓实效，在改革中探路径，在发展中谋生存。实现高校思政课教学形式由单一化向多样化方向发展，采用丰富多彩、迎合学生求新创异心理、深受学生欢迎的高校思政课程。如若长期地实施单一的高校思政课教学模式，不仅会使教师产生懈怠心理，故步自封，难以创新，而且容易让学生产生厌倦心理、抵触情绪，大大降低学生求知进取的积极性，长此以往对学生思想政治教育的发展将产生难以估计的损失。

（二）VR 技术为思政内容服务

在高校思政课教学过程中，将 VR 技术融入思政课堂，打破固有高校思政教学弊端，在追求课堂教学实效性的基础上，进一步探索创新型课堂教学，寻求新时代下教学新形式。高校思政课教学的初衷是内容为王，技术为用，合理把控二者所占比重，防止舍本逐末，因小失大。教育的本质是灵魂地呼唤，而并非纯粹知识地灌输，思政课更是如此，其教学目的与本质制约课程设置，故而何为本，何为用，将毋庸置疑。思政课教学无论从其初衷还是实质而言，皆是追逐教学实效性最大化，时刻秉持"以人为本"，将教化与培养学生作为出发点、归宿点，其余都是配角。在思政课堂上切忌盲目追求教学形式的新颖性、以吸引广大学生眼球为目的，而过分夸大、凸显技术重要性，整节课以"机灌"为主，违背思政课教学初衷。

（三）VR 技术为思政教师服务

教师的教书育人、解疑释惑的主体地位一直未曾动摇。然而，新媒体新技术的横空出世，其优越性逐渐被世人认可，甚至无限放大，更有甚者"技术代替教师"的声音萦绕耳际，并有相当一部分学者对此深信不疑。究其原因所在，不难引起我们反思与重视。教师作为思政课堂教学双主体之一，其重要性不言而喻，无可替代。VR 融入高校思政课教学，其利地引导，弊地规避，完全取决于教师，而非 VR 技术。"主体"与"渠道"二者关系的把控，在思政课教学过程中所占比重，需要回归思政课教学的目标与归宿，是否坚持以人为中心开展教学及实践活动。过度追求教学的新颖度，追求华丽而忽视实效性，这显然是没有很好地摆正二者的关系，是盲目追求 VR 技术优势，忘其根本，没有合理协调平衡二者关系所致。教师没有更好地扮演言传身教、循循善诱的施教者角色，更没有正视 VR 技术优势与劣势，充分发挥优越性，取其优势，弃其不足，辅之思政课教学，以达到思政课教学效果最优化。

四、VR 技术应用于思政课教学的有效实现路径

（一）教师方面

在心理方面，为了提高 VR 技术在教学过程中的效果，应从学校支持、模范示范等方面，增强教师的自我效能；从个人目标、个人评价和个人学习等方面，培养教师的乐观心态；从心理辅助、心理培训和社会支持等方面，培育教师的坚韧品质；同时利用系统思维，加强自我效能、乐观心态和坚韧品质的协调与联结，促使其整体功效的最大化。在能力方面，当 VR 技术应用于思政课教学时，教师应不断学习，提高自己教学资源的设计能力、开发能力、升级能力。在行为方面，对教学准备中的行为转变，适应信息化教学备课，创新教学资源和环境，利用互联网搜索资源。

（二）教学方面

1. 课堂

在"互联网 + 教育"成为教育主流，各个学科争相构建"互联网 +"模式的时代潮流下，高校思政课作为构筑意识形态的主阵地，肩扛社会主义鲜明旗帜。实现"VR+ 思政课堂"教学，需要倾力打造"三模式"下的"VR+ 思政课堂"教学。一是构建线下"VR+ 思政课堂"教学。着力打造现实版精品 VR 思政课堂教学，充分挖掘 VR 技术的优势，大力投入硬件设施建设，渲染思政课堂文化氛围，创新思政课堂教学理念，致力于打造形式新、内容新、理念新、实效新思政课堂教学效果，实现新时代下与时俱进的"VR+ 思政课堂"教学。二是打造线上"VR+ 思政课堂"教学。"VR+ 思政课堂"教学需要充分发挥互联网的积极作用，依据互联网优势所在，实现不同院校、不同区域的"VR+ 微课思政课堂"教学资源共享，实现足不出户跨时空学习的目的，充分发挥线上"VR+ 微课思政课堂"教学的作用，构建平台共享、资源共享、教学共享的高校思政课教育教学模式，充分发挥线上"VR+ 思政课堂"教学的积极作用。三是打造线上线下双结合的"VR+ 思政课堂"教学模式。基于"教育三个面向"的教学理念，"VR+ 思政课堂"教学亦是如此，高瞻远瞩，与时俱进，打造多领域、多平台、多方位的思政课堂教学模式，打造线上线下、网上网下协同发展的"VR+ 高校思政课"教学模式。

2. 教学内容

VR 技术与思政课教学的核心是开发优质的课程内涵，而不仅仅是一个场景的呈现，

要拓宽思政知识延展性，精选课程核心内容，实现知识传授与价值引领两者结合。为了切实提高思政教学的实效，一方面要通过 VR 技术所展现的内容，使学生真正喜欢上思政课，实现思政课的教育价值；另一方面，做好思政课内容融合和深化。现今，孤立的和单一的知识点不再能满足学生对知识的渴求。要通过 VR 技术所展现的内容，激发学生的学习兴趣，抛砖引玉，由浅入深，用开放性视角过渡到更高层次的学习。同时，充分发挥学生的积极主动性，自动自发构建新知识，促进学生在情感、心智和伦理等方面多维发展。

3. 实践教学

一是现场实践教学与虚拟实践教学互补。针对思政课理论知识不仅是学懂、学通、学透，更重要的是有所思、有所悟，学以致用，践行于实际。学生在参观纪念馆、博物馆、历史文化圣地的实践教学过程中，亦可借助 VR 设备，体验虚拟现实中的纪念馆、博物馆、历史文化圣地，体验现实与虚拟中不一样的感受，使学生真正观有所感、学有所获。二是虚拟现实中的"VR+ 思政"实践教学。"VR+ 思政"实践教学可以借助 VR 虚拟现实的强大功能，打破时空限制，实现足不出户体验不同区域的实践教学。同时，随着"互联网 + 教育"及大数据的发展，网课资源共享已然成为共识，不同高校倾力打造的精品思政实践教学课程，亦可实现协同发展，资源共享。三是虚拟创新"VR+ 思政"实践教学。一切现象的呈现皆源于现实，"VR+ 思政"实践教学的内容制作及教学设计的过程不是一成不变的，亦可在原有实践教学的基础上，基于历史事实，进行人为内容地融合、升华、创新，打造与众不同、内容丰盈、有趣有意义的"VR+ 思政"实践教学课程。

4. 教学方式

通过"学生讲解 + 深度体验 + 个性讨论"启发教学、激发兴趣，增强体验。传统的思政课教学主要采用灌输式的讲授法，不能很好地形成师生的互动机制，发挥学生的主观能动性；而通过 VR 技术，实现教师逻辑思维的直观化，知识的可视化，这样就便于更好地组织探究教学，让学生在教师的引导下，主动参与到发现问题，寻找答案的过程中，启发学生独立思考的能力，切实提高学生解决问题的能力。

通过综合教学，系统集成，融会贯通。综合教学是指整合传统的课堂教学和虚拟的实践教学，集成各种教学方法、教学内容和教学手段。一是综合传统的课堂和实践教学与虚拟实践教学学习相结合，优势互补，形成一种复合的教学方式，为学生提供多种选择。二是综合高校思政课实践教学内容。比如"思想道德与法治""毛泽东思想和中国特色社会主义理论体系概论"和"形势与政策"等内容，通过 VR 技术，实现虚拟课程内容之间的有机整合。三是综合高校思政课实践教学资源。VR 实践教学可以使用多种载体，网页、手机等，以实现资源共享的多样化，让学生更好地学习。

通过虚拟教学，规避风险，便于管理。随着 VR 技术在教学活动中的应用，改善了教学环境，创新了思政课的教学方式。通过 VR 制作和教材改编，让学生身临其境，实现思政课的切身体验。这样可以减少学生外出实地参观考察，特别是疫情防控期间，可通过远程教学平台，开放教学资源，只要学生具有相关的设备和软件，就可以跨越教室空间、多媒体设备等硬件环境，投入到逼真的 VR 教学环境之中。同时有效解决了组织难、费用高和安全性低的思政课实践教学难题，使学生体验感更加丰富，提升思政教学的实效。

（三）课程方面

在"VR+ 课程思政"教学过程中，需要从以下几个角度进行。一是借助课程的相关性。诸多学科内部都存在其共性与特殊性，知识内容的相关性亦无可分割。这必然要求学科知识教授需要不同学科知识作为铺垫，穿插其中。将 VR 融入不同课程，以本课程学科附加思政教育内涵，从共性中赋予思政内涵教育，穿插 VR 思政课程内容，增强课程的学理性、教育性。二是辨析课程的区别性。挖掘课程教学既是一门艺术，亦是一份心力活。学者需要悉心探究，方能发现不同课程其区别所在。面对不同学科固有的特殊性，VR 融入不同课程的过程中，需要赋予符合本课程特色的思政教学内容、教学模式、教学技巧，切忌照抄照搬、不知变通，只有这样才能达到"VR+ 课程思政"教学的初衷。三是立足课程，创新 VR 教学。从课程教学到课程思政教学，从思政课程教学到课程思政教学，概念地延伸，教学目的、教学意义转折显而易见。实现"VR+ 思政"课程到"VR+ 课程思政"地华丽转身，无疑给广大教育者带来新的挑战与磨砺。要立足原本课程，打造适应本课程的 VR 课程思政教学。

（四）共享机制建设方面

共享机制在实践上可以有两种方式：一种是全国的资源整合与共享，另一种是省级的资源共建共享平台，这两种方式建成后都可以有效整合资源。利用 VR 技术建设思政课教学资源的过程中，现存在教师不太懂 VR 技术，技术人员不太懂思政教学的情况，需要制订统一的标准和制度，建立好 VR 技术开发、引进、运用等相关配套机制，这要协同高校和 VR 技术开发机构方可完成。一方面，高校通过建立相关配套机制，及时获得学生和教师的使用反馈，将技术需求及时反馈给技术方；另一方面，VR 技术开发机构根据反馈收到实际需求，保障硬件设备使用的延续性和软件设备开发的时效性，让整个 VR 思政课资源紧跟时代发展和理论创新的步伐，与时俱进，不断产生新的效果。

五、VR 技术在思政课教学的应用探索

（一）马克思主义基本原理

"马克思主义基本原理"讲授的是马克思主义世界观和方法论的基本原理，需要学生深入领会和准确把握马克思主义的实践性、科学性、革命性，学会运用马克思主义分析世界，强化对人类社会发展规律的认识。该课程内容比较抽象，难以有代入感，导致课堂中学生的反应不积极。利用 VR 技术构建一个虚拟现实的环境，分两个环节进行教学。一是对重、难点理论的再认识，针对课本中的一些难理解的哲学问题，教师可以通过虚拟环境中案例的角色扮演，让学生从角色的演绎中，弄清这些问题的本质。二是通过模拟真人图像，实现面对面交流，让学生根据知识点提出与课本相关的问题，加深对理论知识的理解。

（二）毛泽东思想和中国特色社会主义理论体系概论

"毛泽东思想和中国特色社会主义理论体系概论"讲授的是马克思主义中国化的理论成果，帮助学生理解中国共产党为什么能、马克思主义为什么行、中国特色社会主义为什么好。"毛泽东思想和中国特色社会主义理论体系概论"是对马克思主义思想的继承和发展，学习"毛泽东思想和中国特色社会主义理论体系概论"，有助于学生理解中国近现代时期的发展规律，增强学生坚持中国共产党领导和走社会主义道路的信念。运用 VR 技术构建虚拟场景，让学生从虚拟现实中看到自中华人民共和国成立以来，中国共产党带领全国人民艰苦奋斗取得的成就，增强其民族自豪感和爱国情怀。例如，模拟老一辈科学家为了国家的强大，放弃国外的优厚待遇，隐姓埋名在恶劣的大漠环境中工作几十年，为国家奉献一生的场景，让中国精神刻在每一位学生的脑海中；此外，也可模拟"中国梦"实现后的场景，畅想未来，进一步增强学生的"四个自信"。

（三）中国近现代史纲要

"中国近现代史纲要"讲授的是中国近代以来争取民族独立、人民解放和实现国家富强、人民幸福的历史，帮助学生了解党史、国情，深刻领会历史与人民选择走马克思主义道路、选择中国共产党、选择改革开放的必然性。新时代的学生处于一个最好的时代，没有经历过战争和深度贫穷，对党和国家发展的艰苦卓绝难以感同身受，也就不能全面认识中国人民选择走马克思主义道路、选择中国共产党、选择改革开放的必然性。教师可以运用 VR 技术，重现历史事件中的重要时刻，在虚拟现实世界中，让学生参与事件发生全过程，感受在历史的拐点，人民群众为何选择了中国共产党，中国共产党如何带领全国人民走向更好的未来。

在如火如荼的新媒体新技术广泛应用于高校教学氛围下,"中国近现代史纲要"致力于与时俱进,搭载科技快车,努力挤占桥头堡,丝毫不敢懈怠。VR技术的优越性逐渐被世人认可与接纳,VR技术与"中国近现代史纲要"完美结合,演绎精妙绝伦的时代课程,已然成为大势所趋。VR技术视域下"中国近现代史纲要"专题教学要坚持以下三个原则:一是立足课程定位,VR课程设计要遵循历史教学的规律,围绕中国近现代史的主题和主线展开,坚持以历史唯物主义为指导思想,尊重历史的客观性、整体性、必然性的原则;二是处理好两个关系,正确区分对待"中国近现代史纲要"与"毛泽东思想和中国特色社会主义理论体系概论"课程之间的关系,引导学生深度思考,挖掘潜在内涵;三是注重历史与现实的联系,注重教学要时刻围绕中国近现代社会发展的主线,同时,兼并穿插时代热点,由点到面、点线交叉、层次分明,构建完整课程专题教学。在实际VR技术视域下的"中国近现代史纲要"专题教学环节下,课程设计上要主题明确、重点突出、脉络清晰,凸显主题色彩。例如:在中国现代化道路探索与发展专题教学设计上,借助VR技术虚拟现实的技术,重现国共合作、北伐战争、国共分裂、中华人民共和国成立等历史场景,让广大师生身临其境感悟历史选择、人民抉择,切身领悟中国现代化道路探索的艰辛与曲折,并最终探索出一条适合一党执政,多党合作的道路。

(四)思想道德与法治

"思想道德与法治"讲授马克思主义的人生观、价值观和法治观,培育学生的社会主义核心价值观和法治意识。该课程与学生的学习生活相关性强,比较容易理解,但是在引导学生践行社会主义核心价值观的过程中,仅通过简单的口头授课,难以让学生真正入脑、入心。受客观因素的影响,多数高校难以带领全部学生到红色教育基地或其他校外场所参观学习,接受红色文化熏陶和革命精神洗礼,因此在这一课程中建议运用VR技术构建社会实践教学的场景,增强理论教学的说服力。例如,在虚拟现实环境中构建侵华日军南京大屠杀遇难同胞纪念馆,通过雕塑、图像、遗物等物品和情境再现,让学生不用出校门就能参观这个令人震撼的历史纪念馆,牢记历史、勿忘国耻,时刻警醒自己,只有奋发图强,把祖国建设得更加强大,才能让祖国以更加昂扬的姿态屹立于世界民族之林。

(五)形势与政策

"形势与政策"目前主要采取专题教学的形式,结合发生在国内外的时事政治热点话题,帮助学生理解新时代马克思主义,正确认识中国的时代责任和历史担当。该课程实时性强,变化频繁,建议结合当年的时事政治事件,通过VR技术模拟新闻现场,让学生成为新闻第一现场的目击者、体验者,能有效加深学生对事件发生深层次原因的了解。

除各门课程的独立教学设计外，还可以利用 VR 技术中的人脸表情识别技术获得学生对课堂的反馈。例如，如果学生对某一知识点的虚拟场景的表现为皱眉头和沉默时，说明学生有厌恶的情绪，那么就可以调整虚拟场景的设计，调整学生在虚拟世界的参与方式。教师也可以在虚拟现实课堂上引入测试环节。例如，在虚拟现实中模拟某一知识点的运用，对学生进行测验，起到重温知识点的作用。

六、VR 技术在思政课实践教学上的应用

自古以来，实践是检验真理的唯一标准，真理得来不仅依靠书本传承，更重要的是实践检验。VR 技术视域下"中国近现代史纲要"教学亦是如此，并非仅仅局限于课堂，更重要的是走出课堂，走进"中国近现代史纲要"教学实践基地，感悟历史事件、历史人物，置身其中，切身感受。VR 技术应用于"中国近现代史纲要"实践教学应从如下几个角度思索：一是致力打造 VR 技术下的"中国近现代史纲要"实践教学，以改传统的"中国近现代史纲要"实践教学模式，将 VR 技术融入"中国近现代史纲要"实践教学其中，将实地参观教学与虚拟现实教学完美、融洽结合，弥补现实实践教学呆板僵硬的教学模式，将死的事物活灵活现，以填补实践教学基地遗漏的地方，完美演绎过去这一时刻发生的历史轨迹，实现师生与古人对话，培养师生以史为纲、以史为轴、以史为镜，知其兴替，明其得失，知其然，更知其所以然的意识；二是实现线上与线下、拟与现实相衔接，VR 技术视域下"中国近现代史纲要"实践教学未来发展趋势必然是领域协同化、领域专业化。在"中国近现代史纲要"实践教学过程中，探寻 VR 技术应用过程中，不同学科、不同高校、不同区域"中国近现代史纲要"实践教学区别所在，相互借鉴相关实践教学成果，实现成果共享化，构建 VR 技术视域下"中国近现代史纲要"实践教学新篇章。

第八章　智能手机媒体在高校思想政治教育中的应用

随着移动通信技术、网络技术的快速发展和智能手机的日趋普及，智能手机媒体全方位、多层次地进入人们的日常生活，尤其渗透到高校校园的每一个角落，深受当代大学生的青睐，深刻影响着他们的学习、交往、思维方式和思想观念。在移动互联网强势发展的背景下，高校思想政治教育必须适应时代的变化，注重发挥智能手机媒体优势，创新思想政治教育载体，并以马克思主义意识形态占领手机媒体的传播阵地，引领舆论环境，提高思想政治教育的针对性、实时性、实效性，成为新时期需要深入研究的重要课题。

所谓智能手机媒体，就是通过传递文字、图像、语音、影音等多种信息，依靠无线通信和互联网技术，及时高效地实现人人互动、信息共享的实践活动载体。智能手机媒体是一把双刃剑。一方面，它为高校思想政治教育载体的创新带来重大的发展机遇；另一方面，也使高校思想政治教育面临诸多现实的挑战。面对新技术、新情况和新形势，党和国家关于运用新媒体开展思想政治教育的指示精神、思想政治教育载体与时俱进的时代要求、思想政治教育占领传播阵地和引领舆论环境的价值功能，要求高校思想政治教育必须重视智能手机载体建设；而智能手机媒体的特点、功能以及教育对象对移动网络的天然亲近感等，则为智能手机媒体作为高校思想政治教育载体提供了可能与条件。

不可否认，近年来，高校思想政治教育智能手机载体建设取得了一定进展和成效，但也应当看到，由于多方主体意见不统一、人力物力投入不足、手机网络舆情监管难度大等原因，高校思想政治教育智能手机载体建设还存在诸多问题与不足，主要表现对构建高校思想政治教育载体的认识和研究滞后、教育主客体互动性不强、利用智能手机媒体开展活动的形式单一、效果不理想。为此，必须加强高校思想政治教育智能手机载体建设的对策研究。首先，以先进的教育理念为基。强化以人为本、开放多元、个性发展的教育理念。其次，以丰富的教育方式为翼。灵活运用手机QQ、微博客等各种社交类工具，扩宽思想政治教育手机载体的技术平台。再次，以素质强硬的队伍为干。重视思想政治教育智能手机载体的构建，增强思政教育队伍的理论素养和媒介素养。最后，以科学的监管机制为架。完善思想政治教育智能手机载体的评估体系和监管机制，严格遵守相关法律法规，从而为构建科学、合理、高效的思想政治教育智能手机载体创造条件，让智能手机媒体真正发挥应有的思想政治教育作用。

第一节　智能手机媒体与思想政治教育载体的概念

近年来，新兴媒体尤其是智能手机媒体伴随移动通信技术的成熟商用和互联网全球范围内的普及，以迅雷不及掩耳之势迅速占领了高校校园，当代大学生的学习、生活、交友等多个方面都受到了不可忽视的影响。对新媒体背景下手机新媒体的含义、传播特点和功能的阐释，以及对思想政治教育载体概念的界定，为智能手机媒体成为思想政治教育载体提供了理论铺垫。

一、智能手机媒体及其信息传播特点

（一）新媒体与智能手机媒体

"新媒体"较为主流的定义是依托数字技术、网络技术，以互联网、卫星、无线通信网等为渠道，以及手机、电脑、数字电视机等为终端，向大众提供信息和多种服务的传播介质和形态。就其外延而言，新媒体主要包括光纤电缆通信网，都市型双向传播有线电视网、图文电视、电子计算机通信网、互联网、手机和多媒体信息互动平台、多媒体技术以及利用数字技术播放的广播网等。新媒体集虚拟性、开放性、交互性、超时空性和族群化多种特点于一身。在虚拟的新媒体环境中，出现了越来越多的草根明星，避免了"把关中心"的内容审核，省去了繁琐的审核程序，每个个体既是接收者，又是传播者。新媒体双向互动的特点，很好地满足了受众获取信息、表达意见、成为焦点的需求，真正实现了"零屏障"和"零时间"。个人与个人之间、个人与群组之间、群组与群组之间都能通过不同的交流方式和媒体途径取得联系，相互交流。随着第三代移动通信技术的兴起和成熟，5G移动通信技术将互联网技术和数字媒体技术合二为一，使手机成为集通讯、文字、图像、音视频、游戏等众多功能为一体的便携式新兴多媒体，提供包括短信、手机报、手机广播、手机电视、手机游戏、无线互联网等多种业务。从"新媒体"的技术角度而言，网络媒体、手机媒体和互动性电视媒体是新媒体的典型形态，而手机媒体是新媒体的最主要表现形式。

从传播内容及特点的角度来看，手机媒体是借助无线通信、互联网等技术手段，将文字、图像、音视频等信息通过移动终端接收和发送，最终实现双向或多项互动的信息传播新媒体。

从通信技术的角度来看，目前移动通信技术以 5G 网络为标准。以无线通信技术、计算机技术和信息网络技术的结合，催生出来的一种新型大众化媒体。

从手机的使用功能的角度来说，手机媒体是集通信、影音、游戏、娱乐众多功能于一体的上网通信工具。

智能手机媒体是通过传递文字、图像、语音、影音等多种信息，依靠无线通信和互联网技术，及时高效地实现人人互动、信息共享的实践活动载体。

智能手机媒体不仅通过传统的手机短信、手机报等文字形式来传递信息，以语音为时代标志的微信、实时对话 IVR（互动式语音应答）已然成为了一种新的信息潮流。智能手机媒体以其形式多样、大众喜爱的附加值业务，毫无疑问的成为最佳个人移动多媒体，承载着整个世界的信息。

（二）智能手机媒体的传播特征

智能手机媒体在符合信息主义传播的需求下，将网络化、社区化、工具化、全球化、互动化和个人化这六个基本要求融于一体，同时还具有完全的个人隐私性、高度的携带性和强大的多媒体功能。

第一，传播范围广。随着信息技术的不断发展，尤其是 5G 网络的广覆盖，移动通讯资费不断下调，手机网络成为潮流的宠儿，高速通信的象征。智能手机是当代大学生的不二选择，与全球传播网的互动，将促使人类的信息传播系统发挥越来越重要的作用，为思想政治教育信息的广泛传播创造良好的发展环境。

第二，传播互动性强。互动性包括两层含义，一是指信息发布者与受众者之间的信息互动交流。二是指信息受众者在交流过程中有把控权。报纸、广播、电视、电影等传统传播方式往往是单向的，电话、面谈能很好的实现双向互动。受众可以通过手机邮件客户端、手机短信、手机微博客和各种 APP 软件等多种方式实现交流互动。手机媒体信息传播的双向互动优势更加明显，正因为手机媒体便携性和私密性的特点，让受众敢于在网络中展现真实的自我，充分利用碎片化时间实现信息的共享和交流。这种互动性很好地改变着过去一贯为之的单方面的灌输式的教育方式，被教育主客体之间的有效互动所取代，从而营造出更融洽、和谐的思想政治教育氛围。

第三，传播信息内容丰富。5G 环境下的手机媒体，拥有得天独厚的互联网环境，伴随着移动通信技术的发展升级，带宽数据越来越多，信息存储量越来越大，类型复杂多元，手机就像一台微型计算机，能够有效实现手机媒体与电脑的信息共享，用户能够更快更好的获取信息。通过文字、图片、音视频等丰富多样的传播形式，将呆板的教育信息以生动形象的、引人深思的内容表达出来。而且随着三网融合技术的不断推进，手机网络、互联网络和广播电视网络融合为一体也成为现实，网络上传输的数据更加丰富，三网融合的受益者将是广大手机用户群体。

第四，传播个性化特点突出。大众传播媒介打破了传统教育传播方式，同质化的教育内容通过大众媒介可以高效、快速的、无差别的传播给受众。新媒体的出现，加剧了信息的分众性，催化了信息的个性化。分众的对象已经不是模糊的某类群体，而是具体的具有某些相同特点的某一类人。在教育实践活动中，每个人的特点各异，需求千差万别，同质化的教育内容不再能满足受教育者对信息多变的需求。对于手机媒体而言，一部手机对应一个号码，一个号码对应一个用户，个众传播、个性化的信息服务订制的效用十分明显。个性化、个体化的信息传播特点在此基础上也愈加突显。受众对象从大众到分众的转变，最后只针对受教育者个人，每一位手机用户可以根据自身需求和特点订制不同的教育服务内容，信息传播的增值效用不仅越来越强，服务的个性化特点也越来越明显。

"00后"大学生对数码产品有着天然的亲近性，从小生长的环境便是数据化的网络时代，他们个性张扬、思想独立，乐于接受新鲜事物，有着相对较强的计算机操作能力；善于从网络中寻找快乐，追求感官上、视觉上的刺激；敢于挑战权威，在网络世界中自主发声，表达自己的观点，秉承完全自由的价值理念。智能手机媒体的特点很好地满足了当代大学生的需求，深受大学生的欢迎和喜爱。

二、思想政治教育载体及其类型

（一）高校思想政治教育载体的含义及特点

思想政治教育载体是指，能够承载、传导思想政治教育因素，能为思想政治教育主体所运用、且主客体可以借此相互作用的一种思想政治教育活动形式。

在科学技术日新月异，国内外环境日渐复杂的环境下，大学生的思想多元性、素质弱化性都必须引起教育者的重视，必须密切关注学生发展，结合时代发展新背景，在传统思想政治教育的基础上，与时俱进，破冰前行，迎难而上，不断丰富载体形式。教育对象的特定性是高校思想政治教育的鲜明特点。活动的顺利开展，必须依靠一定的载体。

高校思想政治教育载体指的是学校思想政治教育工作者（主体）在向思想政治教育受教育者（客体）进行思想政治教育的过程中，承载和传递思想政治教育内容和信息，能为思想政治教育主体所运用，且主客体可以借此相互作用的一种思想政治教育活动形式。作为高校思想政治教育载体必须同时具备两个方面：一是必须承载思想政治教育信息，能为思想政治教育主体所操作，其内容包括思想政治教育的目的、任务、原则和内容。载体作为一种中介工具，总要承载一定的内容和信息，并传递给思想政治教育客体，同时能被实践主体操作，高校思想政治教育的载体也不例外。形形色色的载体都能承载一定的教育信息，但是不能被主体控制和操作的不能称其为思想政治教育载体。

二是必须联系主体和客体，主客体可以借此形式发生相互作用的活动形式。在这个过程中，相关信息有效传递。由此可见，教育过程是主客体都在发挥作用，而不是主体或客体单方面的活动过程。一个完整的思想政治教育过程，教育主体和教育客体都是不可或缺的。

总之，必须具备以上两个基本条件，才能被称作是高校思想政治教育载体，也只有对此加以有效的利用，才能更好地开展高校思想政治教育，在日新月异的网络通信技术变化下，切实把准大学生脉搏，对症下药。

（二）高校思想政治教育载体的本质特征

特征是一事物区别于它事物的显著标志，从不同理论角度定义，高校思想政治教育载体会呈现不同的表征。第一，活动性。活动性决定了高校思想政治教育载体的特殊性。载体的设置和作用发挥的前提条件依赖于教育者和受教育者的直接参与，离开了受教育者的参与活动，载体就失去了存在的价值。第二，承载性。承载性是指思想政治教育载体承载着信息，如教育目标、教育内容、教育原则、教育任务等。抽象的思想观点、政治观念和道德规范不会被人们主动的接受、内化，人们不会主动的接受那些抽象的思想观点，并乐于将其内化为自己的思想，外化为自己的行动，没有有效的思想政治教育载体，承载、分解、具象这些抽象教育内容，是很难达到教育目标和教育要求的。唯有通过有效载体承载具体化、形象化、生动化的内容，这些抽象的信息才能对客体产生影响，各种信息之间才会实现互动交流。第三，传导性。高校开展思想政治教育的目的是将社会所要求的思想观点、政治观念和道德要求传导给学生，要求学生内化为自我意识，并以此指导自己的行为。承载性只是为了更好实现目的的手段。第四，关联性。思想政治教育载体的缺位，会导致教育主客体之间无法有效联系，当教育客体需要教育主体的引导、帮助时，会因为缺乏有效的载体而无所适从，缺乏有效的沟通交流，信息就不能很好的传递，那么思想政治教育载体的传导性也就无用武之地。第五，互动性。在相互作用的过程中，主体需要借用一定的载体作用于客体，客体也通过一定的载体作用于主体，正是因为二者之间有了载体这个实践活动形式，主体和客体才能真正形成一种双向互动关系。只有在主客体相互关联的基础上，互动性才能成为可能。第六，可操作性。如何有效的运用思想政治教育载体，教育主体依然是关键。虽然移动互联网的发展和大学生自主意识的提高，导致学生主观能动性越来越强，但这并不意味着教育主体主导地位的丧失。

高校思想政治教育载体的建构，一是有利于校园思想政治教育活动的开展。高等院校培养的人才，专业素养过硬是目标，但思想健康却是基础。通过思想政治教育活动，端正学生的世界观、人生观、价值观，为其营造良好的校园文化氛围。通过有效的载体，确保教育活动的顺利开展。二是有利于有效整合教育资源。思想政治教育信息散落在校园中的各个地方。各种规章制度、校园建筑物、学校舆论、校园活动都或多或少都包含着思想政治教育信息，载体的构建恰好满足了信息有效传递的条件，通过丰富多彩的信息融入到这些活动中，通过丰富多样的活动形式，达到潜移默化的教育作用。三是有利于增强教育信息的实效性。思想政治教育载体随着时代的变化而不断创新，思想教育工作仅仅依靠传统的教育载体已经不能完全适应这个多元的信息社会，必须不断选择和运用新的教育载体，发挥现代大众媒介容量大、速度快、双向沟通能力强的特点，强化思想政治教育的实效性。

（三）高校思想政治教育载体的主要类型

思想政治教育的工作是做人的工作，高校思想政治教育的工作是做学生的工作，学生思想品德和道德素质的高低受到社会、媒体、家庭、学校、同辈群体等多方面的影响和制约。面对不同的影响环境，有针对性的选择思想政治教育工作载体，能够达到良好的教育效果。高校思想政治教育载体的类型主要有以下五种：

一是课程教学载体。当前高校"思想政治理论课"教学要充分按照体现当代马克思主义最新成果的要求，全面加强学科建设、课程建设、教材建设和教师队伍建设，推动邓小平理论和"三个代表"重要思想进教材、进课堂、进大学生头脑工作，进一步增强"思想政治理论课"教育的时代感、针对性和实效性。

新时期，不仅要求高校教师自身理论素质过硬，还必须具备坚强的党性和坚定的理想信念。在传授科学知识的同时，要把思想理论、道德要求贯穿在课堂教学的内容中，将专业理论教学和人文伦理教学有机结合，专题教学和系统教学配套结合，坚持教书育人，坚持言传身教，在不断提高大学生科学文化素质的同时，不断提升思想道德素养。

二是活动载体。利用各种形式多样的活动，把思想政治教育内容渗透在轻松愉快的活动中，能够让广大师生在参与活动的过程中自觉接受纯洁思想和高尚品德的熏陶。活动载体首先具有不确定的对象性。高校利用各种形式开展校园活动，针对的对象是全体在校学生，但是活动产生的效果好坏是无法全部预见的，也不能确定有多少学生会参与到活动中。其次具有明确的目的性。承载思想政治教育内容的活动，不论以怎样的形式展开，不论活动展开的时间地点如何，明确的一点是这些活动都是围绕党在各个时期的中心工作展开，以学习文件精神和反映社会现实为主题，以全面提高学生的道德素养为根本目的。活动载体的目标越明确，其针对性就越强。再次具有广泛的群众性。大学校园最不缺少的就是一呼百应的热血青年，开展的活动能否有效的吸引学生参与，是活动成功的前提条件。校园活动吸引的学生越多，实效性就越强，离思想政治教育工作想要达到的目的就更近。最后具有实践性。校园活动有很强的实践性，学生能够直接参与其中，至于学生参与活动过后，思想上是否有了量的积累和质的飞跃，同样需要实践来检验。

三是文化载体。以文化为载体有利于增强思想政治教育的吸引力，一切的人都是文化人，一切的物都是文化的产物，校园文化无处不在。高校思想政治教育并非上级领导、文件的传声筒，究其本身而言是理论性强、思想深度高的学科，增强思想政治教育的吸引力和渗透力是教育工作者的当务之急，良好的校园文化为思想政治教育开辟了一条绿色通道。文化具有渗透力强、影响力广、生动形象的特点，校园文化继承了文化的优良传统，且更具有亲和力和可接受性，实际上，大学生对校园文化的接受和认同，都是受到良好文化熏陶的过程。其实校园文化的形式和种类确实太多，读一本书、浏览一条信息，参与一个校园活动都可以是说受到了校园文化的影响。很多文艺作品都蕴含着丰富的思想政治教育内容，通常情况下这些文艺作品对人们的影响力会持续一段时间甚至是一生的时间。类型多样的校园文化活动，比如学术讲座、知识竞赛、演讲比赛、歌唱比赛、社团活动等校园文化娱乐活动，对所有参与者无论是智力还是体力上，无论是精神还是行为上都会产生一定的影响。把思想政治教育的内容渗透到这些活动中，一方面会为营造良好校园文化氛围提供条件，一方面也对大学生是一个很好的宣传教育的过程。

四是管理载体。管理是一种硬约束，每个人的学习生活都离不开管理的制约，学校生活中管理更是必不可少，对学生思想品德的形成是一种他律的过程。教学过程中运用管理载体，必须要把握好度的问题，不能期望把思想教育的全部内容都寓于管理活动中，这样做既不现实，其后果也不堪设想。不论思想政治教育活动针对的对象是谁，其终极目标始终都是思想的内化，而管理活动恰恰是帮助人们思想品德内化的一种外在手段。这种外在手段往往不乐于被接受，但是人们在潜移默化中会自觉的受到这种规范、制度、纪律的约束，促使人们完成理性的反思，并将反思内化为一种习惯。学生们经常会对学校的各种规章制度持抵触情绪，这些表现首先会直接反映在管理活动的过程中。以管理为载体，能够及时的发现问题，快速的对症下药，实事求是的分析可能存在的问题。管理活动这种通过相关的规章制度来制约、规范和协调学生行为的方式，有助于促使学生良好行为习惯的养成。

五是大众传播载体。大众传播载体是一个常说常新的话题，在不同时期有不同的表现形式，众多媒介"过气"之后虽不再是主流传播媒介，影响力有所削减，但是其影响依旧。随着历史的进步和科学技术的飞跃，大众传播媒介从传统的纸质媒体一跃成为"指尖"媒体，只要轻轻触碰手机、电脑的屏幕便可获得一手信息。"第五媒体"的出现，让思想政治教育的大众传播载体更加充盈。

移动扩散能力的强弱，直接影响舆论引导力的效果。新旧媒体之间不是此消彼长的关系。随着新媒体的发展，尤其是手机媒体的成熟，在经历了网络转载纸媒信息、网络先于传统媒体信息、手机媒体信息包罗万象的发展阶段之后，传统媒体和新型媒体，特别是与智能手机媒体朝着相互融合的方向发展，传统大众媒介向移动转型是大势所趋。目前，众多门户网站已经实现了手机APP移动跨越，党报移动传播转型更是势在必行。"三网融合"借助手机媒体这个平台，实现了"点"对"点""点"对"面"的有机结合和多方互动，通过智能手机媒体可以实现一站式的纸媒阅读、广播收听、节目观看和网络搜索。

大学生的生活范围不仅局限于校园，借助网络实现信息的沟通和互动，同学之间的交流更加快捷频繁。纷繁复杂的信息世界需要教育者加以引导、甄别，创造良好的思想政治教育氛围，努力消除大众传播产生的负面影响，在虚拟空间中真正发挥思想政治教育的威力。同时在众多的大众传播媒介中，教育者还需要注意不同媒体的优势互补。报纸、书籍、广播、电视、网络在传播思想政治教育信息的过程中必然有所不同，报纸、书籍对同学们的影响更深远，广播、电视的影响更多的体现在视觉和听觉方面，而网络的影响力就在于它的速度。因此一定要综合多种传媒的集合效应，构建广覆盖、立体式的传播网络。

总之，高校思想政治教育的主阵地依然是课堂，在充分发挥各种大众媒介优势的同时，也要注重管理载体、文化载体、活动载体的建设，必须坚守思想政治教育的主课堂，将思想政治教育资源多渠道整合起来，注重传统与新型载体的融合，内容上的互补，方式上的强强联合，时效上的彼此互动，让不同载体发挥不同的思想政治教育作用。根据不同媒体的特点，不同载体的特征，在时间上予以配合，内容互相补充，权威性予以增强。提高实效性，确保信息的完整度和全面性，保证受教育者获得及时、全面、准确的信息。

三、高校思想政治教育智能手机载体的内涵界定

智能手机媒体是承载、传递高校思想政治教育的有效载体，是大众媒介载体中传播速度最快、蕴含信息最丰富、互动性最强的新媒介。高校思想政治教育智能手机载体的指向性十分明确：在高等教育领域内，针对在校大学生的认知特点和心理变化，依托新兴智能手机媒体，承载、传递思想政治教育的内容和信息，用正向、丰富、积极的手机媒体信息引导大学生的思想观点、政治观念，在此过程中，教育者和受教育者能够实现双向互动，并且能为教育者所操作的一种思想政治教育活动形式。手机媒体具备了成为思想政治教育载体的必备条件。

第一，能够承载和传导思想政治教育信息。纵观媒体发展史，手机比任何一种媒体都具备兼容性、整合性和互动性，比任何一种媒体都能拉近人与人之间的距离，比任何一种媒体都能提升用户的自主性。手机媒体除了具备新兴媒体互动性、及时性外，还兼具便携性、强制接受性、多媒体性、覆盖范围广等特点。手机媒体作为一种媒介载体，必然承载着丰富的信息内容。思想政治教育载体具有工具性和中介性，但是最重要的一点是，思想政治教育载体具有很强的目的性。具体的表现形式是，思想政治教育载体的设置与应用就是为了提高思想政治教育工作的效果服务的。通过交互工具宣传、短信传播、手机报发送、主流视频播放等手段可以有效的将思想政治教育信息如中央会议精神、马列毛邓精神和最新的指导性文件传导给学生，用生动鲜明的漫画、动画、音视频文件激发学生兴趣。

第二，能够为思想政治教育主体所操作。手机的普及，突破了网络思想政治教育对复杂电脑设备操作的局限，降低了工作人员对技术的要求，虽然手机媒体的功能日新月异，但一些简易的软件能够被教育主体很好的运用。事实上，现在很多学校教师都注册了校内网、微博客，活络一些的学生会要求主动关注教师，教师发表的言论、对时事的见解、转载的文章都会对学生起到一种潜移默化的作用，无形中就实现了思想政治教育主体的愿望、目的和认识，另一方面又能将健康向上的信息传递给教育客体。

第三，必须是联系主客体的一种物质形式，主客体可以借此形式发生相互作用。手机媒体的特点之一就是交互性，彼此互相沟通，拉近人与人之间的距离。从此种意义上说，手机媒体是天然的联系主客体的一种物质形式，主客体之间地位的平等，话语沟通的随意性都能够较好的实现彼此之间的互动。将手机媒体作为高校思想政治教育载体并不是在信息时代赶时髦，而是因为智能手机媒体确实具备了成为思想政治教育的基本要素。

第二节　智能手机媒体作为思想政治教育载体的
必要性及可行性

在智能手机成为人们生活必需品的今天，其功能已经不再局限于人与人之间沟通交流，还兼具着共享信息，生活娱乐的功能，它对高校思想政治教育的建设有着潜移默化的作用。作为现代信息传播交流的第五代先进媒介，手机媒体给我们带来了一种新的交流平台和新的发展机遇，智能手机媒体成为高校思想政治教育载体不仅"可以为之"，而且"必须为之"。

一、智能手机媒体对大学生的影响

第一，智能手机媒体扩展了大学生思想进步的空间。各种即时交互的交流软件备受学生青睐，使用比例也比较高。显然，在信息横流的时代，智能手机媒体对学生的相互交流起到了纽带作用。大学生通过手机网络搜索自己关注的内容，如当前热点问题，思想政治理论课案例等，同时这些浏览数据将同步存储。相对于传统的书籍、电视、广播等媒体，手机媒体使学生获取资讯的速度、效率及质量都有很大的提升，这些改变不仅有助于学生视野的扩宽，意见的互相交流，也有助于培养学生爱国主义情怀和忧民之苦的意识，引导正确价值观的形成。

第二，智能手机媒体扩宽了大学生自主发展的平台。手机游戏、手机应用、手机视频的盛行，为运营商带来经济利益，为学生带来欢乐的同时，也激发了部分学生的创新思维。开发一些小型的手机单机游戏，拍摄一些搞笑视频，改编一些网络流行歌曲对学生创新思维能力的提高都有很大的帮助。海量的信息扩散和不同文化观念的交流碰撞让大学生的生存空间愈大又愈小，他们在期望获得更多人理解和认可的同时，也在努力展示自我，突显自己的个性。以智能手机媒体为平台，拓展交往范围，为自我发展提供了便利，智能手机媒体让受众的自主创新性得到空前增强，美化生活、推崇个性成为共识。

第三，智能手机媒体丰富了大学生的校园文化生活。手机的娱乐影音功能作为手机媒体的一个重要分支，极大的丰富了手机媒体的内涵，深受学生的欢迎。广范围、广覆盖的手机媒体信息，让大学生获取一手信息已经司空见惯，对热点事件的关注也在持续升温，点评、转发、收藏让大学生不再是被动的信息接收者，接触新鲜事物，更加扩宽了自己的视野，提升了自己的思想，提供了独立思考的时间和空间，提高了自己的精神素养。随着"一站到底""汉字英雄""成语英雄"等益智类综合节目的火热播出，同款手机APP软件也已经全面上线，同时还可以随时登陆这些节目的官方微博，和节目组进行互动。这些益智类手机模拟游戏，在丰富大学生课余生活的同时，对提高学生的文化素养、了解国学文化、增强民族自豪感也起到了很好的激发作用。

二、智能手机媒体作为思想政治教育载体的必要性

（一）党和国家关于运用新媒体开展思想政治教育的要求

计算机的普及，互联网的高速发展，为适应新形势、新任务的要求，确保大学生的健康成长，高校思想政治教育必须占领舆论宣传制高点。教育工作者要充分认识以互联网为代表的新兴媒体的社会影响力，高度重视互联网的建设、运用、管理，努力使互联网成为传播社会主义先进文化的前沿阵地、提供公共文化服务的有效平台、促进人们精神生活健康发展的广阔空间。

大学生道德建设是精神文明工作的重中之重，要积极利用互联网、移动通信等先进传播技术打造精神文明建设的新平台，运用公益广告、手机短信、社交网络、微博等新型传播方式丰富精神文明建设的手段和载体，进一步扩大精神文明建设的覆盖面、影响力。

让广大大学生在使用新兴媒体中接受教育，强化对社会主义核心价值观的体验认同。中央领导人多次强调要高度重视网络，尤其是新媒体的宣传作用，要借助这些平台加强思想政治教育和先进文化的传播教育。移动通讯技术的发展和商用，使高校思想政治教育的育人环境发生了变化，对高校思想政治教育传统的教育方式提出了新的要求，载体创新迫在眉睫。

（二）思想政治教育载体与时俱进的体现与要求

智能手机媒体与大学生的生活息息相关。几乎每个学生都拥有一部智能手机，每个人的生活都离不开手机，甚至依赖着手机。选择科学高效的思想政治教育载体是保障大学生健康成长的重要条件。

一方面，手机媒体已经成为大学生必不可少的生活用品。互联网的出现真正对于社会发生影响作用的是其带来的人与人之间的信息传播与互动方式的变革，互联网是推动智能手机媒体发展的技术支撑，学生获取资讯的主要方式已经由纸媒过渡到手机网络，手机媒体已经成为信息集散地和民意聚集地，不仅对学生的价值观念、知识储备、技能训练、性格培养、人际互动有着不可忽视的影响，同时也对高校思想政治教育的发展有

着不可估量的作用。高校要重视智能手机媒体的建设、使用、管理、监督，努力使手机媒体为传播先进文化、深入社会主义核心价值观、实现中国梦搭建有效的平台，为高校思想政治教育理顺新思路、扩展新空间、创新新方式提供新的宣传阵地，为当代大学生学习马克思主义、毛泽东思想、中国特色社会主义理论体系的纵深推进创造条件。

另一方面，思想政治教育载体在实践中不断更新发展。随着时代的发展，科技的进步，思想政治教育载体的形式丰富多样，可利用的大众媒介也越来越多。可以说，高校思想政治教育载体的创新是信息时代的应有之义，是与时俱进的体现和要求。思想政治教育的内容在充实、形式在丰富、环境在变化，如果死守僵硬固化的老路，思想政治教育信息的传播将得不到顺利开展，思想政治教育理念的内化将失去生存的土壤，思想政治教育的效果将事倍功半。高校思想政治教育的发展必须利用好智能手机媒体，必须有效引导这个舆论氛围，必须随着时代的发展，技术的进步，走在手机媒体发展的前列，不断更新高校思想政治教育的手段，有效利用智能手机媒体为思想政治教育工作服务。

（三）思想政治教育占领传播阵地和引领舆论环境的要求

其一，占领传播阵地的要求。牢牢掌握意识形态工作领导权、管理权和话语权，是巩固马克思主义在意识形态领域的指导地位、巩固全党全国人民团结奋斗的共同思想基础的坚强保障。意识形态领域历来是敌人同我们争夺的主要阵地，尤其对青少年更是如此。计算机给人们的生活、工作带来便捷的同时，也将美国的价值观念漂洋过海植入了中国，西方的价值观念、生活方式、消费方式和"欧美中心主义"深刻影响着我国的马克思主义意识形态。值得肯定的是当代大学生在祖国尊严、国家利益和民族团结这类大是大非的问题上表现出极高的爱国主义倾向和高度的社会责任感。智能手机媒体是高速兴起的新兴媒体，在学生中的占有率几乎为100%，影响不容忽视。手机媒体的众多领域充斥着西方的价值观念和思想意识，相较之下，马克思主义的发展就显得十分滞后。手机领域中马克思主义意识形态的缺位，就急需马克思主义占领手机传媒领域的阵地，建设社会主义核心价值观的手机信息传播阵地，用主流的声音和向上的精神文化抢占手机网络传播阵地。用社会主义核心价值理论体系和中国梦指导高校思想政治教育理论和网络平台的构建，让马克思主义在手机媒体领域"实心"而不是"真空"，不断满足大学生多样化、多层次的精神需求，坚持走社会主义道路，树立中国特色社会主义意识形态，坚定不移的拥护我党的领导。

其二，占领舆论环境的要求。互联网革新了一直以来的以灌输为主的教育方式，网民是舆情的主体，表达思想的方式更直接、真实、流畅。不可否认的是，网民因其个人素质高低不同，舆情表达也存在差异。包括因网络虚拟化而忽视法律制约和道德规范的手机网民，因现实生活压力而恣意发表言论和散布谣言的手机网民，各种信息鱼龙混杂，言论应有尽有，有些网络言论不堪入耳，对文字的亵渎，对文明的曲解更是不堪入目，污染了网络环境，影响高校校园，大学生是直接受害者。

充分重视智能手机媒体的舆论导向作用，必须在教育方式上与时俱进，教育内容上贴合现实、贴近学生情感，完善思想政治教育监管机制，净化手机网络环境。除此之外，不能忽视影视作品的健康发展，毕竟思想政治教育观念的渗透，除了条条框框的灌输外，更需要通过文艺作品的演绎和传达。在三网融合的大背景下，手机视频用户规模快速增长。随着智能手机的普及，WIFI资费的下降，手机视频契合了大学生碎片化生活的需求。推动中华优秀传统文化和当代文化精品网络化传播，创作适于新兴媒体传播、格调健康的网络文化作品。弘扬中华民族优良传统、歌颂民族英雄、传播正向价值观念的影视作品，如《建国大业》《建党大业》《潜伏》《老有所依》等影视作品，对激发大学生的爱国意识、增强集体观念、强化理想信念、升华大学生的民族自豪感和凝聚力起着重要作用。在手机媒体大行其道的紧迫形势下，高校思想政治教育必须引领网络舆论，给大学生营造一个健康、活泼、向上的环境。

三、智能手机媒体作为思想政治教育载体的可行性

（一）智能手机媒体的功能为拓展思想政治教育载体提供了技术平台

智能手机媒体承载量大、移动能力强、传播速度快、覆盖面广、互动性强的优势，扩宽了高校思想政治教育的教学阵地。高校思想政治教育工作既可以借助手机媒体丰富的信息源，也可以借助传统媒介和传统教育手段，开展思想政治教育活动。又可以大范围的、快速的、主动地向大学生传播正向的思想观念、政治观点和价值理念，对相关理论政策的解读，也可以在第一时间让学生知晓。学生在学习哲学经典、马克思主义经典著作、中国的马克思主义相关著作及文章时，当遇到一些难题和困难，可以随时随地利用智能手机媒体上网查询相关材料，和老师、同学互动交流，智能手机媒体这种得天独厚的优势为高校思想政治教育内容和手段的不断创新创造了条件。智能手机媒体的发展，催生了各种应用程序，中国知网、维普网等知名学术网站都有属于自己的掌中APP程序。利用手机媒体的新技术，随时了解学科理论前沿，掌握一手热点资料，有利于提高思想政治教育工作的效率。

学校的中心工作是教学，长久以来，这一中心工作任务并未发生改变，在分数称霸的校园，学校的工作重点始终紧紧围绕课堂教学。大学是一个开放性、社会性、实践性大课堂，仅仅依靠课堂教学并不能满足学生发展的需要和时代的要求，手机媒体将人际

传播和大众传播有效的集合于一体，在很大程度上让信息传播提速、增道、扩路。特别是各种手机应用的开发，各种手机业务的发展，丰富了手机媒体的功能，将刻板的思想政治教育内容以更为形象、生动、鲜活的形式呈现给广大受众，学生乐于学习，愿意接受。在重大节日和热点事件中，教育者给学生群发信息，让学生及时了解相关情况，避免受到不良信息的干扰和误导，增强大学生的思辨能力。借助移动互联网平台，教育者主动发挥主观能动性，以饱满的激情和对学生真挚的关怀，搭建切实可行的校园手机办公平台，以此来增强该平台实际操作的可行性。

（二）智能手机媒体的特点为增强思想政治教育的针对性奠定了基础

传统思想政治教育的对象通常是群体，很难针对学生的个人情况开展思想政治教育，一是学生个人信息状态有隐蔽性和私密性，难以普遍悉知，二是没有足够的人力物力，一旦学生发生突发情况，往往措手不及。以前的思想政治工作者在实际工作中经常会出现为了某个学生、某件事情跑断了腿、磨破了嘴的现象。手机信息传播是"点对点""点对面"的传播方式，教育工作者发送信息的对象是固定的学生群体，信息发送的内容、结果和效果都可以很好的进行预判，很大程度上提高了思想政治教育的实效性。智能手机媒体让信息的及时送达、反馈成为可能。随着高速网络的普及，智能手机媒体的广泛运用，及时交互的手机通讯软件，网络空间、微博客都可以成为思想教育工作者及时捕获学生思想动态的工具，一旦出现不良苗头，便可以果断出击，及早为学生做好思想政治工作，确保学生群体思想积极健康向上、乐观稳定，让思想政治教育工作更有针对性。手机媒体的个众性传播方式，避免了教育过程中千篇一律的信息传播。世界上每一个个体都是独立的个体，每一个学生都是独一无二的学生。重共性、轻个性的理念方式与新时期广大青年的发展趋势相逆，也不利于创新性人才的培养。教育工作者针对不同的学生个体，利用智能手机媒体采用不同的教育方式，传递不同的教育内容，为学生个性化的发展创造了条件。

手机媒体个人私密性让彼此间的交流成为隐藏在手机媒体背后的人一机一人交流，相较于传统的面对面的心理辅导方式，更易于被学生接受。很多学生由于个性腼腆，性格内向，表达含蓄，顾忌多虑不敢向老师吐露内心情感和思想上的困惑，致使很多老师难以全面获知学生情况，不能为学生制定有针对性的个性治疗方案，其结果通常是恶性循环。运用智能手机媒体，通过在线情感交流、咨询、互动能够有效克服上述障碍，为大学生提供一个隐秘的，但却能真实表达自己、宣泄内心情感的场所，可以让辅导老师及时了解学生的个人情况，与代课教师、学校相关负责人通力合作，帮助学生攻克难关，真正成长为对社会有益的人。

(三)教育对象的接受习惯使他们对智能手机媒体有着天然的亲近感

移动通讯网络环境下的手机媒体已经当之无愧的成为第五媒体，无论是网络还是手机都对青少年有一种难以明说的吸引力。

首先，浅阅读模式符合大学生新时代的需求，正是由于公众对信息的渴求和关注，智能手机媒体才拥有了更大的舞台。手机媒体的个性化特征，APP 软件的个性化运用，都让充满好奇心，对信息渴求愿望强烈的大学生欣然向往。生活的压力，繁忙的工作，焦虑的心情，复杂的人际关系导致人们很难有多余的精力接触视线以外的信息，而智能手机媒体的发展，多种新闻应用工具的成熟商用，改变了传统的阅读方式，碎片化的阅读模式让人们随时随地可以了解时事新闻、娱乐八卦、生活趣闻。

其次，自我参与意识滋润了手机媒体在学生中发展的土壤。随着社会的发展，人们的自主意识、独立意识和参与精神都得到了空前的增强。人们更加重视个人价值，话语权增加，人人都想成为公众焦点，这一点恰好迎合了当代大学生敢于表现、善于表达的个性，手机网络的发展为广大青年提供了广阔的发展空间。手机媒体存储的海量信息和及时获取信息的特点，不但扩大了大学生的视野层面，更重要的是正在改变着大学生获取信息的方式，同时解决问题的方式也更快捷、更简单。

再次，智能手机媒体的小体积，隐秘性强是受到学生欢迎的重要原因之一。手机媒体的便携性，改变了过去面对面式的谈话方式，让话语流通的范围更广，内容更丰富，使碎片化时间的生活千姿百态。大学生生活在一个集约化程度、受关注程度和网络高度发达的社会，小错误会被无限放大，这给大学生带来了很大的不安全感。而手机媒体始终不遗余力的保护着用户的隐私。如今很多网络 APP 软件，如隐私管理大师、隐私卫士、隐私空间、隐私锁屏和隐私日记等，尽管这些软件还存在一些问题，但是不可否的是这些软件的开发与运用确实极大程度上改善着我们私人空间被侵犯的现状。手机媒体已经改变了大学生的生活，网络购物、网络交往、网络娱乐、网络学习都可以通过小小的手机实现，方便快捷的一站式服务，吸引的对象不再局限于商务人士、大学生，越来越多的普通人，都真真切切体会到智能手机媒体给人们生活带来的实惠。

总之，智能手机媒体成为思想政治教育载体不仅可以为之，而且必须为之。这不仅是高校思想政治教育载体与时俱进的表现，是充分发挥手机媒体思想政治教育作用的基础，是满足当代大学生信息需求的条件，也是高校思想政治教育顺应政府要求，全面贯彻党的精神题中应有之义。高校思想政治教育载体必须不断创新，智能手机媒体必须为思想政治教育所用。

第三节　加强高校思想政治教育智能手机载体建设的对策

　　教育理念是教育思想家乃至整个民族长期蕴蓄和形成的教育价值取向的反映、体现和追求，是关于教育发展的一种理想性、精神性、持续性和相对稳定性的范型，具有导向性、前瞻性、规范性的特征。教育理念首先是在教育主体对教育对象和教育过程深入认识的基础上理性认识的成果，是对教育现实的积极思考，具有引导定向的意义。在第五媒体称霸的时代，高校思想政治教育的发展依然需要秉持先进的教育理念，引导高校学生积极健康发展。

　　智能手机媒体的诞生与发展，促进了高校的思想教育工作内容、形式、手段和方法的创新，对大学生产生了负面影响，也为高校思想政治教育工作带来了挑战，这就要求高校教育工作者必须主动占领手机网络阵地，积极利用智能手机媒体，善用手机网络，深入理论研究，在改革中创新，在创新中深化，运用新的媒介工具开展形式多样的思想政治教育活动，以期达到更好的教育效果。

一、强化思想政治教育智能手机载体的教育理念

（一）以人为本的教育理念

　　思想政治工作说到底是做人的工作，必须坚持以人为本，既要坚持教育人引导人鼓舞人鞭策人，又要做到尊重人理解人关心人帮助人。高校思想政治教育工作首先必须贯穿以人为本的教育理念，这不仅是坚持以人为本的教育宗旨，同时也是与时俱进的时代诉求，尤其是在手机网络高速发展的环境中，运用智能手机媒体开展思想政治教育的过程中确立以人为本的教育理念，就是强调高校思想政治教育在新环境中，必须牢固树立以大学生为主体的教育理念，真正做到言传身教，以身作则，无私奉献，以增强学生的积极主动性，提高他们的自我教育能力为目的，不断丰富和创新教育内容、形式、方法、手段。

　　人的根本属性是社会实践性，只有社会实践才能使人的认识开始发生。人具有自然

和社会双重属性，但社会属性决定了人的本质。学生的健康发展，受自身生理、心理和智力条件的限制，外部环境对学生的塑造至关重要。学生在外部环境的影响中，并不是被动接受，而是发挥主观能动性的成长过程。教育者对受教育者的关心、爱护，为他们提供的温馨良好的成长条件，有利于学生的健康发展。

以人为本的教育理念，首先是人文关怀。思想政治教育坚持以人为本，就是要尊重受教育者，尊重受教育者生存、发展、享受和被尊重的权利。手机网络的普及，教育观念不再局限于课本中的条条框框，教育形式不再拘泥于课堂，四通八达的网络把教育观念、内容无形中渗透到学生的思想中，教育者关注的重点，从课堂延伸到课外，从课外扩展到网络。受教育者可以随时提出见解，针对某一话题，主客双方可以各自发声，平等发表言论。通过自由对话，教育者可以了解受教育者的思想动态，给予受教育者支持和引导，让受教育者充分感受到被尊重、被重视、被关注。只有受教育者感兴趣的内容，才有利于思想政治教育活动的开展，才能更好地贯彻以人为本的教育理念。手机网络的发展，各种交互式工具的盛行，为教育者提供了便利。只有以受教育者的客观要求作为衡量尺度对思想政治教育内容和形式进行科学规划，才能最大程度地发挥手机媒介的功效。

以人为本的教育理念不仅体现在教学活动中，同时更要深入到校园管理活动中。教育管理的人性化，要求管理者一切为了学生服务，一切为了学生便利。在学生的日常生活管理中，要急学生所急，想学生所想。时刻关心学生，时刻为学生服务。

以人为本的教育理念，其次体现在民主精神。新时期运用智能手机媒体开展思想政治教育，应该充分考虑到师生之间的平等关系，在不违规违纪的前提下，尊重学生使用手机的习惯。了解学生使用手机网络的特点，针对网络人际关系特点，给予学生充分的话语权，让学生敢于表达、善于表达、乐于表达。教育者与受教育者之间民主平等的关系，让教育者在运用智能手机媒体开展思想政治教育活动时，尊重学生的观点，尊重学生自由表达的权力，在自我学习和师生相互学习间促进双方共同成长。

以人为本的教育理念，也体现在及时的心理疏导。多元化的信息世界中，学生成长发展的环境不再是一个封闭的、单纯的、纯粹的学习氛围，复杂的舆情信息，多元的价值理念，各种社会的压力，让学生出现各种各样的问题。教育者必须以以人为本的理念及时纾解学生的心理问题。在日常的学习生活中，运用各种手机交互工具，关注学生的个人微博客，网络动态，认真分析每一位学生的精神状态，制作针对学生的个性化档案，定期的和每一位学生谈心，特别关注某类学生，及时提供帮助，让温暖融化学生冰冷的心，让关爱缓解学生内心的焦虑，让关怀免去学生的后顾之忧。

（二）开放多样化的教育理念

网络文明倡导民主、平等、开放、自由的精神映射到当前的大学生思想政治教育，显得十分迫切。网络是一个不同于以往单一传播方式的立体式的传播载体，信息覆盖范围更大，传统点线的教育格局已经不能适应当今学生学习的需求，必须以一种全新的立体式的网格化的教育模式取而代之。科学的开放性的教育理念除了表现在教育目标、教育内容、教育观念、教育方式和教育过程的开放，更表现为教育要以开放的观念和心态为学生营造宽松、民主、和谐的学习环境，引领学生在学习中探索，在开放的信息世界中获取有益于自身发展的信息。

智能手机媒体庞大的用户基数，奠定了智能手机媒体成为思想政治教育载体的可能性。用马列主义、毛泽东思想和中国特色社会主义理论体系来武装青年学生的头脑，用社会主义核心价值体系引领青年学生思想导向。不仅要开发好"有字之书"，更要注重生活实践中的"无字之书"。信息技术高速发展的时代，让高校思想政治工作迎来了"春天"，但要警惕"春天的过敏性现状"，特别是教育理念的继承与发展。不能因为有危险就不去接受，也不能因为害怕改变就不去改变。思想政治教育理论内容本身多是乏味的、枯燥的。开放的教育理念引导教育工作者积极探索适合大学生思想政治教育的多种方式，吸收各种先进的教育方式和教育内容，借助手机媒体，将一切经典的、时代的、民族的、世界的、现实的、虚拟的资源用于教育活动，激活教育实践。利用手机网络吸收世界上优秀的教育思想和教育方式，为我所用，不断促进大学生自我发展的能力，增强未来的社会竞争力。全球一体化的趋势愈演愈烈，世界各国之间的关系更加密切，在政治、经济、文化等多方面的交流合作愈发朝着深层次、宽领域方向发展，与此同时，人们思想愈加多样化，自我意识也愈加深化。青年学生尤其如此，智能手机媒体多样化的特点，决定了学生接受信息的内容多样化，形式多样化，影响也必然多样化。智能手机媒体本身就具有多样性的特点，思想政治教育的形式、方法、手段，也要重视教育工作者教育理念顺应时代的更新发展，树立超越这一时期教育要求的教育理念。社会是一个急速发展的社会，社会对人才的需求也是日新月异，人的发展对教育的提质也是时不我待，固化的封闭的人才培养模式已经无法满足多样化的人才需求，搭建终身学习的"立交桥"，满足人们多样化、持续性的发展需求是大势所趋。

多样性教育理念需要教育工作者转变教育观念，"以分论好坏"的评价标准已经不能对学生做出客观公正的评价，不利于学生未来的人生规划。智能手机媒体的广泛应用，让更多的孩子在网络世界中大放异彩，教育工作者应该及时看到这一点。不拘泥于分数，让更多的教育工作者能够充分挖掘学生的潜力，对学生的思想政治教育工作也不局限于某一种刻板的形式，按照学生各异的成长轨迹和人生规划，为学生量体裁衣，制定针对性强、实效性强的"个人终极培养方案"，让每一位学生都能充分发光发亮。

（三）个性发展的教育理念

依据马克思主义唯物史观的原理，个人价值和社会价值并存不悖。个人价值是社会价值的前提，社会价值是个人价值的延续，二者相互依存。古老的中国文化和传统观念是思想政治教育一直注重对学生的社会价值的教育，而忽视个人价值的重要性。个体自由发展的重要性，一直被教育忽视，在一定程度上陷入了"中国式教育"的困境。

马克思主义认为每个人的自由发展是一切人的自由发展的条件。因为全部人类历史的第一个前提无疑是有生命的个人的存在，人们的社会历史始终是他们的个体发展的历史，而不管他们是否意识到这一点。手机媒体最大的特点就在于手机的便携性和私密性，手机媒体的普及让媒体的接受群从分众成为个众，每个学生都是个性鲜明的个体。在高校思想政治教育过程中坚持个性化的教育理念，是对学生负责，也是当今时代对人才的渴望。个性培养有着哲学上的基础和意义，世界上没有完全相同的两片叶子，自然不会存在两个个性完全相同的学生，思想政治工作者必须用不同的教育方式和教育手段区别对待每一个学生。个性化的教育观念，强调必须承认每个学生存在的差异，要与时俱进，更要因人而异，因材施教。以智能手机媒体的构建为契机，针对个性不同，兴趣爱好不同，条件不同的教育对象，有针对性的、引导性的开展思想政治教育活动，让思想政治教育活动成为契合学生心灵需要的个性辅导，促进每一位教育对象的个性化发展。

丰富鲜明的个性化发展是实现社会创新，提高创新能力的源泉。现代教育中鼓励个性张扬，同时也鼓励学生自我发展，为学生自我能力的提升创造一系列的条件。个性化发展的教育理念实质上是以人为本为基础的教育理念，正因为尊重学生，爱护学生，才会为学生提供个性发展的空间。固化的统一的教育模式不利于个性化人才的培养，不同的教育内容、教育手段、教育方式而形成的个性化教育模式，为实现共性化的教育模式向个性化的教育模式转变提供了技术支持。

关注学生的个性发展，不仅要从教育内容、方式和手段上下工夫，更要多关注学生的感受。关注学生的感受，满足学生合理的需求，是教育工作者应该做并且是必须要做的。智能手机媒体的发展为教育工作者的日常工作提供了便利，通过手机媒体网络，教育者和受教育者之间会形成积极的互动，关注学生的内在需求和外在满足是否相一致，关注学生被尊重的需求，自我价值实现的需求。利用智能手机媒体为学生排忧解难，充分发挥智能手机媒体的中介功能，重视学生主观感受的满意程度和情绪反应，为学生营造乐观、积极、向上的生活、学习环境，提升学生的自我境界，让学生在个性发展的同时，能形成以关爱他人为基础，以集体利益为先导的自主个性。

二、优化思想政治教育智能手机媒体的教育资源

（一）利用"手机短信"开展思想政治教育

手机短信作为一种以移动网络为技术架构，通过传送短信息，构筑了一种全新的人际交往模式。短信传播的特点决定了短信在大学校园广泛普及的可能性。首先，资费低廉。手机短信按发送次数计费，不同的套餐中，短信计费方式又不相同。其次，传播及时。相比较纸质媒体而言，手机短信传播速度快，只要受众开机，就保证一定能收到信息。再次，分众性、个性化明显。随着大众媒体的不断进步，大众传播的受众逐渐向分众和个众的趋势发展。最后，手机媒体的私密性、便携性为用户提供了一个私密的交流空间。手机短信是一种完全私密的沟通方式，旁人看不到你的短信的内容，甚至你发信息的行为也丝毫察觉不到。丰富多彩的信息内容，人生百态的心情语录都囊括在小小的短信中。手机短信是一种民间的语言，集中体现了广大受众的智慧和幽默，以各种文字、图片、微动画的形式记录并流传下来，将民俗文化和各种教育信息渗透到民众的日常生活，手机短信不再是精英文化的特权，每一个受众都享有平等的接收和传递信息的权利。手机短信随着技术的进步，已经成为智能手机最基础的功能，利用手机短信开展思想政治教育效果明显。

第一，搭建手机短信平台，及时获取反馈信息。通过手机短信及时、准确的发布各类活动通知、讲坛讲座、就业指导信息和其他教育者希望受教育者能够获悉的信息。以较为权威的方式发布信息，确保了学生的知情权，维护了学生参与校园管理的权利。手机短信较于其他交互手段而言，更容易被受教育者信服，更具有可信度和真实性，最重要的是可以确保每一位学生都能够收到信息，不论学生对信息的认可程度如何，总是能够保证信息的准确性和可获知性。思想教育工作者可以要求学生通过手机短信及时上报自己的最新动态，获取学生的最新信息，将手机短信作为全面了解学生的重要工具。因此这就要求教育工作者，要随时监控线上线下学生的表现，掌握学生思想动态，保证思想政治教育取得切实成效。

第二，构建健康温情的信息氛围。手机媒体是一个封闭的空间，存在学生个人价值观和自我认知上偏差的隐患。短信在为学生生活带来便利的同时，"骚扰短信"也屡禁不止。手机短信作为信息传播的渠道，依然难以改变泥沙俱下的传播性质。这种状况持续发展，会影响学生的心理健康，干扰学生正常生活。思想教育工作者就需要对手机短信的复杂状况进行有效的管理，引导学生向积极的方向发展。手机短信除了受众的广覆盖

之外，还具有一定的心理优势。教育工作者需要利用这一特性，让学生充分感受到教育工作者对自己的人文关怀。利用手机短信"人－机－人"的互动模式，学生更容易通过文字表达真实的内心状态。总体而言，高校学生群体呈积极健康的发展态势，一条关心的信息，一句简单的问候，不需要长篇累牍，只需要只言片语就能够俘获大批学生感恩的心，达到预想不到的教育效果。

第三，抢占思想政治教育手机短信的宣传阵地。思想教育工作者要巧妙利用手机短信发布权威信息，通过课内课外的宣传教育，提高学生筛选、辨别信息的素养，坚决不制造、不传播有害信息。手机短信普及之后，移动通讯从"耳朵时代"逐渐过渡为"眼睛时代"，手机短信不仅是信息的简单传递，也是信息的集散地，其实质是中国文化模块的缩影，尤其是"红段子"紧跟时代的步伐，将移动通讯技术和网络技术合二为一，提高了手机短信的互动性，激发了学生的兴奋点，契合了手机短信与社会热点的结合。"段子"是一种文化现象，是传承和创新中国语言文化之大幸。高校组织开展校园短信文化节，"红段子"创作大赛，引导学生对语言的凝聚和"有色"精神的提炼，针砭时弊，通过手机段子的编辑，解决认知失衡，调整心理状态。高校思想政治教育工作者要善于利用这种短信互动模式，全面表现红段子生动活泼、幽默搞笑、底蕴深厚的特点，满足高校学生"渴望高尚""追求高尚"善性的需要，帮助学生走出思想困境，获得道德上的解脱，坚定社会主义理想信念，用健康向上的手机短信抢占思想政治教育手机短信的宣传阵地。

（二）利用"手机微博"丰富思想政治教育内容

微博是用户基于手机网络、电脑终端，分享、传播以及获取信息的平台。微博以浓缩精悍的140个字符征服了大众。微博简单易用，信息发送、接收方便快捷，内容包罗万象。利用智能手机媒体的随身性、便携性和移动性，每个微博用户都可以自得其乐的记录身边发生的事情或自己的心情，与陌生人进行互动，把心情、美景、美食、境况以一句话、一张照片或一段视频的形式分享给其他用户。微博中，普通用户可以实现和心仪对象的线上互动，点击"关注"就可以接收到"被关注"者发布的任何消息。

微博的信息传输具有"碎片化"的特点，一是用户使用时间的碎片化，二是微博内容的碎片化。手机媒体的普及让微博用户可以利用碎片化的时间来完成信息共享。微博内容的及时性，主题的随意性，恰好契合了当今人们快节奏的生活状态，更深层的反映出后现代生活的时代特征。

字数的限制，不需要对信息进行严谨的逻辑思考，不需要华丽的修饰辞藻，只需要短短几行字甚至是几个字便能表达出真实的自我。微博中每个人都拥有一定数量的粉丝，只要是个性、新鲜、真实的信息就会引来他人关注，任何人都可以平等的表达，有自己的粉丝。有了自己的粉丝群，自然就会产生信息裂变式扩散，促使裂变式的信息扩散格局产生惊人的效果。

　　信息爆炸的当今社会，大学生是重要的手机微博客户群，每个个体都会接触到成千上万的信息。但是，接触到信息不代表消化了信息，每个学生接收到多少有用的信息因人而异。微博信息的特点，客观上导致了理论性的信息会被自动忽略，抢眼的、通俗的、刺激的信息会自觉映入学生视野。碎片化、零散化、无中心、弥散的、多元的互联网信息提示高校思想政治教育工作者，要不断发现身边有吸引力的新鲜信息，初步筛选对学生发展有益的信息，要加强对微博客的信息管理和信息过滤，深入挖掘这些表达背后的良性建构的意义，教育工作者的重要任务在于从负面影响中探究正面意义。

　　第一，主动建立"关注"，重视大学生的个性发展。随着大学生的成长进步，他们的思想日趋成熟，意见表达和个性彰显的意愿日益强烈。现代化社会中，大学生的含金量不断缩水，大学生面临着毕业就失业的困境，就业难、高房价、压力大压迫着大学生的个性发展。面对现实，很多大学生不敢放手追逐自己的梦想，压抑的心理容易产生扭曲的个性。手机微博的发展恰逢大学生的需要，思想政治教育工作者需要在整体微博群中，主动寻找自己的学生，主动建立本校的微博，吸引更多学生关注。指导学生班级建立自己班级微博，提升班集体的凝聚力和号召力。释放学生内心，重视其在个人价值上的突破和发展，不再强调整齐划一，得到完全相同的学生反映。"微"发展使高校思想政治教育对学生的影响更加深刻，为每一位参与其中的大学生提供了无数的机会，包括学习、就业、创业、心理和生活多方面的机会。要尊重每一位学生的话语权，关注学生的意见表达和思想动态。

　　第二，享受手机微博的过程，满足大学生的情感需要。利用手机微博开展思想政治教育成效的好坏，关键在于教育工作者是否享受运用手机微博开展思想政治教育的这个过程。思想政治教育中的个体价值包括享受价值，享受价值体现在教育工作者在实际的教学活动中，学生要求得以满足，学生专业知识得以扩充，文化素养得以提高时获得的内心的满足感和自豪感。当代大学生的思想观念和思想情感不再局限于个人崇拜或者对某一信念的绝对服从。大学生的情感需求既包括与物质相关的满足感和落魄感，也包括与精神相关的更高层的心理需求。手机微博的世界是一个心灵交流的空间，教育者与受教育者之间不受时间、空间、载体的限制，为大学生情感的充分表达和宣泄提供了广阔的平台，也为思想政治教育的开展营造了良好的教育氛围。

　　第三，利用手机微博对学生开展"深度辅导"。利用手机微博开展思想政治教育，必须加强对微博内容的"防、堵、疏"，在密切关注学生思想动态和行为举止的基础上，对学生开展有针对性的思想政治教育。就微博中出现的热点话题和突发事件，及时发布校方最新消息，用媒体的权威声音占领舆论的主阵地。利用微博短小精悍的文字，搭配精美动人的图片，还可以以视频的方式表达教育者自己的观点，不是生硬的堵住大学生的嘴，而是从心灵上拉近距离，以鞭辟入里的文字，深刻意蕴的内涵征服学生，让学生从心底信服，认同思想政治教育宣传的观点、内容，改善师生关系的同时，也为思想政治教育工作创造了宽松的教育环境，在潜移默化中对学生实现心灵上的"深度辅导"。

（三）利用"手机即时通讯工具"随时传递思想政治教育信息

即时通讯（IM）是一种以软件为执行手段，依靠互联网平台和移动通讯平台，以多种信息格式沟通为目的，通过多平台、多终端的通讯技术来实现的同平台、跨平台的低成本高效率的综合性通讯工具。随着互联网的普及，移动通信技术的发展，即时通讯工具呈现出的类型多样化、功能丰富化、对象个性化已经成为人际沟通交往的主要工具之一。

目前主流的即时通讯工具包括QQ、微信等。

QQ是我国自主研发的第一款即时通讯工具，原名QICQ是模仿国外的ICQ（I Seek You）而来，意味（Opening I Seek You），后来更名为QQ。QQ自诞生以来，就以卡通的企鹅头像，强大的沟通功能，稳定的系统设计、持续的软件更新而备受广大互联网用户的青睐，尤其在大学生群体中引发了共鸣。到目前为止，QQ不仅是一种即时通讯软件，还承接了传输文件、共享文件，QQ群、QQ阅读、QQ游戏、视频通话等多样的系统功能。QQ群实际上就是一个微型的社区网络。随着手机移动通讯技术的不断发展，各种聊天软件不断更新换代，但QQ依然是即时通讯工具中的翘楚。

社区网络是由亲情、友情或利益维持沟通连接的，现逐渐演变成具有共同价值观念或者相同兴趣爱好的人们组成的亲密关系，是一种充满人情味的社会网络。及时通讯工具的出现，扩大了学生社交网络的范围，高校学生可以根据自我归属感和集体认同感划定自己的社区网络。虚拟社群之所能够长久发展，不在于群内成员关系的亲疏程度，而在于虚拟社区中的学生能够从他所处的社区中达到互动的目的，以获得帮助、指导。不论在实际生活中还是数字网络中，群体的发展都离不开"领袖"的引领，意见领袖在QQ群中的地位十分显赫，往往掌握着话语的主动权。尤其在"兴趣类""特定话题类"和"专业知识领域内"等QQ群中，意见领袖的作用更是举足轻重，群体成员对意见领袖的信服程度也很深。这就急切的需要高校思想政治教育工作者利用自身的聪明才智，通过群内信息把握学生的思想动态，与学生"心连心"。

微信的诞生从此把沟通带入了一个崭新的时代，改变了人们单纯依靠文字远程交流的模式。微信是腾讯公司推出的提供语聊功能的全程免费的即时交互手机软件。微信与其他即时交互软件最大的不同在于独一无二的语聊功能，就像是对讲机的升级版。沟通方式由语音时代接档拇指时代，成为当下最炙手可热的通信工具。微信中微信圈的关系亲密，在更大程度上保护了个人的隐私。微信的快速发展，也催生了各类微信公共平台。微博是信息共享的平台，而微信是私人网络，朋友圈更新信息的速度取决于微信好友发布信息的快慢，可以掌握每一位好友的状态，信息的可信度更高。在这样的背景下，利用手机 IM 开展思想政治教育，传递思想政治教育信息，不仅可行而且十分必要。

第一，利用手机 IM 即时交互工具随时随地与大学生沟通交流。大多数的学生都有每天登陆 QQ、微信、微博等及时交互工具的习惯。思想政治教育工作者需要主动加入大学生群体，及时向学生发布信息，定期和学生进行沟通交流。基于虚拟的网络空间中，QQ、微信依托手机媒体携带方便的特性，实现了沟通零障碍。手机 QQ 的沟通方式契合了大学生和外界交流的内心渴望，满足了大学生因闭塞空间无法释放自我情感的空缺。微信以语音通话为特色，发送给对方的信息不再是冷冰冰的文字符号，而是带有情绪体验的语音文件，让对方可以充分揣摩到自己的内心情绪波动，可以尽情的释放自己，向教育工作者表白自己的内心需求和心理困惑。教育工作者可以通过 QQ、微信等通讯软件向学生提前发布讲座、就业、服务等各种服务信息，让学生提前做好准备。

第二，共建虚拟群体，注重意见领袖的作用。虚拟群体是网络空间中不同人群的集合体，依托手机媒体，成员之间互动的频率不断增高，势必会对学生群体产生影响。在每一个网络社群中，必然存在着一个或多个"意见领袖"，社群成员中的双向互动，可能自然而然产生意见领袖，也可能是意见领袖故意为之，不论是哪种情况，思想教育工作者都需要重视意见领袖的作用，抓好对意见领袖的监督管理、教育引导，以达到事半功倍的教育效果。日常生活中，教育工作者不仅要留心意见领袖在线上的言论，也要注意观察意见领袖线下的生活状态、情绪变化，防止意见领袖因现实生活的压力，在线上胡言乱语，影响到其他同学。对于虚拟社群中言行规范、正面积极的意见领袖，教育工作者应该给予鼓励和表扬，激励向上的意见领袖继续发挥带头模范作用。

第三，重视朋友圈，加强监管协调。QQ 空间和微信朋友圈都是群体构建的重点。QQ 空间和微信朋友圈满足了大学生被关注的心理需求，同时也使群内成员、朋友之间的联系更加密切。网络具有强大的扩散功能，手机网络扩大了这种扩散功能，陌生人之间、朋友之间都可以通过交互工具取得联系，朋友圈内状态的更新，引发群内其他人的关注，人们能够更加了解身边的朋友，得到更为广泛的信息来源和信息资源，从而获得情感支持和被关注的快感。在朋友圈中，思想的分享使彼此的知识增长，快乐的分享使彼此心情愉悦，温情的分享使彼此心贴近心。人们分享得越多，文化就越开放，对于生活和现象的理解也就越深。与此同时，频频出现的因为微信摇一摇而引发的违法犯罪案件，要引起教育工作者警惕。思想政治教育工作者需要利用好这个分享平台，为学生把好关，加强网络的监管和协调。

三、加强思想政治教育智能手机载体的队伍建设

（一）重视高校思想政治教育智能手机载体的构建

搞好思想政治工作，是克敌制胜的法宝。以智能手机媒体为依托的各类互联网通讯工具为思想政治教育的开展拓宽了途径，这些交互工具契合了当今时代的发展，满足了当代大学生运用高科技手段互相沟通交流的意愿，也是当代大学生学习和生活的必需品，因此学校高度重视思想政治教育手机载体的构建既应时代情，又合学生意。手机载体的正常运行需要科学的理论指导，顺应时代的潮流，健全组织领导体制，高校领导要高度重视手机媒体对大学生造成的影响，出重拳，广撒网，支持高校工作者下大力气深入研究手机载体的建设，分门别类的对手机媒体的特点、功能和对大学生、思想政治教育带来什么样的影响开展研究。在新技术面前迎难而上，不胆怯，不退缩。找出手机媒体与思想政治教育的契合点，将手机媒体广泛运用于现实的思想政治教育实践中。

手机载体的建设离不开大量资金的支持，高校应加强相关的资金和设备投入。利用手机媒体开展思想政治教育，只有软件建设是远远不够的，硬件建设也是不可或缺的重点。高校要配置必备的手机通讯设施，实现全校范围内手机信号的广覆盖，为学生创造手机上网的条件。要购置必要的手机终端和信息安全监控设备，加大对学校网站的时时维护和学校贴吧的动态管理，引导舆论导向。与当地的移动通讯公司强强联合，吸引一定的社会资源，共同出资出力建设相关教育网站和手机服务平台。

（二）加强高校思想政治教育智能手机载体队伍的培养

党政工干部、辅导员和班主任是开展高校思想政治教育的主力，利用智能手机媒体开展思想政治教育更离不开这些主力的群策群力。我国思想政治教育队伍存在"红""专""又红又专"的三种情况，又红又专的这种理论素养过硬，技术水平又高的队伍毕竟是少数。在第五媒体时代背景下，既要提高教育工作者的理论素养，也要培养运用智能手机媒体开展思想政治教育的能力。

一方面，思想政治教育者必须具备过硬的理论素养。传道是教育者的根本任务。教会学生如何做人、做什么样的人，教育工作者需要具备坚实的理论基础。首先，思想政治教育者的工作性质决定了他们必须不断提高思想政治道德素质，坚持正确的政治方向，树立坚定的共产主义理念，始终坚持党的领导，完善自我。其次，思想政治教育工作者

需要不断扩充自己的科学文化知识，以广博的知识体系为基础适应当今时代的变化发展，把最新的前沿命题运用到实际工作中。再次，思想政治教育工作者需要不断提高自身能力。这里专指沟通能力。日渐多元化的时代，学生的变化也让教育者猝不及防。教育工作者需要真正树立以人为本的教育理念，尊重每一位学生，保护每一位学生的梦想。利用智能手机媒体的各种交互工具，随时随地与学生取得联系，不论线上的沟通还是线下的交流，都要站在学生的角度思考问题，使巧力而不是用蛮力，做朋友而不是树敌人，在互相沟通交流中，探究学生的真实想法，形成互动的和谐关系。

另一方面，在信息高速发展的今天，思想教育工作者必须提高自己的媒介素养。我国受众长期以来尽心尽力扮演着信息接收者的角色，忽视了对信息的分析、研判、辨析和提取。因此，提高思想政治教育工作者的媒介素养十分必要。第一，提高教育工作者对文本的分析、批判能力。智能手机传播的信息并非都是有益的信息，也并非都利于大学生的健康成长。这时就需要教育工作者充当信息把关人，透过信息表象，思考产制信息的机制，学习使用和创制信息的方法，深刻理解媒体语言，着重关注语言、意识形态和信息再现问题。第二，提高跨文化沟通交往的能力。全球化是以经济为载体的，其逻辑必然导致标准的统一，面对其他国家将自己的文化精神、思想理念和行为准则悄然渗透在文化产品中，思想教育工作者要致力于在一系列教学活动中保持民族的批判精神和传统文化的独立与繁荣。在正确获取信息、分析信息、评价信息和传播信息的基础上，不断增强自身的自主性、判断力和个人责任感来指导自己的行动。喜欢国外的文化生活但不会盲目崇拜，尊崇国外的价值理念但不会照搬照抄，借鉴国外的先进经验但不会全盘接收，保持自我意识独立性和民族文化的自豪感。第三，培养理性的民主意识。面对热点话题和突发事件，思想政治教育工作者要保持头脑冷静，思维清晰，提高对信息的筛选能力和辨别能力，容忍不同意见的表达，尊重个人表达意见的权利，但是要始终站在马克思列宁主义、毛泽东思想和中国特色社会主义理论体系的角度上应对冲突，增强协调能力和解决问题的能力。第四，学习网络语言，运用网络语言，走在学生之前，走进学生之中。和学生的日常交流中，善于运用精炼的网络语言、幽默的网络语言符号、生动的网络语言动画，建立和学生的共同语言，为思想政治教育的顺利开展创造条件。

另外，要始终坚持以人为本的教育理念，通过专业的手机媒体知识培养，提升对思想政治教育者运用智能手机开展思想政治教育能力的培养。思想政治教育工作者要熟练使用并且要善于利用各种手机自带的交互式软件，音视频软件和电子阅读软件，将思想政治教育内容渗透到手机软件的每一个角落。

四、完善思想政治教育智能手机载体的监管机制

依托智能手机媒体开展高校思想政治教育工作，离不开行之有效的制度规范。制度化是高校思想政治教育顺利开展的有力保证，是一个发展过程，其主体是众多群体和组织，目的是使这些主体日趋成熟。为了保证高校思想政治教育手机载体的运行顺利畅通，确保思想教育工作者能够运用手机媒体达到预期的教育效果，必须建立相应的制度。

首先完善权责管理制度。坚持以人为本的教育理念，创新大学生思想政治教育的动力机制，建立健全切实维护大学生权益的权责管理制度、应急预警机制和鼓励机制，思政工作者要各司其职，实行网络导师到岗服务，与个人绩效成绩挂钩，确保手机媒体开展思想政治教育活动时，每一个环节都有专人负责，让更多的教师、后勤、管理人员都能够投入到思想政治教育活动中，充分发挥监督、管理的职能，确保手机思想政治教育活动的顺利实施。

其次，重视意见反馈机制。完善手机信息沟通制度，在信息的获取、交换、表达和意见产生的过程中，充分利用反馈的信息，针对学生处理信息的不同阶段采取不同的措施，保证手机活动能取得收益的最大化。注意区分手机网络中学生群体中存在的灌水者、讨论者和发问者，因势利导，有针对性地开展活动，汇集校园舆情信息，积极主动的引导舆情导向，做学生思想的风向标。

再次，制定效果评估指标体系。效果如何是通过学生的思想和行为体现出来的，思想政治教育效果的好坏，直接影响着学生的个人发展。效果评估指标体系的拟定落实，需要根据智能手机媒体的独特性，智能手机媒体对思想政治教育的特殊影响来制定，在评估的过程中，充分尊重学生个体差异性和多样性。对手机媒体开展思想政治教育活动的评估，其目的不是为了鉴别手机功能，而是要强化手机媒体的导向功能，让学生善于利用手机，以正确的、积极的、向上的态度对待手机信息。

另外，优化监控手段。加强对手机网络中呈现出的不同社会心态的检测评估等网络预警机制，对于手机网络中出现的不良心态及时进行引导，协调校园中存在的不和谐的声音。利用智能手机媒体，加大对学生的心理健康教育辅导，强化思想政治教育效果，在整个过程中充分体现人文精神和心理疏导，各个部门全力配合，优化监控手段，抵制不和谐因素，引导校园舆论导向。

最后，健全思想政治教育手机媒体的法制建设。法律规范是手机载体思想政治教育顺利开展的根本保障。将手机媒体的相关法律运用于高校思想政治教育的日常管理中，借鉴国外高校关于学生使用手机媒体的法律规范，有利于高校思想政治工作者对学生运用手机媒体的管理，减少有害信息对学生的危害，确保学生能够文明使用手机媒体。

参考文献

[1] 孙天罡, 金明兰. 高校思想政治理论课实践教学创新研究 [M]. 北京：北京工业大学出版社，2023.04.

[2] 胡蓉, 王雁. 大数据时代高校思想政治教育的创新与实践 [M]. 北京：中国华侨出版社，2023.03.

[3] 沈壮海, 罗永宽. 新时代高校思想政治理论课建设研究2022[M]. 武汉：武汉大学出版社，2023.03.

[4] 罗典文. 互联网＋时代的高校思想政治教育教学研究 [M]. 北京：中国纺织出版社，2023.02.

[5] 严莹. 高校网络思想政治教育提升路径研究 [M]. 北京：海洋出版社，2023.02.

[6] 王爱莲. 高校思想政治理论课内涵式发展研究 [M]. 北京：社会科学文献出版社，2023.01.

[7] 崔玉娟. 新时期高校思想政治教育教学与反思研究 [M]. 长春：吉林大学出版社，2023.01.

[8] 罗华丽. 高校思想政治理论课教师与辅导员队伍协同育人优化研究 [M]. 天津：天津人民出版社；天津出版传媒集团，2023.01.

[9] 孙晨光. 高校思想政治教育理论与实践 [M]. 长春：吉林大学出版社，2023.01.

[10] 刘丽敏. 高校思想政治理论课改革创新的理论与实践 [M]. 北京：中国社会科学出版社，2023.01.

[11] 李凌, 谭亚丽. 高校思想政治教育理论课教学改革研究 [M]. 长春：吉林大学出版社，2023.01.

[12] 丁立磊, 刘一尘. 高校思想政治理论课教学模式研究基于专题任务驱动 [M]. 北京：九州出版社，2023.01.

[13] 邢亮. 新时代高校党建与思想政治教育浅论 [M]. 北京：新华出版社，2023.01.

[14] 赵艳芳. 新时代高校辅导员思想政治教育理论与实践探析 [M]. 北京：光明日报出版社，2023.01.

[15] 丰娴静. 新时代高校学生管理中思想政治教育理论与实践研究 [M]. 长春：吉林大学出版社，2023.01.

[16] 劳家仁. 新时期思想政治的理论与实践探究 [M]. 长春：吉林大学出版社，2023.01.

[17] 曲娟, 师秀芳, 吕树强. 高校思想政治理论课教学方法的优化探索 [M]. 哈尔滨：北方文艺出版社，2022.10.

[18] 崔欣玉. 自媒体环境下高校思想政治教育研究 [M]. 上海：上海社会科学院出版社，2022.09.

[19] 钟媛媛. 守正与创新高校思想政治教育理论与实践 [M]. 北京：中国传媒大学出版社，

2022. 08.

[20] 高瑛, 丁虎生. 新时代高校思想政治教育工体系研究 [M]. 北京：光明日报出版社，2022. 08.

[21] 张婷婷, 黄家福, 李珊珊. 大数据时代背景下高校思想政治教育创新 [M]. 北京：北京燕山出版社，2022. 08.

[22] 李智慧. 高校思想政治教育有效资源开发利用研究 [M]. 北京：旅游教育出版社，2022. 08.

[23] 徐初娜. 红色文化与高校思想政治教育耦合发展研究 [M]. 北京：新华出版社，2022. 08.

[24] 孙武安. 高校思想政治理论课教学质量提升研究 [M]. 杭州：浙江工商大学出版社，2022. 06.

[25] 林晓燕. 新时代高校思想政治理论课教学改革创新机制研究 [M]. 天津：天津人民出版社，2022. 06.

[26] 万娟. 基于创新发展的高校思想政治教育研究 [M]. 长春：吉林大学出版社，2022. 05.

[27] 赵旭英. 新时代高校思想政治教育融合机制研究 [M]. 长春：吉林大学出版社，2022. 05.

[28] 韩玮, 程文. 新时代高校思想政治理论课教学改革探究 [M]. 成都：西南交通大学出版社，2022. 04.

[29] 吴文妍, 鲁玲玉, 毕虹. 当代高校思想政治教育理论与实践研究 [M]. 延吉：延边大学出版社，2022. 03.

[30] 朱汉辰. 新时代高校思想政治理论课教学研究 [M]. 延吉：延边大学出版社，2022. 03.

[31] 罗永宽, 李华. 高校思想政治理论课研究前沿新时代高校思想政治理论课建设研究第1卷 [M]. 武汉：武汉大学出版社，2022. 03.

[32] 田自立. "互联网+"视域下高校思想政治教育实践研究 [M]. 延吉：延边大学出版社，2022. 03.

[33] 孙丽娟. 新时期高校思想政治教育理论与实践 [M]. 延边：延边大学出版社，2022. 03.

[34] 邵泽义. 新时代高校思想政治教育管理体系的构建研究 [M]. 镇江：江苏大学出版社，2022. 02.

[35] 刘玖玲. 高校思想政治理论课对分课堂教学实践与反思 [M]. 广州：华南理工大学出版社，2022. 02.

[36] 马光焱. 新时代高校思想政治理论课改革与创新研究 [M]. 长春：吉林大学出版社，2022. 02.

[37] 杨桂宏. 高校思想政治理论课教学研究 [M]. 北京：中华工商联合出版社，2022. 01.

[38] 刘淑娟. 高校思想政治理论课混合式教学研究 [M]. 北京：九州出版社，2022. 01.

[39] 徐原, 陆颖, 韩晓欧. "互联网+"时代高校思想政治教育创新研究第2版 [M]. 燕山大学出版社，2022. 01.